AF470230

PROJET

D'AMENER A PARIS

LA RIVIERE DE L'YVETTE.

ANTOINE DE PARCIEUX,

C. N. Cochin del. B. L. Nicollet Sculp. 1777.

PROJET
D'AMENER A PARIS
LA RIVIÈRE D'YVETTE,

Par feu ANTOINE DEPARCIEUX, *des Académies royales des Sciences de France, de Suède & de Prusse, de la Société royale des Sciences de Montpellier, des Académies royales de Lyon, de Metz & d'Amiens, & Censeur-royal.*

NOUVELLE ÉDITION,

Mise en ordre & publiée par ANTOINE DEPARCIEUX, *Petit-neveu de l'Auteur, Avocat en Parlement, Professeur de Mathématiques & de Physique expérimentale;*

Suivie d'un Mémoire de M. PERRONET, sur les moyens de conduire à PARIS une partie des rivières de L'YVETTE & de la BIÉVRE.

A PARIS, RUE DAUPHINE,
chez Claude-Antoine JOMBERT, Fils aîné, Libraire du Roi pour le Génie & l'Artillerie.

M. DCC. LXXVI.
Avec approbation & Privilége du Roi.

DISCOURS
PRÉLIMINAIRE.

ON ſait que feu M. DEPARCIEUX a publié trois Mémoires, dans l'eſpace de cinq à ſix années, ſur le projet d'amener à Paris la rivière d'*Yvette*; projet vraiment digne de cette Capitale, & dont l'exécution lui devient de plus en plus néceſſaire.

Dans ſa dernière maladie, qui a été fort longue, il avoit entrepris de refondre ces trois Mémoires, d'éclaircir certains articles, en leur donnant plus d'étendue, & de faire du tout un ouvrage ſuivi & complet ſur cette matière, afin de mettre encore plus en évidence les avantages qui doivent réſulter d'une rivière amenée au lieu le plus haut de cette grande ville.

La mort, qui frappe toujours trop tôt les perſonnes utiles & qu'elle devroit reſpecter, ne lui a point permis d'achever ce qu'il avoit commencé; elle l'a enlevé, au milieu de cette occupation, juſtement regretté des Savans & de tous ceux qui l'ont connu.

J'ai cru que mon devoir me preſcrivoit de finir, avec tout le ſoin dont je puis être capable, cette *Édition* entière & complette d'un ouvrage unique, & qui renferme tant de choſes intéreſſantes; d'en faire hommage à l'Académie, qui ne ceſſe de faire des vœux pour voir la rivière d'Yvette aux portes de l'Obſervatoire, & de la donner au Public, qui a toujours honoré ce ſuperbe projet de ſon ſuffrage & de ſes éloges.

Je dis *ſuperbe ;* car eſt-il rien de plus beau que de devenir le bienfaiteur d'un monde entier? Ce titre glorieux, mon Oncle l'a mérité ; & c'eſt la penſée d'un Savant, qu'il n'y a qu'une révolution qui, en tariſſant la ſource de l'Yvette, puiſſe le lui enlever.

Conſidérant le beſoin que Paris a d'eau, quoique traverſé par un fleuve ; touché des inconvéniens ſans nombre qui réſultent d'une ſi petite quantité de fontaines, & ſur-tout des ravages affreux que font ſouvent les incendies, mon Oncle chercha une rivière abondante qui pût être amenée à l'endroit le plus élevé, & couler de-là dans toutes les maiſons de cette Capitale.

Il y a déjà quatorze ans qu'il a fait connoître ſon projet ; mais il l'avoit conçu plus d'une quinzaine d'années auparavant, peu de tems après ſa réception à l'Académie : il crut ne pouvoir mieux remplir les vues de cette ſociété reſpectable, & juſtifier le choix qu'elle avoit fait, qu'en conſacrant ſes travaux & ſes veilles à être utile à ſes Concitoyens.

On conçoit aiſément combien de nivellemens, de recherches, de peines, précédèrent la découverte d'une rivière, qui, ayant aſſez de pente pour arriver d'elle-même à l'*Eſtrapade*, eût en même-tems un volume d'eau, bonne & ſalubre, ſuffiſant à fournir à tous les beſoins d'un million d'habitans, à laver les rues pendant la nuit, à entretenir des centaines de réſervoirs : rien néanmoins ne rebuta mon Oncle, & il découvrit enfin que l'*Yvette* & l'Yvette *ſeule* réuniſſoit tous ces avantages.

Cette rivière, dont le nom peu connu autrefois eſt aujourd'hui très-célèbre, a ſa ſource entre Verſailles & Rambouillet, paſſe à Chevreuſe & à Lonjumeau, ſe jette dans l'Orge un peu au-deſſus de Juviſi, & l'Orge ſe jette dans la Seine un peu au-deſſous d'Athis, quatre petites lieues au-deſſus de Paris.

En remontant juſqu'à Vaugien, où l'Yvette fait aller deux moulins à la fois, & preſqu'en tout tems, mon Oncle trouva que l'eau en cet endroit étoit de ſeize piés plus haute que le bouillon d'arrivée des eaux d'Arcueil, près de l'Obſervatoire, non compris la pente qui la fait couler dans ſon lit, depuis là juſqu'au pont de l'Hôtel-Dieu, & que cette eau, priſe au-deſſus des moulins de Vaugien, pouvoit être amenée au milieu de la rue Saint-Hyacinte.

Il ne rencontra d'autre obſtacle qu'une montagne à percer entre Palaiſeau & Maſſy, pour paſſer de la vallée de l'Yvette à celle de la Bièvre; mais il ne vit rien là, après tout, qui dût épouvanter: combien de fois a-t-on fait en France, & ailleurs, des excavations ſemblables & plus difficiles?

Ce n'étoit pas aſſez de ſavoir qu'il étoit poſſible d'amener l'Yvette, il falloit encore s'aſſurer que le volume d'eau valoit la peine qu'on fît cette dépenſe; or mon Oncle ayant examiné la choſe lorſque les eaux étoient extrêmement baſſes, trouva qu'il y auroit 1000 à 1200 pouces d'eau dans les tems les moins favorables, tant par l'Yvette, que par un petit ruiſſeau qui vient de Châteaufort, & que l'on joindra à l'aqueduc avant d'entrer dans Gif: on en aura 1500 & même 2000 en certains tems de l'année, & il ſera aiſé, ſi on veut, de s'en procurer continuellement juſqu'à 3000.

Une pareille quantité d'eau, ne fût-elle bonne qu'à nétoyer les rues, à rendre l'air ſalubre, à fournir un prompt ſecours contre les malheurs des incendies, mériteroit aſſurément qu'on ſacrifiât des millions pour la faire arriver au faîte de cette

Capitale : elle le mérite encore plus par ſon excellente qualité ; l'Yvette, enfin, ne laiſſe à deſirer aux habitans de Paris qu'un aqueduc ſolide qui la conduiſe bien-tôt au milieu d'eux.

Il eſt vrai, & mon Oncle ne l'a jamais diſſimulé, que l'on trouve à l'eau de cette rivière, nouvellement puiſée, un goût très-ſenſible de marais ; mais ce goût n'a rien qui doive ſurprendre, il ſeroit au contraire étonnant que l'eau de l'Yvette ne l'eût pas : les eaux des petites rivières l'ont toujours ; celles des grandes n'en ſont pas même exemptes lorſqu'elles ſont un peu baſſes. Qu'eſt-ce qui ignore qu'une petite rivière eſt ordinairement bordée d'arbres à droite & à gauche, qu'elle reçoit leurs feuilles, qu'elles y pourriſſent ; que ſon eau ſéjourne ſur la vaſe dans les écluſes des moulins : qu'il naît dans ſon lit toute ſorte d'herbes marécageuſes ? C'eſt-là ce qui donne à l'eau de l'Yvette cette ſaveur de marais, déſagréable ſans doute, mais dont elle ſe débarraſſe par l'ébullition, par la gelée, par la ſeule expoſition à l'air libre dans des vaiſſeaux propres ; ſaveur qu'elle perdra entièrement en coulant dans un aqueduc en mâçonnerie, d'environ ſept lieues en longueur, & où elle ſera filtrée à travers pluſieurs encaiſſemens de cailloutage.

Ce goût marécageux n'eſt pas au même degré de force dans tous les lieux qu'arroſe l'Yvette : à Vaugien, & en deſcendant juſqu'au-deſſous de Gif, il eſt ſi léger, que la plupart des habitans vont puiſer, pour tous leurs uſages, de l'eau à cette rivière. En d'autres endroits où le lit de l'Yvette n'a peut-être pas été curé depuis un demi-ſiècle, par exemple, à Lonjumeau, le goût de marais étant plus fort, on aime mieux aller chercher de l'eau aux ſources voiſines.

Que perſonne ne juge de l'eau de l'Yvette priſe à Vaugien,

& encore moins de ce qu'elle fera en arrivant à l'Eſtrapade, par celle du petit ruiſſeau qui paſſe à Dampière : ce ruiſſeau n'eſt pas l'Yvette même ; il ne fait que ſe joindre à cette rivière un quart de lieue au-deſſous : il vient des étangs de Vaux & de Cernay, une petite lieue au-deſſus, où ſon eau a dû néceſſairement prendre un goût de marais, plus violent que celui qu'on peut reprocher à l'eau de l'Yvette ; d'ailleurs le volume d'eau de ce ruiſſeau n'eſt environ que la cinquième partie de tout ce qui paſſe ſous le pont de Gif, où ſont réunies toutes les eaux qui doivent être amenées à Paris : enfin, ce n'eſt pas à Dampière qu'on fera la priſe d'eau, c'eſt à Vaugien, où le goût de marais eſt déjà ſenſiblement diminué, & enſuite à Gif.

Mais voulant ne laiſſer lieu à aucun doute ſur la bonne qualité de l'eau de l'Yvette, & prévenir en même-tems toute objection, mon Oncle pria deux Chymiſtes, d'un mérite très-diſtingué, Mrs *Hellot* & *Macquer*, de ſoumettre l'eau de cette rivière, puiſée au pont de Gif, à toutes les épreuves néceſſaires : ils le firent avec l'exactitude la plus ſcrupuleuſe, en prenant toujours pour terme de comparaiſon l'eau de la Seine, puiſée à Paris, & filtrée. La concluſion de leur examen fut que cette ſaveur de marais, commune aux eaux de toutes les moyennes & petites rivières, étoit *accidentelle*, *étrangère*, *nullement inhérente* à l'eau de l'Yvette ; qu'elle ſe diſſipoit après qu'on avoit ſéparé cette eau des cauſes qui la lui font contracter, leſquelles ſont les feuilles des arbres, les herbes marécageuſes, la ſtagnation ſur la vaſe : en un mot, que l'eau de cette rivière devoit *être miſe dans la claſſe des eaux. . . très-ſaines & très-bonnes à boire.*

Telle fut la précaution que prit mon Oncle pour établir la falubrité de l'eau de l'Yvette ; précaution qu'il devoit croire fuffifante , & qui l'a été effectivement vis-à-vis toutes les perfonnes inftruites & amies de la vérité : mais fon projet fut accueilli d'une manière trop brillante & trop flatteufe pour qu'il n'excitât pas la jaloufie ; elle ne tarda pas même à éclater.

Dans le deffein de faire dédaigner une entreprife , à laquelle tous les vrais Citoyens applaudiffoient, & que le zèle feul de faire le bien avoit infpirée , on répandit bientôt , & ce bruit fut foudain accrédité par ceux qui avoient quelqu'intérêt à ce que le Gouvernement ne prît point l'Yvette fous fa protection , que l'eau de cette rivière étoit d'une très-mauvaife qualité , que fon goût de marais lui étoit inhérent, qu'elle l'avoit dès en fortant de terre , qu'aucun habitant de la vallée n'ofoit en faire ufage.

Que pouvoit répondre mon Oncle à toutes ces objections , imaginées par l'envie de nuire & non par le defir de s'éclairer ? Deux favans Chymiftes avoient examiné cette eau avec tant de foin & d'attention , que tous les Lecteurs qui étoient de bonne-foi , ne pouvoient fe refufer à penfer & à dire comme eux ; quant à ceux qui ne l'étoient pas, étoit-il befoin de travailler à les convaincre ?

La jaloufie ne s'en tint pas à des propos ; elle eut recours à fes armes ordinaires & fi méprifables : une lettre anonyme fut lancée contre mon Oncle (1). On s'y efforçoit à tourner en ridicule & le projet de l'Yvette & celui qui l'avoit imaginé ; c'eft certainement à quoi l'on ne fe feroit jamais attendu.

(1) Cette brochure venoit par la Pofte. Quelques-uns la recevoient timbrée de Rouen , les autres de Lyon. Mon Oncle fut traité avec diftinction ; il en reçut deux exemplaires , l'un d'Avignon & l'autre de Lonjumeau.

Dans cette lettre, on ne citoit pas même avec fidélité les expreſſions de l'auteur; on n'y rapportoit que des fractions & des lambeaux de phraſe, ajoutant, retranchant, tranſpoſant, ſuivant qu'il étoit plus commode.

En parlant de la route que ſuivra le canal de l'Yvette, mon Oncle dit; *l'eau ſera menée. . . à découvert juſqu'après Palaiſeau. . . . ſi ce n'eſt la traverſée de Palaiſeau même qui ſera voûtée. On prendra en chemin, avant d'entrer dans le bas de Gif, le petit ruiſſeau qui deſcend de Châteaufort. On ſera à Gif, pour le paſſage des habitans, un pont, ſur lequel on amènera les eaux pluviales & les égoûts des rues de Gif. On ſera la même choſe à Palaiſeau, & ailleurs, s'il en eſt beſoin.*

Croiroit-on maintenant que l'anonyme ait oſé accuſer l'auteur du projet de l'Yvette, de ramaſſer, pour fournir de boiſſon aux habitans de Paris, les eaux de pluie qui tombent aux environs, & tous les écoulemens des villages voiſins? Ce ſont des plaiſanteries bien groſſières, & qui ne méritent pas une réfutation ſérieuſe, non plus que mille autres abſurdités que la lettre contient.

Cet anonyme inſiſtoit avec chaleur ſur ce que l'eau de l'Yvette étoit, ſelon lui, très-mauvaiſe & même dangereuſe: mais il ne faiſoit point voir en quoi l'explication qu'avoit donnée mon Oncle du goût marécageux, étoit inſuffiſante; il ne donnoit non plus aucune raiſon pour détruire l'examen qu'avoient fait de cette eau deux habiles Chymiſtes: toute ſa déclamation ſe bornoit à répéter les objections mal-fondées qu'on avoit déjà faites, & qui étoient complètement réſolues.

Peu de tems après que la lettre anonyme fut diſtribuée, une Compagnie envoya chez toutes les perſonnes en place un Mémoire manuſcrit (2), par lequel elle offroit d'établir des pompes à feu à l'entrée de la Seine dans Paris.

Cette idée n'étoit pas nouvelle ; il y a au moins quarante ans qu'on propoſa la pompe à feu à M. *Turgot*, & il la rejetta dès qu'il connut au vrai, par les détails qu'il fit venir de Londres, la dépenſe journalière dont eſt cette machine, & les inconvéniens qu'elle entraîne : mais ce fut peut-être pour la première fois que les Miniſtres reçurent un projet auſſi biſarrement conçu.

La Compagnie exceptoit toutes les maiſons qui ſont au-delà du Grand-égout, depuis la Roquette juſqu'au Roule ; apparemment qu'elle ne les jugeoit pas aſſez éloignées de la rivière pour mériter attention.

Elle eſtimoit à 600 pouces les beſoins de toutes celles à qui elle vouloit donner de l'eau, & promettoit de les fournir en tout tems, même dans les plus fortes gelées, s'engageant à faire chauffer l'eau pour qu'elle ne gelât pas en chemin.

Elle devoit faire conſtruire un nombre aſſez conſidérable de fontaines, & la diſtribution de l'eau eût été telle, qu'il y auroit eu 3 piés cubes, en un jour, par chaque toiſe en longueur de terrein clos donnant ſur la voie publique. Chaque particulier qui auroit voulu avoir de l'eau dans ſa maiſon, l'auroit priſe à la plus prochaine cuvette, à la charge par lui de faire les frais de la conduite & de l'entretenir.

Elle demandoit qu'on lui cédât tout ce qui ſert actuellement à donner de l'eau, machines, conduites & le reſte ; & de plus, qu'on imposât, par toiſe courante de terrein clos, & ayant vue

(2) Mon Oncle en reçut auſſi une copie ; mais il a toujours ignoré d'où elle lui étoit venue. Cette Compagnie ne s'eſt même jamais fait connoître.

ſur

ſur la voie publique, une taxe annuelle & privilégiée de 15 liv. d'où devoit réſulter, ſuivant ſon propre aveu, à la fin de chaque année, une ſomme approchante de 2 000 000 liv. & elle n'avouoit pas aſſez.

Peut-on n'être pas ſurpris, lorſqu'on voit qu'une Compagnie a oſé propoſer qu'on forçât les Citoyens à lui payer ſon eau deux fois autant que la Ville a vendu la ſienne à ceux qui l'achetoient librement ? Car cela eſt dans l'exacte vérité ; & pour que perſonne n'ait aucun doute là-deſſus, en voici la preuve bien convaincante.

Tant que la Ville a eu de l'eau à concéder, elle l'a vendue 200 liv. la ligne ; ce qui étoit alors la même choſe que 10 liv. de rente. Le pouce circulaire qui ſert de paſſage à ce qu'on nomme un *pouce d'eau*, équivaut à 144 lignes circulaires, de même que le pouce quarré contient 144 lignes quarrées. D'ailleurs le pouce d'eau donne 72 muids en un jour, ou 576 piés cubiques, puiſque le muid en contient 8. Donc, une ligne d'eau donne en un jour un demi-muid ou 4 piés cubes. Donc, on avoit 4 piés cubiques en vingt-quatre heures, pour 10 liv. de rente, en ſuppoſant l'eau bien fournie, comme elle l'a été tant que les machines ont bien fourni elles-mêmes ; mais cela n'eſt plus aujourd'hui. Quoi qu'il en ſoit, on auroit eu par jour 6 piés cubes pour 15 liv. de rente. Or, la Compagnie ne vouloit en donner que 3 pour le même prix. Donc, elle vouloit vendre ſon eau au double de ce que la Ville a vendu la ſienne. Cela eſt clair & net ; il n'y a pas un mot à répondre.

Cet établiſſement devoit être fini, & en état de ſervir le Public, dans l'eſpace de ſix ans, à compter du jour que la taxe commenceroit à courir ; cela vouloit dire, après avoir reçu au moins 12 000 000 liv. La Compagnie offroit, à ces conditions, de faire l'ouvrage à ses frais, & même elle auroit eu la générosité d'abandonner tout à la Ville au bout de quatre-vingts ans.

Espérant, au reste, donner plus de mérite à son projet, & se faire écouter plus favorablement, cette Compagnie crut devoir déprimer de son mieux la bonne qualité de l'eau de l'Yvette; mais, à l'exemple de l'auteur anonyme, elle n'opposoit ni raisons ni expériences.

Dans la crainte néanmoins que tout ce qu'on écrivoit contre l'eau de cette rivière ne fît quelqu'impression sur ceux qui ne pourroient pas examiner la chose par eux-mêmes, mon Oncle employa encore une partie de ses veilles à chercher de nouvelles preuves de la salubrité de cette eau, en comparant sa pesanteur sous un volume donné, à celle d'un même volume d'eau de Seine, & de plusieurs autres eaux qui sont très-salubres. Les recherches & les travaux qu'il fit à cette occasion, le conduisirent à une belle découverte dont il a enrichi l'*Hydrostatique*, sa science favorite, & qui lui est redevable de plusieurs propriétés des fluides inconnues jusqu'à lui, & d'une utilité réelle.

Il y avoit long-tems que les Physiciens desiroient un instrument non équivoque pour appercevoir les différences les moins sensibles entre les pesanteurs spécifiques des liquides; différences dont on a souvent besoin, & que l'on avoit de la peine à saisir.

Le vrai moyen de les connoître avoit été senti; mais on ne l'avoit exécuté qu'à moitié. On sait qu'un corps quelconque, plus léger que l'un & l'autre de deux liquides, inégalement pesans sous des volumes égaux, posé sur l'un & sur l'autre, s'y enfonce en partie, & déplace des masses de ces liquides qui sont en raison inverse de leurs pesanteurs spécifiques. Delà étoit venu ce petit instrument, connu sous le nom de *pèse-liqueurs* ou d'*aréomètre*, mais si imparfait, qu'on aimoit mieux peser successivement un même vase plein d'un des liquides & ensuite plein de l'autre. On avoit soin de choisir un vase qui eût une ouverture très-étroite, pour mieux être assuré qu'on le remplissoit toujours également, & qui fût en même-tems très-petit, pour pouvoir peser le tout au bras d'une balance précise & délicate.

Quoiqu'on sentît que le moyen d'avoir un aréomètre plus sensible, étoit de diminuer le diamètre du tube, & d'augmenter celui de la boule, la lestant à proportion, néanmoins on n'avançoit pas pour faire mieux : cet instrument languissoit dans une espèce d'enfance, parce que tout le monde s'attachant à mettre l'échelle dans le tube, il falloit de nécessité un tube d'une certaine grosseur, lequel par conséquent déplaçoit un volume assez considérable, relativement à celui que déplaçoit la boule. On peut ajouter à ce défaut la difficulté de diviser l'échelle avec exactitude : ses parties ne peuvent être égales, qu'à condition que le tube sera de même diamètre dans toute sa longueur ; or trouve-t-on cela comme on veut ? Il est vrai qu'il y a un autre moyen de la diviser lorsque le tube est d'une forme irrégulière ; mais ce moyen est-il aisé dans l'exécution ?

Croyant ainsi voir très-clairement la source des imperfections de l'aréomètre, mon Oncle soupçonna qu'il pourroit y remédier en séparant l'échelle du tube, & en substituant à ce tube un fil de laiton très-mince, & à la boule un cylindre.

En conféquence de cette idée, il fixa une échelle, divifée en pouces & en lignes, au vafe qui devoit contenir les eaux ; il paffa le fil de laiton par la filière, pour que fon diamètre devînt parfaitement le même dans toute la longueur, & il fit faire un cylindre de fer-blanc qui avoit prefqu'un pié de haut fur deux pouces de diamètre : dans la fuite, il l'aima mieux en verre, M. *Majault* ayant obfervé, avec raifon, que la rouille & les foudures devoient rendre l'inftrument fufpect.

Cet aréomètre ayant été lefté convenablement, fit voir, dès qu'on le mit à l'épreuve, une marche fi étendue, que mon Oncle même en fut étonné. Il s'enfonçoit d'une vingtaine de pouces plus bas dans l'eau de Seine que dans l'eau de puits. On croira bien, d'après cela, qu'il indiquoit des différences palpables entre trois eaux de cette rivière puifées en même-tems, l'une à la rive gauche, l'autre à la rive droite, la troifième au milieu ; entre l'eau de puits qui venoit d'être tirée, & celle qui l'avoit été une heure auparavant.

Ce n'eft pas tout : on peut encore rendre cet aréomètre plus fenfible, ou augmenter l'intervalle qui féparoit le point où il s'arrêtoit dans l'eau la plus légère de celui où le foutenoit la plus pefante, de trois manières. En prenant un plus grand cylindre, le fil de laiton reftant le même ; en diminuant le diamètre du fil de laiton & confervant le même cylindre : enfin, en faifant l'un & l'autre à la fois.

C'eft ainfi que l'aréomètre, recevant une forme toute nouvelle, a été élevé à un degré de perfection au-deffus duquel on ne l'a point encore vu.

En fortant des mains de mon Oncle, la première chofe que cet aréomètre indiqua, fut que l'eau de l'Yvette, puifée au-deſſous du pont de Gif, étoit un peu plus peſante que celle de Seine, priſe au-deſſus de Paris, mais plus légère que les eaux d'Arcueil, de Sainte-Reine, de Ville-d'avray & de Briſtol. Il n'eſt perſonne qui ne ſache que toutes ces eaux ſont très-bonnes pour tous les uſages de la vie.

Les preuves tirées de l'*Hydroſtatique* n'auroient peut-être pas ſuffi pour défendre entièrement l'Yvette contre les attaques de ceux qui nioient la ſalubrité de ſon eau. Mon Oncle crut devoir y joindre un Jugement, qu'on doit regarder comme en dernier reſſort; il pria la Faculté de Médecine de prononcer ſolemnellement ſur la qualité de l'eau de cette rivière: non qu'il eût le moindre doute ſur l'examen déciſif qu'en avoient fait Mrs Hellot & Macquer; une preuve tirée de la Chymie par une main habile, eſt preſqu'auſſi bien marquée au coin de l'évidence qu'une propoſition d'*Euclide*: mais aux perſonnes qui ne veulent point écouter les raiſons, peut-on oppoſer trop d'autorités reſpectables?

Les Savans que la Faculté nomma pour cette commiſſion, & qui étoient au nombre de neuf *, y employèrent environ cinq mois. Le réſultat de leurs travaux fut que, par l'anayſe la plus exacte, comme par l'aréomètre le plus parfait, l'eau de l'Yvette, priſe à Gif, étoit un peu au-deſſous de celle de Seine, puiſée à la pointe de l'Iſle Saint-Louis, mais au-deſſus des eaux d'Arcueil, de Ville-d'avray, de Sainte-Reine & de Briſtol, auxquelles ils firent ſubir les mêmes épreuves qu'à celles de l'Yvette & de la Seine.

* Mrs. Majault, Belleteſte, Baron, Hériſſant, Guettard, Poiſſonnier, LaRivière *le jeune*, Roux, Darcet.

Le compte qu'ils en rendirent à la Faculté aſſemblée, eſt un chef d'œuvre en ce genre. Rien auſſi n'avoit été épargné de leur part, ni peines, ni dépenſes: le même zèle qui animoit l'auteur du project, les anima tous également. Leur ouvrage ne périra jamais ; & il écrasera toujours ceux qui voudront dire, *l'eau de l'Yvette n'est pas bonne.* Pour toute réponse, on leur mettra devant les yeux cette conclusion, unanimement adoptée par la Faculté ; *nous osons. . . . décider que ces eaux, dont les habitans de la vallée que nous avons interrogés, font journellement usage, de préférence à l'eau des sources qu'ils ont également à leur portée, fourniront une boisson très-agréable & très-salubre aux habitans de cette Capitale.*

Quant aux opérations touchant la pente de l'aqueduc, sa direction & le volume d'eau qu'il doit recevoir, elles n'ont jamais fourni matière à aucune critique ; personne n'en a osé nier la justesse & l'exactitude.

On croira peut-être, en voyant tout ce qui concerne ce beau projet ainsi constaté, que mon Oncle avoit tout fait, qu'il n'avoit plus qu'à en attendre en paix l'exécution, & à jouir du calme que lui procuroit une réputation si belle & la plus desirable, puisqu'il la devoit à son zèle pour le bien de ses Concitoyens. Non. Dès que l'Yvette victorieuse fixa l'attention du Gouvernement, on lui chercha une Rivale ; mais cette recherche fut vaine. Mon Oncle fit bientôt voir, (& quelqu'un avoit-il autant examiné que lui les rivières qui coulent aux environs)? que parmi toutes celles qu'on peut conduire à l'Estrapade, l'Yvette seule fournira la quantité d'eau nécessaire à cette grande ville, à moins qu'on ne veuille en aller prendre quelqu'autre à une distance prodigieuse, & faire, ce qui est contre toute raison, des dépenses beaucoup plus considérables que pour amener au même endroit l'Yvette, prise à Vaugien.

D'autres proposèrent d'établir des pompes comme celles qui existent déjà ; mais outre que ces machines, fort coûteuses de construction & d'entretien, ne pourroient élever qu'un petit volume d'eau, elles rendroient par elles-mêmes & par leurs digues, les inondations & les débacles plus dangereuses, & pourroient être cause d'accidens très-funestes (3) ; d'ailleurs, où les placeroit-on ?

Enfin, on renouvela le projet des pompes à feu ; & il fut rejetté de nouveau. Ces machines sont très-ingénieuses, & sont les meilleures qu'on puisse employer, lors qu'on peut avoir leur aliment, dans toutes les opérations où il faudroit de nécessité la force des chevaux ; par exemple, aux mînes de charbon-de-terre, pour épuiser les eaux, & même aussi pour enlever les fardeaux : mais elles ne pourront jamais balancer les avantages de l'aqueduc qui amènera l'Yvette.

Ce même projet a néanmoins reparu plus d'une fois depuis la mort de mon Oncle. Il n'y a pas un an qu'il étoit encore question de la pompe à feu ; & il faut croire que ceux qui demandent à l'établir, malgré toutes leurs tentatives jusqu'ici inutiles, ne trouvent pas les raisons qu'avoit données mon Oncle assez convaincantes : je ne prétens pas en produire de meilleures ; je vais uniquement m'arrêter à les justifier.

Ceux qui proposent d'élever par des pompes à feu toute l'eau qu'il faudroit aux habitans de Paris, ne pensent pas sans doute à

(3) Mon Oncle étoit si persuadé, d'après les recherches & les remarques qu'il avoit faites avec soin, que les pompes de la *Samaritaine* & du pont *Notre-Dame*, lesquelles gênent en tout tems la navigation, sont nuisibles & causent du mal dans les inondations & dans les débacles, qu'il regardoit la démolition de ces deux machines comme un des principaux avantages que procurera l'exécution de son projet.

mettre ces machines dans l'intérieur de la ville: il n'y a déjà que trop d'embarras ſur les quais & ſur la rivière; d'ailleurs, la mauvaiſe odeur de la fumée du charbon ſeroit très-déſagréable, & peut-être même incommoderoit-elle: il faudroit donc les établir au-deſſus de Paris, ſur la rive gauche de la Seine, avant qu'elle ait reçu l'infecte rivière des Gobelins.

Nous devons préſumer qu'on n'entreprendroit jamais de fournir par ce moyen tout le volume d'eau que fournira l'Yvette dans ſon état le plus abondant: il eſt très-probable que ſi on étoit forcé d'avoir recours aux pompes à feu, on ſe borneroit à élever la quantité d'eau néceſſaire, laquelle eſt 1000 pouces (4). Or il faut que ces 1000 pouces ſoient élevés à une hauteur, telle qu'on puiſſe les faire refluer juſqu'à l'Eſtrapade, au même endroit où arrivera l'Yvette; c'eſt-à-dire, au moins à 100 piés au-deſſus des baſſes-eaux de la Seine. Cela poſé, voyons ce qu'il en coûteroit.

On trouve dans l'*Encyclopédie*, au mot Feu, une deſcription très-claire & très-exacte, & que mon Oncle cite avec éloge, de la pompe à feu établie au Bois-de-Boſſu, proche Saint-Guilain, en la Province du Hainaut autrichien; c'eſt-là que j'ai pris toutes les données dont j'ai eu beſoin pour faire le calcul ſuivant de comparaiſon (5).

(4) J'ai déjà eu occaſion de dire qu'un pouce d'eau donne en un jour 576 piés cubes: multipliant 1728 par ce nombre, pour avoir des pouces cubiques, on trouve 995328; or la pinte de Paris en contient 48: donc un pouce d'eau donne en 24 heures 20736 pintes, & 1000 en donneront dans le même tems 20736000; ainſi, ſuppoſant 800000 habitans, chacun auroit par jour 25 $\frac{23}{25}$ ou preſque 26 pintes: c'eſt autant qu'il en faut, l'un portant l'autre.

(5) Je préviens que le rayon ou le diamètre étant 1, j'ai fait la moitié de la cir-

Le

Le cylindre a intérieurement 2 piés 6 pouces & demi, & c'eſt auſſi le diamètre de ſon piſton. J'ai ſuppoſé que la hauteur moyenne du baromètre, au lieu où eſt la machine, eſt de 28 pouces; qu'un pié cubique d'eau de pluie pèſe 70 livres, & que la peſanteur ſpécifique de cette eau eſt à celle du mercure, comme 1 eſt à 13, 593.

On trouvera que la colonne atmoſphérique qui pouſſe de haut en bas le piſton du cylindre, ou, ce qui eſt la même choſe, la *puiſſance* qui fait agir la pompe à feu du Bois-de-Boſſu, pèſe plus de 11264 livres & demie (6), diſons 11265 : il faut avoir à préſent la *réſiſtance* totale.

I°. Le poids de l'attirail des pompes eſt évalué dans l'*Encyclopédie* à 3000 livres; tenons nous-en à cette évaluation.

II°. Tous les piſtons (7) ont 8 pouces 3 lignes de diamètre, & la profondeur d'où l'eau eſt élevée eſt de 242 piés. Poſons que l'eau de la mîne ne pèſe pas plus que celle de pluie : le cylindre

---

conférence ou la circonférence entière 3.1415926, & cela eſt vrai à moins d'un dix millionième près : ce rapport m'a été plus commode que tout autre, parce que j'ai toujours employé les *logarithmes.* Je ſais bien qu'une telle précision n'eſt pas ici fort néceſſaire, mais elle n'eſt pas inutile ; pour s'en convaincre, & pour en voir la raiſon, on n'aura qu'a calculer autrement. J'ai ſupprimé, au reſte, le détail des opérations ; il ne ſerviroit de rien à ceux qui ne les entendroient pas, & ceux qui les entendroient ſeront en état de vérifier tout eux mêmes.

(6) Il ne faut pas prendre cette propoſition à la rigueur. Nous avons ſuppoſé, & nous raiſonnerons toujours dans la même hypothèſe, que le vide ſous le piſton eſt parfait ; or cela n'eſt jamais vrai. De plus, la puiſſance varie en même tems que le baromètre, puiſque la preſſion d'une colonne atmoſphérique de baſe donnée augmente lorſque le mercure s'élève, & diminue lorſqu'il s'abaiſſe.

(7) Je dis *tous les piſtons*, car un ſeul ne pouvant pas ſoutenir la preſſion d'un cylindre d'eau d'une telle hauteur, il y a des pompes qui reprennent de 60 piés en 60 piés ; elles jouent toutes à la fois.

d'eau ſoulevé à chaque impulſion péſera 6288 livres & un peu plus d'une moitié : nous prendrons 6289.

III°. Il y a en outre une petite pompe qui fait monter de l'eau pour entretenir la cuvette d'où part le tuyau d'injection. Le diamètre du piſton a 4 pouces 2 lignes, & l'eau eſt énvoyée à la hauteur de 36 piés ; par conſéquent la colonne d'eau, refoulée à chaque coup de piſton pour le ſervice de la machine, pèſe plus de 238 livres & demie, nous dirons 239.

Réuniſſant ces trois parties, on aura la ſomme 9528, & c'eſt ce que vaut toute la réſiſtance (8) : elle eſt moindre de 1737 que la puiſſance, celle-ci étant 11265.

On peut conclure de-là (9), que dans la pompe à feu du Bois-de-Boſſu, la réſiſtance eſt à la puiſſance, comme 5 eſt à 6, & c'eſt auſſi ce que M. *Bélidor* recommande avec ſoin, *pour éviter* (dit-il) *tout inconvénient.*

Il eſt bon d'obſerver de quelle manière l'action de la puiſſance eſt diſtribuée. Pour faire équilibre à l'attirail des pompes, 3000 livres ; à toute la colonne d'eau, 6289 ; & à celle qui eſt refoulée pour être envoyée au réſervoir où communique le tuyau d'injection, 239. Une grande partie du reſte eſt employée

(8) Cette ſomme eſt la valeur de la réſiſtance, parce que le balancier (il a 26 piés 8 pouces de long), eſt ſoutenu au milieu ; mais ſi ſes deux bras étoient inégaux, comme cela ſe rencontre dans quelques pompes à feu, il faudroit multiplier le réſultat par la longueur du bras où eſt ſuſpendu l'attirail, & diviſer enſuite le produit par celle du bras de la puiſſance.

(9) Il eſt clair que 9528 eſt à 11265, comme 3176 eſt à 3755 ; ainſi, la réſiſtance eſt les $\frac{3176}{3755}$ de la puiſſance : or ſi on cherche, à l'aide des fractions continues, une valeur approchée de ce rapport irréductible, on trouvera que la fraction $\frac{5}{6}$ n'en diffère en moins que de $\frac{281}{22530}$, ce qui ne vaut pas 2 gros.

à vaincre les frottemens, & l'autre à faire jouer la machine (10).

La levée des pistons est de 6 piés ; donc, à chaque impulsion, cette pompe épuise un cylindre d'eau qui a une toise en hauteur & 8 pouces 3 lignes en diamètre. On assure qu'elle fait quatorze impulsions par minute lorsque son mouvement est bien réglé (11) ; donc elle en fait 20160 en un jour. Les choses étant ainsi, on trouvera qu'elle épuise 77 pouces d'eau & 0,956 à moins d'un millième près (12) ; vaut autant

---

(10) Il n'y a que les $\frac{4}{7}$ de la puissance qui servent à soulever la colonne d'eau ; car cette fraction ne diffère en plus de la véritable $\frac{6289}{11265}$ que de $\frac{1057}{78855}$ ce qui est moindre que 2 gros : & cette colonne, réduite en une autre qui eût pour base le piston du cylindre, n'auroit que 17 piés 8 pouces 7 lignes de hauteur ; néanmoins la puissance fait équilibre à une colonne d'eau qui, appuyée sur la surface de ce même piston s'éléveroit à 31 piés 8 pouces 7 lignes : cela fait voir combien est diminué l'effet que devroit produire une pompe à feu ; mais les obstacles qui lui nuisent sont inévitables.

(11) Cela n'est guère croyable. Feu M. *Jars*, que tout le monde a connu pour un homme laborieux, exact & clairvoyant, & qui avoit eu occasion de voir plusieurs pompes à feu, avoit toujours remarqué que les ouvriers poussoient & rendoient le feu plus violent dès qu'ils voyoient entrer un étranger. Cet Académicien réduisoit à 8 par minute le nombre ordinaire d'impulsions : il y a, comme on voit, les $\frac{3}{7}$ de moins. On doit penser, & c'étoit le sentiment de mon Oncle, que la pompe du Bois-de-Bossu faisoit quatorze impulsions en une minute au moment où on a fait les observations rapportées dans l'Encyclopédie, mais qu'elle ne résisteroit pas à les faire en tout tems : je le supposerai malgré cela, afin de mettre tout à l'avantage du projet des machines à feu.

(12) Je crois devoir avertir ceux qui voudront consulter l'Encyclopédie, qu'il y a des erreurs à l'*article trente-sixième*, où l'on a dit que la pompe élève dans une minute une colonne d'eau de 112 piés de hauteur ; elle n'est que de 84 : par chaque impulsion 85 pintes, c'est 80 & une petite fraction : par les quatorze impulsions ensemble 1190, c'est presque 1123 ; par heure 71400, c'est un peu plus de 67353 ; & on a ajouté, *ou 255 muids... le muid contenant... 280 pintes, mesure de Paris* : il faut substituer ceci, ou 234 muids, le muid contenant 288 pintes. Au moyen de toutes ces corrections, on trouvera finalement que la machine épuise 78 pouces d'eau, au lieu qu'elle en épuiseroit 85 si elle fournissoit 255 muids en une heure.

dire 78 : & pour élever ce volume d'eau, elle consomme en un jour 6 muids de charbon de terre à 13 piés cubiques chacun, ou bien, 78 piés cubiques; ce qui fait exactement un pié cube par chaque pouce d'eau élevé. Enfin, la pompe à feu du Bois-de-Bossu a coûté 55000 liv. tout compris, puisard, bâtiment & autres accessoires.

Transportons actuellement cette machine un peu au-dessus de l'embouchure de la rivière des Gobelins, & là il faut qu'elle élève à 100 piés 1000 pouces d'eau de la Seine. Il est manifeste que les quantités d'eau qu'entretiendra la même puissance à des hauteurs différentes, seront en raison renversée de ces hauteurs; donc, la puissance qui fait monter 78 pouces d'eau d'une profondeur de 242 piés, en élévera 189 à 100 piés de haut (13). Chaque pouce d'eau consommera en un jour $\frac{26}{63}$ d'un pié cubique de charbon; donc, les 1000 pouces en consommeront, aussi en un jour, 412 $\frac{34}{63}$ piés cubes. Il faut déterminer le prix en argent de cette consommation.

Ceux qui veulent établir des pompes à feu sur la Seine, ont sans doute en vue d'y employer le meilleur charbon que l'on amène à Paris; or c'est celui qui nous vient des mînes de *Saint-Etienne* en *Forès*. Est-il néanmoins d'une aussi bonne qualité

---

(13) Il se présente une objection. On dira peut-être qu'à la hauteur de 100 piés l'attirail des pompes pésera moins que 3000 livres, cela n'est pas douteux; & que la puissance restant toujours 11265, elle excédera davantage la résistance qui aura été diminuée: rien n'est plus vrai. Donc, conclura-t on, la pompe pourra élever à cette hauteur plus de 189 pouces d'eau. Non, & même elle ne les élèvera pas; car le calcul tient toujours à la supposition de quatorze impulsions par minute, au lieu que la machine n'en fera que 8 ou 9: or, ces cinq coups de piston en sus épuiseroient plus d'eau que n'en épuisera en 9 la petite augmentation de force dûe à la diminution du poids de l'attirail.

que le charbon du Hainaut autrichien ? C'eſt ce que bien des perſonnes ne croient pas ; mais nous le ſuppoſerons.

Un tel établiſſement étant fait pour l'avantage de tous les Citoyens, il eſt à croire qu'on exempteroit le charbon deſtiné aux machines, de tous les droits que paie celui qui eſt vendu aux particuliers ; d'après cela, il ne reviendroit au moment où j'écris ceci, qu'à 44 liv. notre muid, lequel contient 47 à 48 piés cubiques (14) : d'où il réſulte que pour élever 1000 pouces d'eau par l'action du feu, il en coûteroit chaque jour, rien qu'en charbon de terre, plus de 378 liv. & dans toute l'année 138082. Cette dépenſe annuelle eſt, à raiſon de quatre & demi pour cent, la rente de 3068489 liv. moitié de ce qu'il en coûtera pour amener l'Yvette à l'Eſtrapade (15).

---

(14) Peu de perſonnes ſavent de quelle façon on meſure le charbon de terre, & c'eſt ici le lieu de l'expliquer. *Voie* & *muid* ſont deux expreſſions ſynonimes. Le muid ſe diviſe en quinze parties égales, & chacune eſt nommée *minot* ; le minot en deux moitiés : le *demi-minot* en *trois boiſſeaux*, & le boiſſeau en quatre. Donc, le muid contient trente demi-minots ou quatre vingt-dix boiſſeaux. Sa capacité eſt de 36 piés cubes. Partant celle du demi-minot eſt de 2073 pouces cubiques $\frac{3}{5}$. Le demi-minot eſt un cylindre ; ſa hauteur eſt d'un pié, & ſon diamètre de 14 pouces 10 lignes. C'eſt lui qui ſert toujours à meſurer, parce qu'il fait la charge d'un homme ; mais il faut bien remarquer qu'on ne racle jamais le charbon, on le meſure comble. Ceux qui le vendent eſtiment le comble environ $\frac{1}{3}$ de la capacité : cela doit être auſſi ; car le comble forme un cône qui s'élève à une hauteur preſqu'égale à celle du demi-minot, dont l'ouverture eſt la baſe de ce même cône : or, le cône eſt le tiers du cylindre de même baſe & de même hauteur ; c'eſt pourquoi l'on dit que le demi-minot de charbon de terre vaut un pié cube & environ $\frac{3}{5}$, & le muid 47 à 48. Cette année-ci (1776) le charbon qui vient de *Saint-Etienne* en *Forez* coûte à Paris 72 liv. le muid rendu chez l'acheteur.

(15) Que feroit ce donc ſi ce charbon payoit les droits ordinaires, qui ſont à préſent de 22 liv. par muid ? Les 48 piés cubes coûteroient 66 liv. au lieu de 44 : la dépenſe journalière excéderoit 567 livres, & l'annuelle ſeroit de 207123, laquelle ſuppoſe, à 4 $\frac{1}{2}$ pour cent, un capital de 4602733 liv. $\frac{1}{3}$.

Cette énorme dépense n'est pas le seul obstacle à l'établissement des pompes à feu. On éprouveroit des difficultés invincibles pour se procurer en tout tems du charbon de terre en quantité suffisante. Cette marchandise vient par le canal de Briare, & ce canal est fermé presqu'un tiers de l'année (16). Tant que la Loire ou la Seine n'est pas navigable, on ne peut en faire arriver; or combien de fois les eaux sont-elles ou trop basses ou trop hautes? Point d'hiver où la rivière ne charie; quelquefois elle est prise pendant deux à trois semaines. C'est en vain qu'on espéreroit de pouvoir faire des provisions. Il faudroit conserver le charbon, ou sur l'eau, ou dans un magasin. *Sur l'eau*? Les bateaux qui l'amènent, construits avec d'assez mauvais bois, se pouriroient en peu de tems; ils seroient d'ailleurs en danger de périr par les inondations & lorsque la rivière charieroit. *Dans un magasin?* Le charbon de terre, accumulé en tas, s'échauffe & se consume lui-même (17). On remarquera aussi que les machines à feu absorbant une quantité immense de ce charbon, il deviendroit rare, plus coûteux, & à un point qui nuiroit aux arts les plus utiles où on l'emploie (18). Se retranchera-t-on à dire qu'on pourra faire agir les pompes en y consommant du bois? Tous ces obstacles, il est vrai, n'auroient plus lieu alors; mais on va voir que la dépense seroit plus considérable.

Il est dit dans l'*Encyclopédie*, que deux *cordes* de bois, chacune à 7 piés 7 pouces de longueur, sur autant de hauteur,

---

(16) Depuis la fin du mois de Juillet jusqu'au milieu du mois de Novembre.

(17) Ce sont toutes ces difficultés, pour faire arriver & pour conserver le charbon de terre, qui occasionnent dans le prix de cette denrée, très chère & très-précieuse pour nous, des variations étonnantes presque d'un jour à l'autre.

(18) Par exemple, la Verrerie royale du bas-Meudon, la Serrurerie & autres.

& 3 piés 3 pouces de largeur, produiroient en un jour à la pompe à feu du Bois-de-Boſſu le même effet qu'y produiſent, dans le même eſpace de tems, les 6 muids de charbon de terre, à 13 piés cubes chacun (19). Nous conclurons pour chaque corde 133 piés cubiques de bois (20). Donc, la machine en conſommeroit en un jour 266 pour élever de la profondeur de 242 piés les 78 pouces d'eau qu'elle élève actuellement par la conſommation de 78 piés cubes de charbon. Or, ce qu'on nomme à Paris une *voie de bois* a 4 piés de haut, autant de large, 3 piés & demi en longueur, partant 40 piés cubes ou environ (21). Il faudroit brûler chaque jour ſix voies $\frac{13}{20}$, nous pouvons dire 7, pour entretenir 189 pouces d'eau à 100 piés de hauteur. Cela étant, les 1000 entretenus à la même élévation, en brûleroient au moins 13518 par an, & par jour un peu plus de 37. Ne mettons la voie de *bois neuf* (22) qu'à 14 livres. Seroit-il poſſible de l'avoir à un ſi bas prix? Il en

(19) On n'y a point expliqué ſi le comble entre ou n'entre pas dans les 13 piés cubiques. Ce nombre exact fait ſoupçonner que c'eſt ſeulement la capacité du muid, & peut-être faudroit-il 17 à 18.

(20) Voici ſur quoi eſt fondée cette concluſion. Un parallélipipède qui a 7 piés 7 pouces de long, autant de haut, 3 piés 3 pouces de large, contient 186, 9 piés cubes, ou 187. Mais dans une corde de bois il y a des vides, & ces vides ſont eſtimés les $\frac{2}{7}$. Les Marchans diſent $\frac{1}{4}$ & un peu plus: cet *un peu plus* eſt $\frac{1}{28}$; car la ſomme de ces deux fractions eſt $\frac{2}{7}$. Or, les $\frac{2}{7}$ de 187 ſont environ 54, qui, retranchés de 187, donnent pour reſte 133.

(21) Notre voie de bois, s'il n'y avoit aucun vide, contiendroit exactement 56 piés cubiques; mais elle n'en vaut guère qu'une quarantaine, parce qu'il faut en retrancher 16, qui ſont les $\frac{2}{7}$ de 56.

(22) Il faut que je faſſe entrer en comparaiſon du bois qui n'ait jamais flotté ſur l'eau; la voye coûte au chantier un peu plus de 21 livres, & paye de droit 5 livres 8 ſous.

coûteroit chaque année 189259 liv. & toutes les vingt-quatre heures près de 519 liv. C'eſt la rente de 4205533 liv. $\frac{1}{3}$, l'intérêt étant toujours au denier 22 $\frac{2}{9}$. Par où l'on voit que la dépenſe annuelle en bois excèderoit de 51177 liv. celle en charbon, & c'eſt plus du tiers.

Juſqu'ici nous avons ſuppoſé qu'une ſeule pompe à feu ſuffiroit pour élever tout le volume d'eau à la hauteur requiſe; mais on ſent bien que c'eſt une choſe impraticable (23). Il faudroit, pour bien faire, quatre machines; alors chacune auroit à entretenir 250 pouces d'eau à 100 piés d'élévation, & les piſtons en ayant 6 de marche, on pourroit eſpérer dix impulſions par minute: leur diamètre auroit 1 pié 5 pouces & preſque 6 lignes. La colonne d'eau ſoulevée à chaque impulſion péſeroit un peu plus de 11666 livres. Toute la réſiſtance pourroit en peſer 14000. Par conſéquent, la puiſſance ſeroit d'environ 17000 livres. ce qui feroit le diamètre du piſton mû dans le cylindre de 3 piés 1 pouce 5 lignes $\frac{3}{5}$. On ſeroit forcé, en outre, d'avoir une machine de relai, pour mettre en jeu lorſqu'il faudroit faire quelque réparation à une des quatre autres,

(23) Un pouce d'eau fourniſſant par minute $\frac{2}{5}$ de pié cube, 1000 fourniront dans le même tems 400 piés cubes. Poſons que la pompe à feu fit conſtamment huit impulſions en une minute; donc, chaque impulſion épuiſeroit 50 piés cubiques d'eau. Donnons 6 piés de jeu à tous les piſtons. Pour avoir leur ſurface, il faut diviſer 50 par 6; elle eſt de 8 piés quarrés $\frac{1}{3}$. Diviſant 8 $\frac{1}{3}$ ou $\frac{25}{3}$ par 3, 1415926 & extrayant la racine quarrée du quotient, on aura leur rayon; leur diamètre ſeroit de 3 piés 3 pouces 1 ligne. Donc, la colonne d'eau ſoulevée à chaque coup de piſton, péſeroit plus de 58333 livres, & toute la réſiſtance, au moins 70000; cela exigeroit une puiſſance d'environ 90000 livres. Où trouveroit-on un balancier aſſez fort? Le point d'appui pourroit-il réſiſter à des ſecouſſes auſſi violentes? Il ſeroit chargé de 160000 livres. Le diamètre intérieur du cylindre, ou, ce qui revient au même, le double rayon de ſon piſton, auroit 9 piés 6 pouces & plus de 11 lignes.

&

& cela arriveroit aſſez ſouvent. Voilà cinq pompes à feu à conſtruire. Elles coûteroient au moins 80000 liv. chacune, ou 400 000 l. toutes enſemble, en y comprenant les puiſars & les bâtimens néceſſaires. Ne mettons que 200 000 liv. pour l'achat du terrein & la conſtruction d'une tour de 110 à 120 piés d'élévation. Ces deux dépenſes font 600 000 liv. & c'eſt, à quatre & demi pour cent, le capital de 27000 liv. de rente perpétuelle.

Suppoſons l'entretien annuel de ces machines en journées d'Ouvriers, en fer, en cuivre, en bois & en autres choſes ſemblables de 10000 liv. ce n'eſt pas aſſurément mettre les choſes trop haut; c'eſt néanmoins la rente de 222222 liv. $\frac{2}{9}$.

Convenons que deux hommes ſuffiront à chaque machine, l'un pour la faire manœuvrer, & l'autre fera le feu au fourneau. En voilà déjà huit; il en faut huit autres pour les relever, le ſervice devant être fait jour & nuit, c'eſt ſeize: quatre pour veiller aux bateaux, en avoir ſoin, & apporter le charbon, font vingt; quatre pour enlever les craſſes des fourneaux, pour balayer, pour nétoyer, font vingt-quatre. Donnons à chacun, l'un dans l'autre, 600 liv. c'eſt en tout 14400 liv. au Commis qu'il faudra pour tenir les regiſtres, au moins 1000 l. Au Chef du bureau & Inſpecteur en même-tems, 3000 liv. en ſomme, 18400 liv. Concluons hardiment 20000 liv. c'eſt la rente de 444444 liv. $\frac{4}{9}$. Combien d'autres choſes qu'il nous eſt impoſſible de détailler!

Avec tout cela, l'eau n'eſt encore arivée qu'au haut de la tour: il faut à préſent lui faire un chemin pour la conduire à l'endroit d'où elle puiſſe être diſtribuée le plus commodément dans toutes les maiſons de Paris. En connoît-on de meilleur que le haut de la rue de la Harpe ou celui de la rue Saint-Jacques, ou que les environs de ces deux lieux? Cela étant, quelque chemin que l'on prît, on auroit plus de 1000 toises de trajet. Faisons couler l'eau dans trois conduites de fer fondu, à 18 pouces de diamètre sur 15 lignes d'épaisseur; car il faudroit qu'elles fussent faites pour être éternelles. La toise des tuyaux de cette matière & de ces dimensions pése 1500 livres; ainsi, les 3000 toises péseroient 4500000 livres. Il seroit impossible d'avoir le millier pesant pris à la forge à moins de 100 liv. donc, il en coûteroit en fonte seule 450000 liv. & le transport de tous ces tuyaux, depuis l'endroit où on les prendroit jusques sur l'attelier: ne l'évaluons qu'à 2 liv. le cent pesant; ce seroit une dépense de 90000 liv. (24). Venons à la fouille. Ces trois conduites occuperoient en terre un espace de 4 piés & demi. Il faudroit 1 pié d'intervalle entre celle du milieu & chacune des deux autres & 2 piés en sus & à droite & à gauche, un dans le bas pour qu'on pût manœuvrer à son aise & l'autre pour le talus; donc la fouille auroit environ 12 piés ou 2 toises d'ouverture: elle auroit 5 piés ou $\frac{5}{6}$ de toise en profondeur, & 1000 toises en longueur. Cela donneroit une fouille de 1666 $\frac{2}{3}$ ou de 1667 toises cubes: on n'aura pas de peine à croire que la fouille de chaque toise, en y comprenant le dépavé, ensuite le remblais & le repavé, reviendra à 10 liv. (25). Donc, tout ce qui concerne la fouille

(24) Le millier pesant de fonte paie un droit d'entrée à Paris d'environ 22 liv. J'en fais abstraction; & je défalque par conséquent presque 100000 liv.

(25) Les fouilles qu'on fait dans les rues, & qui causent assez d'embarras, ont 3 piés d'ouverture, autant de profondeur: elles coûtent la toise courante, avec le dépavé, le remblai & le repavé, 4 liv. 10 sols. Cela ne fait que 54 piés cubes, & il en faut quatre fois autant ou 216 pour avoir une toise cubique; donc cette toise revient à 18 liv. Je la suppose à 10, parce qu'on pourroit avoir une diminution sur la grande quantité; je n'assurerai pas néanmoins que la diminution pût aller jusques-là.

coûteroit 16670 liv. Voyons à peu près à combien monteroit la pose des trois conduites. Les tuyaux n'auroient chacun que 3 piés ou une demi-toise en longueur; partant ils seroient au nombre de 6000. Pour mettre en place deux tuyaux, chacun pesant 750 liv. ce n'est pas assez de cinq hommes; d'où l'on peut conclure que la pose de chaque toise de tuyau reviendroit à plus de 10 liv. donc, celle des 3000 toises monteroit à plus de 30000 liv. Assemblons deux à deux les tuyaux : il faudra seize vis & seize écrous à chaque paire, à 1 liv. 10 sols la vis & son écrou : de plus, deux rondelles de fort cuir d'environ 20 pouces de diamètre ; on ne les aura pas à 5 liv. la pièce : cela feroit 34 liv. pour l'assemblage de chaque toise, & 102000 l pour celui des 3000. Tout n'est pas fait : le volume des trois conduites est de 147 toises $\frac{1}{4}$; donc, il reste à enlever & transporter ailleurs un pareil nombre de toises cubiques de terre, & chacune coûtera à être enlevée au moins 12 liv. (26) : c'est encore un objet de 1767 liv. Quelqu'étendu que paroisse cet examen, il s'en faut bien qu'il renferme tout ce qu'il y

(26) Ce que nous nommons *tombereau* de terre ou de sable, a communément 2 piés 2 pouces de largeur à l'extrêmité qui est du côté du cheval, 2 piés 4 pouces à l'autre extrêmité, 4 piés 8 pouces en longueur, 2 piés 4 pouces de haut, & il y a un comble qui s'élève à la hauteur de 5 à 6 pouces. En toisant, comme si c'étoit un parallélipipède qui eût 27 pouces de large, les autres dimensions restant les mêmes, on trouve que sa capacité est de 24 piés cubes & demi. Le comble peut être estimé au plus la moitié d'un prisme, qui auroit pour base l'ouverture du tombereau, & qui s'élèveroit à un demi pié. Un tel prisme vaut 5 piés cubes $\frac{1}{4}$, dont la moitié est 2 $\frac{1}{8}$; donc le tombereau doit valoir environ 27 piés cubiques. D'après ce calcul, il faut huit tombereaux pour faire une toise cube, & cela est très-conforme à l'expérience. Or, chaque tombereau de terre à enlever coûte 2 liv. 10 sols, 2 liv. 5 sols, 2 liv. 1 liv. 15 sols, suivant l'éloignement où il faut l'aller jetter. Posons ici qu'il ne coûtât que 1 liv. 10 sols, ce seroit 12 liv. par chaque toise cubique.

auroit à dire. Nous nous arrêterons là néanmoins ; car ce qui précède sera, sans doute, suffisant pour donner une idée du coût des conduites qui amèneroient à l'Estrapade l'eau élevée près de l'Hôpital par les pompes à feu, ou par d'autres pompes, dont le courant de la rivière seroit le moteur (27). Le résultat est déjà 690437 liv. & c'est le capital de 31046 liv. & plus au denier 22 $\frac{2}{9}$ en perpétuelle. On remarquera que chaque toise coûteroit, toute posée, plus de 230 liv. Voilà enfin l'eau arivée au même endroit où arivera celle de l'Yvette. Je ne fais point entrer en considération les tuyaux de distribution, les fontaines & le reste, tout cela devenant commun avec le projet de mon Oncle.

Il résulte de tout ce détail, que pour élever 1000 pouces d'eau à la hauteur de 100 piés, au moyen de quatre machines à feu, en en ayant une cinquième de relai, & faire ensuite refluer cette quantité d'eau au lieu le plus haut de cette ville, il en coûteroit annuellement, & en mettant les choses au plus bas possible, plus de 226128 liv. ou plus de 5025593 liv. une fois pour toutes, & il n'en coûtera guère plus de 6 000 000 liv. pour conduire au même lieu une rivière entière, l'Yvette, qui pourra fournir un volume d'eau presque triple en tout tems de l'année.

Le seul aspect de toutes ces dépenses doit être effrayant pour ceux qui veulent établir des pompes à feu ; aussi ont-ils cherché des moyens d'économie. Les uns ont cru ne devoir s'engager

(27) Je ne parle point des inconvéniens qui pourroient résulter si un tuyau 16 pouces 9 lignes de diamètre intérieur venoit à crever, pour les prévenir & les éviter, il faudroit amener les trois conduites sous un aqueduc voûté ; mais la dépense seroit bien plus forte.

qu'à élever 500 pouces d'eau; ce n'eſt que la moitié de ce qu'il faut, & on juge bien que toutes les parties de la dépenſe ne diminueroient pas dans cette proportion (28). D'autres ont imaginé de n'élever l'eau néceſſaire à chaque quartier qu'à la hauteur néceſſaire pour l'y envoyer. Il pourroit alors en coûter un peu moins en machines & en charbon de terre: mais combien de conduites? Combien de cuvettes de diſtribution?

Il ſeroit ennuyeux d'examiner ici toutes les formes différentes ſous leſquelles on a propoſé, & toujours en vain, l'établiſſement des machines à feu; ce ne ſeroit qu'une répétition continuelle,

(28) Il eſt inutile de joindre ici le calcul de la dépenſe, dans la ſuppoſition de 500 ou de tout autre nombre de pouces d'eau, élevés à 100 piés ou à une autre hauteur quelconque; chacun pourra le faire en raiſonnant d'après les principes & les données dont nous venons de faire uſage. Ceux qui voudront ſe mettre au fait de la pompe à feu, & connoître en détail, pour mieux en juger, cette belle machine, dont l'invention, dûe à *Papin*, fait honneur à l'eſprit humain, pourront conſulter *l'Architecture Hydraulique* de M. *Bélidor*,(*Tom.* II, *Liv.*IV, *chap.*III), où ils trouveront décrite & expliquée, d'une manière à la rendre préſente aux yeux, la pompe à feu établie à *Freſnes*, village près Condé, en la Province du Hainaut françois. M. *Bélidor* y avoit fait deux voyages pour examiner cette machine, & prendre les dimenſions de toutes les pièces: néanmoins il n'a pas rapporté ſon effet tel qu'il l'avoit obſervé; il l'a calculé, comme ſi la pompe eût eu tout le degré de perfection qu'il lui concevoit poſſible. Selon ce Géomètre, elle devroit faire conſtamment quinze impulſions par minute, & il a ſoin d'ajouter enſuite; *il ne faut pas qu'elle en faſſe davantage.* Les piſtons ont 7 pouces de diamètre & 6 piés de jeu: l'eau eſt élevée de 276 piés de profondeur. Il y a quelques erreurs de calcul qu'il ſera aiſé de corriger: par exemple, M. *Bélidor* dit qu'elle épuiſe par heure 155 muids d'eau; ce ſeroit 180. Il veut qu'elle ne conſomme en un jour que 2 muids de charbon de terre, à 14 piés cubiques chacun: eſt-ce comble? Eſt-ce raſe? C'eſt ce qu'il n'a point expliqué. Une telle machine à feu n'exiſtoit que dans ſon imagination, & n'exiſtera peut-être jamais que dans ſon Ouvrage: on ne peut pas faire un calcul de comparaiſon certain d'après des données auſſi incertaines; mais cela n'empêche pas que tout ce qu'a écrit ce célèbre Auteur ſur cette matière ne ſoit très-inſtructif, & qu'il n'y ait beaucoup à profiter à la lecture de ſa diſſertation.

avec quelques légers changemens, de ce qui vient d'être détaillé : ainsi, nous n'entrerons pas dans une plus longue discussion.

Presque tous les partisans d'un tel projet s'appuient sur ce qu'à Londres on emploie ces machines pour élever de la Tamise une partie de l'eau qui est distribuée dans les maisons : mais les Anglois peuvent-ils faire autrement ? Cette rivière, dont les eaux bonnes & salubres ont été amenées à leur Capitale, par un chemin de 60 milles de long, est-elle suffisante ? Quelle force, d'ailleurs, peut avoir ce raisonnement? *On a établi des pompes à feu à Londres; donc il faut en établir à Paris.* Ne pourroit-on pas lui en opposer un autre qui valût tout autant? *On a amené à Londres la nouvelle rivière; donc il faut amener à Paris l'Yvette.*

On l'y amènera un jour : la facilité de lui faire un chemin pour qu'elle arrive d'elle-même a l'Estrapade, son volume d'eau plus que suffisant, la bonne qualité de cette eau, les avantages qui résulteront de son arivée, tout nous engage à le croire. Nous savons même qu'on a presque déjà été sur le point d'en venir à l'exécution (29), & de-là nous pouvons conclure que

(29.) M. *Maynon d'Invau*, dès qu'il fut nommé *Contrôleur-Général*, & mon Oncle n'étoit plus alors, engagea le feu ROI à faire examiner & vérifier par Mrs les Ingénieurs des Ponts & Chaussées, sous les ordres de M. *Trudaine*, tout ce qui concernoit la pente de la rivière & le volume d'eau, pour qu'on pût ensuite l'amener en toute sûreté. Un Arrêt du Conseil d'Etat du 30 Juillet 1769, nomma pour cette commission Mrs *Perronet* & *Chezy*. Ces deux amis de mon Oncle, secondant les vues patriotiques de Mrs *d'Invau* & *Trudaine*, ont pris fort à cœur cette belle entreprise. Ils ont trouvé qu'en prenant l'eau de l'Yvette un peu au-dessus de Saint-Rémy, à 819 toises plus haut que mon Oncle ne la prenoit, on pourroit joindre au canal environ 450 pouces d'eau pris au village de *Bièvre*. On verra le détail & le résultat de leurs opérations dans le Mémoire que M. *Perronet* a lu à la rentrée publique le Gouvernement éclairé n'adoptera jamais les machines à feu : Il voit trop à quel point elles feroient à charge aux Citoyens (30), & insuffisantes à fournir Paris d'eau d'une manière convenable. Ce n'eft qu'en amenant l'Yvette qu'on parviendra au but desiré, & peut-on fouhaiter un moyen plus fimple & plus efficace ? Il eft coûteux fans doute ; mais cette dépenfe fera faite une fois pour toutes, au lieu que celle pour les pompes à feu fe renouvelleroit chaque jour. Il eft coûteux ; mais ce mot doit-il être effrayant pour les habitans de cette Capitale ? Pour eux, qui trouvent de quoi fournir à tout ce qui eft agrément, plaifir & luxe ! Ceux d'un village n'épargnent rien pour faire un puits commun ; plufieurs villes (31) ont amené des eaux dans leur fein avec des frais confidérables : les Parifiens ne fuivroient-ils jamais ces exemples ? Voici comme parle un de leurs compatriotes, M. *de Voltaire*, dans deux lettres que cet homme illuftre a écrites à feu mon Oncle : les originaux font entre mes mains.

---

de l'Académie royale des Sciences, le *15 Novembre 1775*, & dont il a bien voulu me permettre d'enrichir cette nouvelle *édition*. Mrs *Macquer* & *Cadet* ont auffi contribué à la rendre plus parfaite, ces deux Académiciens ayant eu la complaifance de me communiquer leur examen chymique, bien digne d'être imprimé, & qui ne l'avoit point encore été, des eaux de la rivière de *Bièvre* & du ruiffeau de *Bures*.

(30) Ç'a été jufqu'ici une Compagnie qui a demandé à établir les pompes à feu ; or, il eft vifible qu'elle ne retireroit fes frais, ceux de l'entretien, ceux des fontaines à conftruire, ceux des conduites & du refte, que par une taxe affez forte & perpétuelle fur toutes les maifons : la quantité d'eau qu'on lui acheteroit ne fuffiroit pas pour la dédommager. Je pafferai fous filence plufieurs autres argumens, auxquels on n'a pas encore répondu, contre ce projet si inférieur à celui de mon Oncle : ils font expofés, beaucoup mieux que je ne pourrois le faire, en différens articles de cet Oouvrage.

(31) Ne fortons point de la *France*, & nous pouvons citer *Arles*, *Carcaffonne*, *Carpentras*, *Dieppe*, *Montpellier*, *Marfeille*, *Coulanges-les-vineufes*, & bien d'au-

Au Château de Ferney, le 17 Juillet 1767.

» Vous avez dû, Monsieur, recevoir des éloges & des remercîmens de tous les hommes en place. Vous n'en recevez aujourd'hui que d'un homme bien inutile, mais bien sensible à votre mérite & à vos grandes vues patriotiques. Si ma vieillesse & mes maladies m'ont fait renoncer à Paris, mon cœur est toujours votre Citoyen. Je ne boirai plus des eaux de la Seine, ni d'Arcueil, ni de l'Yvette, ni même de celles de l'Hypocrêne ; mais je m'intéresserai toujours au grand monument que vous voulez élever : il est digne des anciens Romains, & malheureusement nous ne sommes point Romains. Je ne suis pas étonné que votre projet soit encouragé par M. *de Sartine* ; il pense comme *Agrippa*. On ne plaint point son argent pour avoir un Opéra comique, on le plaindra pour avoir des aqueducs dignes d'*Auguste*. Je desire passionnément de me tromper. Je voudrais voir la fontaine d'Yvette former un large bassin autour de la statue de LOUIS XV. Je voudrais que toutes les maisons de Paris eussent de l'eau comme celles de Londres. Nous venons les derniers en tout. J'en suis fâché ».

Au Château de Ferney, le 17 Juin 1768.

» Je déclare, Monsieur, les Parisiens des Welches intraitables &

---

tres. Il y a au sujet de cette dernière un trait remarquable. Elle obtint, pour se procurer de l'eau, un Arrêt du Conseil, qui lui permettoit de lever une taxe sur chaque pièce de vin qui sortoit de son territoire. Une personne fit voir que telle source, qui étoit à tel éloignement de la ville, pouvoit y être amenée ; cette heureuse découverte fut faite au mois de *Septembre* : on y travailla avec tant d'ardeur, de zèle & de courage, que l'eau arriva dans *Coulanges* au mois de *Décembre* suivant, & la dépense payée, l'impôt fut ôté. Quel exemple pour Paris ! Mais les exemples ne suffisent pas pour vouloir & opérer le bien.

de

» de francs badauts, s'ils n'embraſſent pas votre projet. Comment » ne ſont-ils pas un peu piqués d'émulation, quand ils entendent » dire que preſque toutes les maiſons de Londres ont deux ſortes » d'eau qui ſervent à tous les uſages ? Il y a des bourſes très-» fortes à Paris ; mais il y a peu d'ames fortes. Cette entrepriſe » ſerait digne du Gouvernement. Mais le Gouvernement a-» t-il ſix millions à dépenſer, toutes charges payées ? C'eſt » de quoi je doute fort. Ce ſerait à ceux qui ont des milliers de » quarante écus de rente à ſe charger de ce grand ouvrage. Ils y » gagneroient encore ; mais l'incertitude du ſuccès les effraie, » le travail les rebute, & les Filles de l'Opéra l'emportent ſur les » Naïades de l'Yvette. Je voudrais qu'on pût les accorder en-» ſemble. Comment M. *Bignon*, le Prévôt des Marchands, » d'une famille chère aux Pariſiens, & qui aime le bien public, » ne fait-il pas les derniers efforts pour faire réuſſir un projet ſi » utile ? On bénirait ſa mémoire. Pour moi, Monſieur, qui » ne ſuis qu'un Laboureur à quarante écus au pied des Alpes, que » puis-je faire, ſinon de plaindre la ville où je ſuis né, & conſerver » pour vous une eſtime très-ſtérile ? Je vous remercie en qualité » de Pariſien, & quand mes compatriotes ceſſeront d'être » Welches, je les louerai en mauvaiſe proſe & en mauvais vers » tant que je pourrai ».

Nous vivons dans une ville où la futilité l'emporte ſur-tout ; les choſes utiles y marchent les dernières : mais enfin leur tour vient, & celui du projet de mon Oncle viendra. Eſt-il rien de plus important à préſent pour cette Capitale, auſſi peuplée & auſſi étendue ? Eſt-il rien même de plus néceſſaire ? Ceux qui jouiront un jour de l'Yvette ſeront ſurpris, avec juſtice, de ce qu'on aura perdu tant d'années de jouiſſance : ils en demanderont peut-être la raiſon ; c'eſt que *le bien eſt plus difficile à faire.*

Quel avantage pour les Pariſiens de reſpirer en tout tems, en tout lieu de leur ville, un air pur & ſalubre ! Quel bonheur pour eux d'avoir un ſecours aſſuré contre les incendies (32) qui, faute d'eau, font ſouvent des ravages ſi terribles ! Dans ces triſtes momens, ſur-tout, on ſentira l'utilité de la dépenſe qu'on aura faite : une mère échappée du milieu des flammes avec ſes enfans, bénira les noms de ceux qui auront fait le chemin à l'Yvette, & la mémoire de celui qui le traça.

Ce fut le deſir d'être ſi utile à tous les Citoyens de cette ville, tant qu'elle ſubſiſtera, qui fit naître en mon Oncle la magnifique idée d'y amener l'Yvette : il n'a point eu la ſatisfaction de voir arriver cette rivière à l'Eſtrapade ; mais la récompenſe de ſes travaux étoit dans ſon cœur. Il a vu ſon projet eſtimé & applaudi par tous ceux qui aimoient le bien, & il eſt deſcendu au tombeau, perſuadé que les Pariſiens feront un jour venir l'*Yvette.*

Me ſera-t-il permis, en finiſſant, de parler de moi ? Quelques années avant ſa mort, mon Oncle m'avoit appellé auprès de lui : dès mon âge le plus tendre je devins l'objet de ſes ſoins ; il eſpéroit que je ferois un jour la douceur de ſa vieilleſſe, & je lui dois le préſent ineſtimable, & au-deſſus de toute fortune,

---

(32) Ces malheurs ne ſont pas rares à Paris, & c'eſt preſque toujours dans l'hiver qu'ils arrivent ; nous venons d'en voir, preſqu'en moins de trois années, deux exemples bien funeſtes : je veux parler de l'incendie de cette partie de l'*Hôtel-Dieu* qui étoit ſur la rive droite de la Seine, arrivé la nuit du 29 au 30 *Décembre* 1772, & de celui du *Palais*, arrivé la nuit du 10 au 11 *Janvier* de cette année même 1776.

d'une éducation où l'on reçoit tous les principes qui peuvent former l'esprit à la ſcience, &, avant tout, le cœur à la vertu. Il m'eſt bien doux de lui conſacrer ici à jamais les ſentimens de ma reconnoiſſance, je ne connois point d'expreſſion pour la définir; mais il m'eſt bien douloureux de ne les adreſſer qu'à des cendres inſenſibles: j'oſe les dépoſer aux cœurs de ſes amis où il eſt toujours vivant, & au ſein du Public où il ne mourra jamais.

PRÉFACE DE L'AUTEUR.

LE projet d'amener à Paris l'eau de la rivière d'Yvette a été si bien reçu du Public, que loin de craindre d'en parler trop souvent, je me crois au contraire obligé de m'appliquer à le faire encore mieux connoître : ce sera avec d'autant plus de confiance & de fermeté que je n'ai en vue que le seul avantage de mes Concitoyens, dont je crois connoître les besoins à cet égard plus que personne.

Je prouve, dans mon premier Mémoire, que l'eau de l'Yvette, prise à Vaugien, aura une pente plus que suffisante pour arriver à côté de l'Observatoire, à la même hauteur qu'y arrive l'eau d'Arcueil, & qu'elle est autant abondante qu'il le faut pour fournir à tous les besoins des Habitans de Paris. Je fais voir la pressante nécessité de l'exécution de ce projet; je trace la route que doit suivre le canal, & je dis comment & de quelle manière on doit le construire: je rapporte plusieurs exemples d'ouvrages semblables, faits anciennement & de nos jours, & une comparaison de dépense, qui fait voir que celle-ci ne sera pas aussi considérable qu'on pourroit se le figurer. J'explique comment je desirerois que fût faite la maçonnerie du trou dans la montagne de Palaiseau, & l'aqueduc voûté depuis Arcueil jusqu'à Paris. Viennent ensuite les *Preuves* de tout ce que j'ai avancé, où on verra qu'on peut, si on veut, procurer à cette ville, pendant toute l'année, plus de deux mille pouces d'eau.

Pour proposer d'amener à Paris une rivière qu'il faut aller prendre à sept lieues, & lui faire traverser une montagne &

deux vallons, il falloit être bien aſſuré de la poſſibilité, de la quantité d'eau & de ſa ſalubrité. Les deux premiers articles ſont aſſez de ma compétence, pour que je puiſſe les aſſurer de mon propre chef, ſans craindre d'être démenti par les perſonnes en état d'en juger.

Je n'avois aucun caractère pour aſſurer la ſalubrité de l'eau ; mais j'en étois très-perſuadé par l'uſage qu'en font les habitans voiſins de la rivière : cependant quelques perſonnes craignirent que ſon petit goût de marais, dont elles ne connoiſſoient pas la cauſe, ne lui fût naturel, ou trop inhérent pour ſe perdre.

Je priai Mrs Hellot & Macquer, mes Confrères, très-habiles Chymiſtes, de vouloir bien examiner l'eau de l'Yvette ſuivant toutes les règles de leur art : ils le firent, & ils la trouvèrent telle qu'on peut la deſirer pour tous les uſages de la vie. On trouvera leur examen à la fin de l'*Addition* à mon premier Mémoire, dans laquelle j'ai détaillé, d'une manière très-étendue, la cauſe du goût de marais qu'ont les eaux de toutes les moyennes & petites rivières.

Malgré le rapport favorable & circonſtancié de ces deux Savans, les perſonnes dont mon projet contrarioit les vues répandirent, que le goût de marais étoit particulier à l'eau de l'Yvette, qu'il ne ſe diſſipoit jamais, & que cette rivière ne valoit pas la peine d'être amenée à Paris.

Doublement perſuadé que cette eau étoit bonne, par le conſtant uſage qu'en font les perſonnes de la vallée, & encore plus par les épreuves chymiques, par leſquelles on n'y trouva que ce que contiennent les eaux les plus ſalubres ; pour tâcher de détruire les doutes, que j'avois raiſons de croire mal-fondés, je priai la Faculté de Médecine de vouloir bien nommer un nombre suffisant de Commissaires pour examiner cette eau le plus scrupuleusement qu'il seroit possible, afin de prononcer authentiquement sur sa salubrité ou insalubrité, & d'apprendre au Public si le petit goût de marais qu'à cette eau, comme l'ont celles de toutes les autres rivières où croissent, meurent & pourrissent un nombre considérable d'herbes aquatiques, lui est naturel ou étranger, s'il reste ou s'il se dissipe, & en combien de tems.

Les motifs de ma requête à la Faculté de Médecine, le récit des soins & du zèle avec lesquels les Commissaires de cette célèbre Compagnie se sont portés à remplir la commission dont la Faculté assemblée les avoit chargés, la construction d'un pèse-liqueurs, incomparablement plus sensible que tous ceux qu'on a faits jusqu'à présent, & le rapport des Commissaires de la Faculté, qui place en salubrité & légèreté l'eau de l'Yvette prise à Gif, à côté de celle de la Seine, prise au-dessus de Paris, font le sujet de mon deuxième Mémoire.

Je fais voir dans le troisième, que le projet de l'Yvette & celui des pompes à feu, sont les deux seuls qu'on doive raisonnablement proposer pour fournir la quantité d'eau nécessaire à Paris, & ensuite que celui de l'Yvette doit avoir la préférence sur l'autre par plusieurs raisons convaincantes que je rapporte ou que je cite.

Je rappelle ensuite ce qui a été fait en différens siècles, pour donner de l'eau à Paris, à commencer par le règne de Philippe-Auguste. Je compare ce qui est à faire pour Paris, à ce qui se pratique par-tout ailleurs, & je rapporte ce que j'ai entendu proposer de plus juste & de plus raisonnable pour parvenir à l'exécution d'un projet, que je ne cesserai de qualifier d'utile & de nécessaire à cette grande ville.

PROJET

PROJET

D'AMENER A PARIS

LA RIVIÈRE D'YVETTE.

PREMIER MÉMOIRE.

L'eau eſt ſi néceſſaire à la vie, elle entre en tant de façons dans nos alimens, & elle influe de tant de manières ſur notre ſanté, que de tous les objets qui peuvent intéreſſer une grande ville, il n'y en a point de plus important que celui de lui procurer des eaux de bonne qualité & en ſuffiſante quantité. Les Romains en étoient ſi perſuadés, qu'au milieu de toutes leurs grandes entrepriſes, un de leurs premiers ſoin étoit d'en faire venir dans tous les lieux qu'ils habitoient. Quelque peu conſidérable que fût une ville conquiſe par ces Maîtres du monde, dès qu'ils en étoient paiſibles poſſeſſeurs, ils y faiſoient venir de l'eau: témoins *Aix*, *Arles*, *Autun*, *Béziers*, *Blois*, *Bourges*, *Coûtances*, *Doué* en *Anjou*, *Fréjus*, *Joui* proche *Metz*, *Limoges*, *Lyon*, *Narbonne*, *Nîmes*, *Oranges*, *Paris*, *Poitiers*, *Saintes*, *Sens*, *Toulouſe*, *Vienne* en *Dauphiné*, & ſans doute

I. Mémoire. 13 Nov. 1762.

I. MÉMOIRE.

bien d'autres lieux dont je n'ai pas connoiſſance, où l'on trouve encore des reſtes d'aqueducs conſtruits par cette ſage & laborieuſe Nation.

L'aqueduc fait pour amener l'eau à Fréjus avoit dix lieues de long, & dans cette étendue il y en avoit la valeur d'une lieue en arcades, pour traverſer différentes vallées : il en reſte encore pluſieurs morceaux aſſez bien conſervés, dont quelques-uns de deux & de trois rangs d'arcades ; il y avoit de plus quelques montagnes percées pour paſſer d'une vallée à l'autre.

L'aqueduc qui portoit à Nîmes les eaux des ſources réunies d'Airan & d'Eure, ſituées près d'Uzès, avoit ſept lieues de long *. Tout le monde a vu ou entendu parler du célèbre pont du Gard, qui exiſte encore en entier, compoſé de trois ponts l'un ſur l'autre, ſur le plus haut deſquels paſſoient les eaux de ces fontaines pour ſe rendre à Nîmes.

* Hiſtoire de Nîmes, par M. Meſnard, tome VII, pag. 131.

Les Romains avoient amené à Aix en Provence les eaux de trois fontaines très-abondantes, ſavoir, celles de Traconade près de Jouques ; elles venoient par un aqueduc de ſept lieues de long, pour lequel il fallut percer une montagne d'un quart de lieue de long près de Meyrargues, & un roc de deux cent toiſes de traverſée au près d'Aix. On amena dans cet aqueduc les eaux des ſources de Vauvenargues & de Saint-Antonin, par deux branches d'aqueducs, l'une de trois lieues & demie de long, & l'autre de deux lieues & demie, faiſant en tout treize lieues de Provence de longueur d'aqueduc pour amener à Aix une quantité ſuffiſante d'eau. Il y avoit dans cette étendue, comme on ſe l'imagine bien, pluſieurs ponts-aqueducs pour traverſer les gorges ou vallons : il en reſte encore des morceaux aſſez bien conſervés ; on en a réparé quelques parties, qui ſervent à amener à Aix les eaux de pluſieurs ſources qu'on a trouvées à une petite lieue de la ville, mais bien moins abondantes qui les précédentes.

M. Delorme, de l'Académie de Lyon, a fait connoître, par un Mémoire qu'il a publié, une partie des travaux immenſes que les Romains avoient faits pour amener de l'eau de toutes parts à la ville de Lyon. Quelle dépenſe & quelle hardieſſe n'a-t-il pas fallu pour franchir les montagnes qui ſont entre Feurs,

Saint-Etienne, Saint-Chaumont & Lyon? Si l'on mettoit bout à bout tous les aqueducs qui ont été faits en différents temps pour amener de l'eau à Lyon, ils occuperoient une étendue de plus de trente-fix lieues de long (*a*).

Paris étoit alors bien peu confidérable ; on y avoit néanmoins amené les eaux de Rungis, dites d'Arcueil, foit pour le palais des Bains, foit pour le Public. Il exifte encore une partie de l'aqueduc qui traverfoit la vallée d'Arcueil, à côté de celui qui y fut conftruit au commencement du fiècle dernier, par les ordres de la Reine Marie de Médicis. On en voit encore d'autres reftes dans le même village d'Arcueil, dans celui de Gentilli, au coin du clos de la Santé en dehors, & dans un chemin derrière le moulin de Montfouris, entre l'Obfervatoire & Gentilli. Ce feroit bien autre chofe, fi je parlois de ce que les Romains avoient fait dans ce genre pour leur Capitale & pour plufieurs autres villes d'Italie (1).

Si les Romains ont exécuté de fi grands ouvrages dans l'efpace de quatre à cinq cents ans ou environ, qu'ils ont poffédé les Gaules, pour procurer de l'eau aux villes qu'ils avoient conquifes, quoique les plus confidérables d'entr'elles ne fuffent pas, à beaucoup près, ce qu'eft Paris aujourd'hui, que n'euffent-ils pas fait pour cette Capitale, s'ils l'euffent trouvée telle que nous la poffédons ? Et que ne devons-nous pas efpérer de la bonté & de la munificence de notre augufte Monarque & de fon amour pour fa ville de Paris ; des lumières, de la vigilance & des reffources des Miniftres & des Magiftrats qui veillent à

(*a*) M. Delorme m'a mandé qu'il avoit fait des recherches plus fuivies & plus détaillées fur ce fujet, depuis l'impreffion de fa Differtation, & il affure que ce qu'il y a eu d'aqueducs, faits pour amener de l'eau à Lyon, compofoient plus de foixante lieues de long. Le feul aqueduc qui amenoit les eaux du Mont-Pila, occupoit plus de vingt lieues de chemin voûté dans toute fa longueur, dont plus de mille toifes faites par fous-œuvre à travers les montagnes & les rochers.

(1) Je prie mes Lecteurs de confulter le premier volume du Traité de la Police du favant Commiffaire de la Mare, pag. 544 de la premiere édition, & 576 de la deuxieme ; ils trouveront, s'ils veulent prendre la peine d'en faire la réduction, que tous les aqueducs faits pour amener de l'eau à Rome, mis bout à bout, compoferoient plus de cent lieues de long.

I. MÉMOIRE. la police de cette grande ville, quand ils connoîtront la possibilité d'en amener aisément une abondante quantité ?

Si pour Nîmes ont a été à sept lieues chercher les eaux des fontaines d'Airan & d'Eure, qu'on a conduites à travers les montagnes & les vallées par des aqueducs que les personnes de l'art ne peuvent voir sans admiration & étonnement : si pour Fréjus on a été à dix lieues prendre auprès de Mons la petite rivière de Ciagne, en coupant ou perçant les montagnes & les rochers qui se trouvoient sur la route : si pour Aix on a fait treize lieues d'aqueducs, avec encore plus de difficulté que pour Fréjus : si pour Lyon les Romains ont circonscrit le Mont-d'or ; s'il ont été jusqu'à Montluel, jusqu'à Feurs, Saint-Chaumont & au-delà, en traversant les pays les plus difficiles ; ne pouvons-nous pas penser que dans le siècle dernier, & de nos jours, on auroit été chercher de l'eau pour cette Capitale du royaume, à dix & à douze lieues, & peut-être encore plus loin, si quelqu'un eût fait voir un moyen bien praticable d'en amener une quantité suffisante, de bonne qualité & digne de la dépense ?

Mais il ne sera pas nécessaire d'aller si loin, je ferai voir dans ce Mémoire que par une route de six à sept lieues au plus, dont cinq lieues de canal à découvert, comme pour un moulin, & une lieue & demie d'aqueduc voûté, comme celui de Rungis, on peut amener à Paris, dans les temps les moins favorables de l'année, mille à douze cents pouces d'eau (2) & davantage dans

(2) Comme peu de personnes ont une idée juste de ce qu'on entend par un pouce d'eau, il ne sera pas inutile d'en mettre la définition dans un Ouvrage où il en sera aussi souvent question. On est convenu de nommer *un pouce d'eau* le jet ou la quantité continue d'eau qui sort par un trou rond, d'un pouce de diamètre, fait à un des côtés d'un vase de cuivre ou de fer blanc, avec cette condition, qu'il faut que la surface de l'eau soit toujours entretenue dans le vase, à sept lignes au dessus du centre du trou.

Les choses étant telles pour le diamètre du trou, & pour la hauteur de la surface de l'eau au-dessus du centre, l'expérience a fait connoitre qu'il passe par cette ouverture soixante-douze muids d'eau par vingt-quatre heures, ou trois muids par heure, ou environ quatorze pintes par minute.

On ne se sert pas de plus grandes ouvertures pour mesurer l'eau, mais bien de plus petites, mettant toujours le centre sept lignes sous la surface de l'eau.

les autres temps; & que cette quantité d'eau, plus belle & plus pure que celle de la Seine, arrivera toute l'année, sans interruption, comme y arrive celle d'Arcueil, & à la même hauteur: je ferai même voir qu'il sera possible, avec fort peu de dépense de plus, de porter cette quantité d'eau à plus de deux mille pouces continuels dans tous les temps de l'année.

Les Citoyens craindroient-ils qu'un pareil projet ne puisse jamais être mis à exécution? Je vais tâcher de dissiper leurs craintes, par des comparaisons frappantes.

Qu'on considère que vers le commencement du siècle dernier, pour amener à Paris une soixantaine de pouces d'eau, à quoi montoient alors les eaux de Rungis, on a fait un aqueduc

On sent aisément que si la surface de l'eau étoit plus ou moins de sept lignes au-dessus du centre du trou, il sortiroit plus ou moins de quatorze pintes par minute. Il est difficile de bien mesurer cette hauteur, à cause du mouvement qui se fait à la surface de l'eau au-dessus du trou. Les premiers qui ont fait la règle de la mesure des eaux, auroient beaucoup mieux fait, puisqu'ils en avoient la liberté, de mettre plus de hauteur d'eau au-dessus du centre, & qu'ils eussent mis, par exemple, deux pouces au lieu de sept lignes, il en auroit résulté que le pouce auroit donné aux environs du double de ce qu'il donne; mais on en auroit mesuré plus exactement la charge, parce que la surface de l'eau eût été tranquille & unie au-dessus du trou; qu'une ligne de plus ou de moins sur la hauteur, n'auroit pas fait une aussi grande différence pour le plus ou le moins d'eau que le jet auroit donné, que le fait une ligne de plus ou de moins sur sept lignes de charge; l'eau seroit toujours sortie à plein trou & en jet bien détaché; les ouvertures auroient été moins sujetes à se boucher par le limon qui s'y attache quand l'eau coule lentement, ou par les ordures qui flottent, qui seroient toujours restées au-dessus. Enfin, les grandes & petites concessions, partant d'une même cuvette, auroient été plus proportionnellement partagées qu'elles ne le sont, lorsque la quantité d'eau à partager augmente ou diminue; car il ne faut pas compter que l'on fasse jamais usage des ouvertures rectangulaires, comme le propose M. Mariotte; elles sont beaucoup plus difficiles à bien faire & à vérifier que les ouvertures rondes, & beaucoup plus aisées à être bouchées par le limon & autres ordures, sur-tout les petites concessions. Non que je voulusse exclure tout à-fait cette maniere de mesurer l'eau, je la trouve très-bonne pour faire un partage d'eau en grand, qu'on voudra faire dans un certain rapport quelconque, pourvu qu'aucune ouverture ne soit moindre de deux ou trois pouces de large; mais je ne crois pas qu'elle puisse jamais être bien employée pour les subdivisions du pouce.

de trois lieues de long, qui égale en beauté & en solidité ce qui nous reste de mieux des aqueducs des Romains, & l'on ne doutera plus que les Magistrats ne fassent l'impossible, s'il est permis de parler ainsi, pour trouver les moyens d'en faire un qui n'aura guère que le double du chemin de celui de Rungis, tant en canal à découvert qu'en aqueduc voûté, pour amener vingt à vingt-cinq fois autant d'eau. L'on doit d'autant moins en désespérer, que la dépense n'en sera pas aussi considérable qu'on pourroit se le figurer, attendu qu'on amenera l'eau à découvert pendant une très-grande partie du chemin; plusieurs villes de province en donnent l'exemple, nous devons espérer qu'il sera suivi par la Capitale.

La ville de Montpellier a fait construire un aqueduc de 7400 toises de long, sous la direction de M. Pitot, mon Confrère, pour amener à l'endroit le plus élevé de cette ville les eaux de la fontaine de Saint-Clément, qui fournit 80 pouces d'eau ou environ. Il y a eu, dans la longueur de cet aqueduc, 200 toises à percer, dans un tertre aussi dur que le roc, qu'on a néanmoins voûté par sous-œuvre. On a de plus construit dans cette étendue de chemin plusieurs ponts-aqueducs, dignes de la Capitale du royaume.

Le même Académicien a fait un ouvrage à-peu-près semblable pour amener de l'eau à la ville de Carcassonne: Auxerre, Dijon, Moulins, Troyes & plusieurs autres villes du royaume se sont procuré le même avantage. Espérons tous qu'un monument aussi utile, digne de la Nation & de la Capitale du royaume, capable seul de porter dans les siècles à venir le nom du Monarque Bien-aimé, sous les loix duquel nous avons le bonheur de vivre, procurera bien-tôt dans tous les quartiers & dans toutes les rues de cette grande ville, une abondante quantité de bonne eau. Qu'il me soit permis d'en faire voir la pressante nécessité.

Toute ville devroit avoir pour le moins un pouce d'eau par chaque mille d'habitans, ce qui donne vingt pintes par jour pour chaque personne, pourvu qu'on n'en laisse pas perdre pendant la nuit. Cette quantité suffit pour les besoins intérieurs des maisons bourgeoises & au-dessous, c'en est peut-être même un peu plus qu'il ne faut, mais pas assez pour les grandes maisons. Il seroit de plus très-utile d'en avoir une quantité qui coulât sans cesse dans les rues, pour les entretenir propres & toujours prêtes à fournir dans les cas d'incendie, afin qu'on ne fût pas obligé d'attendre les Officiers préposés pour faire arriver l'eau en suffisante quantité dans le quartier où est le feu : Officiers qu'on ne trouve pas dans l'instant ; d'ailleurs avant qu'on ait rassemblé les Ouvriers, qu'ils aient dépavé la rue, fait la fouille & crevé les tuyaux, la maison est brûlée.

J'ai fait voir dans mon *Essai sur les probabilités de la durée de la vie humaine*, qu'il doit y avoir dans Paris environ huit cents mille habitans ; il faudroit donc dans cette ville 800 pouces d'eau pour le besoin intérieur des maisons, & elle en a tout au plus 200 à 230 ; savoir, par la pompe du pont Notre-Dame, selon que la Seine est moyenne, haute ou basse, 100 à 125 ; par Arcueil, prise moyennement, 40 à 50 ; par la Samaritaine, 25 à 30 ; par les sources du pré Saint-Gervais, 12 à 15, & par Belle-Ville, 10 ; & de ces 200 à 230 pouces, quelquefois un peu plus & souvent beaucoup moins, les trois quarts de celle d'Arcueil, & toute celle de la Samaritaine, faisant aux environs de 60 à 70 pouces, appartiennent au Roi : à la vérité, une grande partie en est donnée à des maisons particulières, & une autre partie est distribuée au Public, à la Croix-du-trahoir, au Palais-royal, au Luxembourg & encore en quelques autres endroits. Il est bon d'observer néanmoins que la quantité d'eau qui vient d'Arcueil n'est pas bien constante ; elle a été réduite, en 1732, à 7 pouces, tant pour le Roi que pour la Ville ; ce qui a duré plus d'un an. Pendant le printems & l'été de l'année 1763, ces eaux ont été fort basses ; au mois de Mars & Avril, elles étoient réduites à 20 pouces ou environ ; & à 12 ou 15 pouces en Octobre & Novembre.

Les 10 pouces d'eau qui viennent de Belle-Ville, ne servent que pour laver l'égoût du Pont-aux-choux, cette eau n'étant bonne, ni pour boire, ni pour cuire les alimens, ni pour savonner ; tout cela bien considéré, s'il y a 180 à 200 pouces d'eau distribuée dans les fontaines de Paris, en y comprenant ce qui s'en prend dans les maiſons royales, c'eſt bien tout au plus : auſſi rencontre-t-on continuellement dans les fauxbourgs, & ſouvent dans les rues de la ville, des charrettes chargées de grands tonneaux, qu'on va remplir d'eau à la rivière, pour l'aller vendre dans les rues éloignées ; ainſi, bien loin d'en avoir pour la propreté du dedans des maiſons & des rues, & pour les cas d'incendie, on n'a qu'à prix d'argent celle qui eſt néceſſaire à la vie.

Les fauxbourgs Saint-Jacques, Saint-Marcel & Saint-Victor n'ont chacun qu'une fontaine avec un très-petit volume d'eau.

Le fauxbourg Saint-Antoine a trois fontaines, mais il a encore moins d'eau que les trois fauxbourgs précédens, vu ſon étendue & le nombre de ſes habitans.

Dans tout ce qu'il y a de fauxbourgs & de maiſons éparſes dans le marais, depuis le fauxbourg Saint - Antoine juſqu'au Roule & Chaillot, on ne trouve que trois fontaines ; ſavoir, deux dans la grande rue du fauxbourg Saint-Laurent, & une vi-à-vis Saint-Lazare, dans le fauxbourg de ce nom : ces fontaines ſont très-ſouvent ſans eau.

Tout le reſte de cette immenſe étendue, ſavoir, la Roquette, Popincour, le fauxbourg du Temple, la Courtille, les fauxbourgs Saint-Denys & Saint-Martin, la Nouvelle-France, le fauxboug Montmartre, les Porcherons, la Petite-Pologne, la Ville-l'Évêque, les fauxbourgs Saint - Honoré & du Roule, n'ont d'autre eau pour boire & pour faire cuire les alimens, que celle qu'on va prendre à la rivière avec des charrettes.

Dans tout le fauxbourg Saint - Germain, qui compoſe lui ſeul une ville des plus conſidérables, il n'y a que quatre fontaines, il ne faudroit même dire que trois, ſavoir, celle de la rue de Grenelle, celle de la Charité, & une dans l'Abbaye Saint-Germain ; la quatrième, ſi on veut que c'en ſoit une, eſt dans la rue Garenciere, elle eſt les trois quarts du temps ſans eau, n'étant fournie que par la décharge de ſuperficie du baſſin du petit Luxembourg.

Ajoutons à cela, que du peu d'eau actuellement diſtribuée dans la ville, la moitié où les trois quarts peuvent lui manquer d'un jour à l'autre, & cauſer le plus grand malheur, je veux parler

parler des accidens qui pourroient arriver aux pompes, ſur-tout à celle du pont Notre-Dame : une forte inondation, ou une débacle de glaçons, peuvent renverſer cette machine, la tour où eſt la cuvette & les maiſons qui y tiennent, d'autant plus facilement qu'elle eſt en fort mauvais état ; toute cette charpente venant à boucher quelques arches du Pont-au-change, pourroit très-bien cauſer ſa chûte, ou l'endommager conſidérablement, & augmenter ſubitement l'inondation dans les rues où elle peut arriver.

Les inondations & les débacles ne ſont pas les ſeuls accidens que cette machine ait à craindre. Si le bateau chargé de foin en feu, qui partit de la Tournelle & qui cauſa l'incendie du Petit-pont en 1718, fût parti de plus haut, ou que le vent qu'il faiſoit fût venu du midi, comme il venoit du nord, ou ſi par quelqu'autre cauſe, il ſe fût dirigé plutôt vers la Grève que vers l'Hôtel-Dieu, qu'il eût enfilé une des arches de la pompe, la machine étoit conſumée, ſans qu'on pût y apporter de ſecours, & vraiſemblablement une partie des maiſons du pont Notre-Dame auroit eu le même ſort, ſi le tout n'y avoit pas péri, le remède étant difficile à y apporter. Le mal auroit pu s'étendre encore plus loin, les derrières de la rue de la Pelleterie n'étant qu'une forêt de bois très-ſec ; il n'y avoit pas là des murs en pierre de taille & bien épais, comme le petit Châtelet au bout du Petit-pont, pour arrêter le feu du côté où le vent le portoit. Ce fut un pareil embarras de bois, ou à-peu-près, mis ſous le Petit-pont en 1627 pour le fortifier, ſubſiſtant encore en 1718, qui arrêta le bateau, cauſa la ruine de ce pont & celle des habitans qui logeoient deſſus.

En 1731, une des fêtes de Noël, pareil accident penſa cauſer le malheur dont la ſeule idée fait frémir les plus indifférens : je l'ai vu. Le feu prit à un bateau chargé de foin, au bas de la Place-aux-veaux ; ce fut vraiſemblablement le gardien de quelqu'un des autres bateaux qui coupa les cables de celui où étoit le feu, pour garantir les ſiens & les autres ; le bateau enflammé s'en alla au gré de l'eau ; il ſe dirigea heureuſement vers l'arche du filet à pêcher, qui eſt la voiſine de celle des pompes, & il paſſa le pont Notre-Dame ſans y cauſer aucun dommage. Comme la Seine étoit alors fort basse, quoiqu'en hiver, le bateau alla heurter la pointe de la crêche de l'une des piles du milieu du Pont-au-change, laquelle le creva & l'arrêta: le bateau s'entrouvrit, s'enfonça & se consuma en partie en place, encore assez loin du pont, à cause de l'avance de la crêche, pour ne pas mettre le feu aux maisons, moyennant les secours que les Magistrats y firent apporter le plus promptement qu'il leur fut possible. Qu'on se représente, pour un moment, l'effroi & la terreur de cinq à six mille ames, ou davantage, que ce malheur menaçoit.

Sans le nombre de bateaux, chargés de toutes sortes de marchandises, dont le port de la Grève étoit couvert, le bateau enflammé se seroit naturellement dirigé vers les pompes, le courant qui vient du Pont-rouge l'y eût porté, & il l'eût vraisemblablement fait, malgré tous ces bateaux, si la Seine eût été médiocrement forte.

Si le bateau, qui consuma une partie du Pont-rouge en 1683, eût été lâché par quelqu'imprudent, comme le furent les deux dont je viens de parler, il eût très-bien pu s'acheminer vers les pompes. Combien d'autres accidens n'y a-t-il pas à craindre! Si le malheur arrivoit que le feu prît à cette charpente immense & sèche, tout le quartier seroit en grand danger, & Paris seroit privé, pour un très-long tems, de la principale partie de l'eau que ses fontaines distribuent aux particuliers & au public.

Comme plusieurs de mes Lecteurs n'auront peut-être jamais occasion de voir le pont Notre-Dame, il est à propos de donner ici une idée des pompes qui y sont placées, afin que tout le monde soit en état d'en juger.

Qu'on se représente un pont de six arches, dont les deux du milieu n'ont que 55 pieds d'ouverture ou de passage; les autres vont en diminuant d'un côté & de l'autre, & c'est précisément à l'aval des deux arches du milieu que sont établies les deux machines qui élèvent le peu d'eau qui se distribue dans Paris. Les palées ou rangées de pieux qui portent les logemens des deux machines, les pieux de garde, les ailerons pour amener l'eau au milieu, & le puisard des pompes, qui sert de base à la tour où les pompes élèvent l'eau ; tout cela occupe tellement le débouché des deux arches, qu'il ne reste de libre que deux passages de 24 à 25 pieds de largeur, un vis-à-vis le milieu de chaque arche, dans lesquelles sont les roues qui font mouvoir les pistons, & qu'on lève jusqu'aux planchers dans les inondations, ou lorsque la rivière charie. Le devant des deux arches de la droite de la rivière est traversé par une digue qui empêche l'eau d'y passer tant que la rivière n'est que moyenne ou basse : il ne reste donc de courant libre que par les deux arches de la gauche de la rivière. Mais ce n'est pas tout, tant que les eaux ne sont que moyennes ou basses, on établit un moulin sur bateau dans chacune des deux arches libres, afin d'envoyer plus d'eau aux machines. Il est vrai que quand il est besoin de laisser monter les bateaux de sel, ou de laisser descendre des marchandises, vins, charbon, trains de bois, on ôte un des moulins ; mais toujours est-ce une grande gêne pour la navigation, & un détroit très-difficile à passer, au moins pour les bateaux montans, à cause de la rapidité de l'eau.

Voilà l'état de ce pont placé au milieu de Paris, & tout cela pour répandre une centaine de pouces d'eau dans cette grande ville & seulement la moitié de l'année.

On doit suffisamment voir, d'après cet exposé, que bien des personnes auroient de la peine à croire si elles ne le voyoient pas, combien ces machines, justement placées aux deux arches du milieu du pont, où devroit être le passage le plus libre, doivent nuire à l'écoulement des eaux lors des inondations, & encore plus dans les débacles des glaces.

Quelque chose que je dise contre ces machines, nous n'en devons pas moins louer le zèle des Magistrats qui les ont fait construire ; personne ne proposant de meilleur moyen pour avoir de l'eau d'ailleurs, nous leur devons de la reconnoissance pour avoir mis celui-ci à exécution.

Je ne suis pas plus mécontent des machines en elles-mêmes, pour le tems où elles ont été faites, puisqu'elles sont encore assez bien aujourd'hui : il est heureux que l'art d'élever l'eau ait été trouvé, pour en procurer aux villes qui ne peuvent pas en avoir d'ailleurs, ou qui se croient dans ce cas ; mais du mo-

I. MÉMOIRE.

ment qu'on connoît un moyen praticable d'en amener abondamment, arrivant d'elle-même, les machines ne devroient plus subsister que le seul tems qu'il faut pour opérer ce changement.

A l'appui de ce qu'on vient de voir contre l'usage des machines, sous les ponts de Paris, on peut ajouter les raisons suivantes (3).

Elles embarrassent la navigation, ou la rendent plus difficile, tant par elles-mêmes, que par le plus de vîtesse qu'elles donnent à l'eau au passage des arches, & par les moulins, qu'on est obligé de mettre sous les autres arches quand la riviere est basse pour renvoyer plus d'eau à la machine.

L'embarras que ce bâtiment fait au débouché des deux arches qu'il occupe, & la digue qu'il a fallu construire du côté du quai Pelletier, pour procurer aux roues un courant suffisant lorsque la rivière est basse, augmentent les inondations dans Paris quand la rivère est très-forte, & d'autant plus que les piles du quai de Gèvres, qui est après ce pont, construit en avançant dans la rivière, malgré les sages représentations du Bureau de la Ville*, y contribuent beaucoup; ouvrage aussi inconsidérément & aussi ridiculement conçu qu'il se puisse, qui n'est d'alignement à rien, & dont personne ne jouit: d'ailleurs, le saut que la digue fait faire à l'eau, quand la rivière est forte, pourroit bien à la fin faire tort aux fondations du pont, soit de la pile, soit de la culée. Il y a un Arrêt du Conseil d'État du 8 Mars 1746, qui prévoit le tort que peuvent causer aux ponts les moulins qui y tiennent; ordonne la montre des titres ou la démolition de ceux construits sans titre; ce danger seroit ici aussi grand qu'en aucun autre endroit, quand même la digue n'y seroit pas, & il est beaucoup plus grand la digue y étant.

* Histoire de Paris, tome V, page 154.

La quantité d'eau que peut fournir cette machine, ou telle autre qu'on voudra, & en quelqu'endroit qu'on la place, sera toujours très-peu de chose en comparaison de ce qu'il en faut à une ville comme Paris.

(3) Ce que je dis pour Paris, peut vraisemblablement s'appliquer, en tout ou en partie, à toutes les villes situées sur de grandes rivières.

Toutes les fois que les eaux ſont trop hautes ou trop baſſes, la machine donne moins, & rien du tout dans les tems des glaces & des inondations.

Le produit des machines eſt toujours interrompu, pour plus ou moins de tems, lorſqu'il faut baiſſer ou élever les roues, ſelon que la rivière croît ou qu'elle décroît, & enfin toutes les fois qu'il y a quelque réparation à faire, comme aux aubes, aux rouets, aux lanternes, aux piſtons, à leurs tringles. On ne croit pas trop diminuer leur produit, en diſant que c'eſt beaucoup ſi elles fourniſſent la valeur de ſept à huit mois dans l'année : les perſonnes qui ont des conceſſions d'eau des pompes le ſavent mieux que qui que ce ſoit.

Enfin toute machine eſt ſujette à un dépériſſement naturel ; ſi elle va par un courant, elle eſt expoſée à tous les inconvéniens rapportés ci-devant, eaux baſſes, inondations & glaces. La met-on hors du courant? il faut qu'elle aille par le vent ou par le feu, ou par des animaux ; dans l'un & l'autre cas, elle a beſoin de la préſence & de l'attention continuelle de pluſieurs hommes, & des dépenſes conſidérables qui reviennent tous les jours ; il faut ſe paſſer d'eau pendant le chômage des machines, & il reſtera encore les accidens du feu à craindre, qui peuvent expoſer les habitans à en manquer tout-à-fait ; & en ſuppoſant qu'elle produiſe tout ſon effet poſſible, le réſultat en ſeroit très-médiocre & très-inſuffiſant pour en faire couler dans les rues.

Je paſſe enfin à l'eau qu'on peut amener à Paris, à la même hauteur à laquelle y arrive celle d'Arcueil.

La rivière d'YVETTE, qui a ſes ſources entre Verſailles & Rambouillet, qui paſſe par Dampierre, Chevreuſe, Lonjumeau, & tombe dans la rivière d'Orge, un peu au-deſſus de Juviſi, eſt la ſeule dans les environs de Paris qui, donnant une abondante quantité d'eau, puiſſe aiſément y être amenée, à une hauteur ſuffiſante, & ſes eaux ſont de très-bonne qualité.

Cette rivière peut être priſe à Vaugien, entre Chevreuſe & Gif, après qu'elle a reçu les eaux de deux petites gorges voiſines.

Cette eau, avant de tomber ſur les roues de deux moulins

qui sont à Vaugien, l'un à côté de l'autre, & qu'elle fait aller à la fois presqu'en tout tems sans éclufer, est de seize pieds plus élevée que le bouillon d'arrivée des eaux d'Arcueil, près de l'Observatoire, non compris la pente qui la fait couler de moulin en moulin, depuis Vaugien jusqu'à Paris ; ce que j'ai reconnu, en rapportant l'un & l'autre au sol de l'Eglise de Notre-Dame. On trouvera ces détails dans les preuves ; il suffit de mettre ici les résultats, qui sont que l'eau de l'Yvette, à Vaugien, est de près de 84 pieds plus élevée que le sol de Notre-Dame, non compris, comme je l'ai déjà dit, la pente qui la fait couler de Vaugien à Paris ; & que l'arrivée des eaux d'Arcueil à côté de l'Observatoire, est de près de 68 pieds plus élevée que le sol de Notre-Dame ; d'où il suit que l'eau de l'Yvette, à Vaugien, est plus élevée que l'arrivée des eaux d'Arcueil à Paris de près de 16 pieds, toujours non compris la pente qui la fait couler.

Je ne trouvai d'autres difficultés, dans l'examen de ce projet, que beaucoup de gros blocs de grès le long de la côte de l'Yvette, depuis Vaugien jusqu'à Palaiseau, qui se trouveront dans le chemin du canal ; & le passage de la montagne qui est entre Palaiseau & Massi, pour passer de la vallée de l'Yvette à celle de la Bièvre. Mais en considérant qu'un très-grand nombre d'Ouvriers gagnent leur vie & celle de leur famille, à casser des grès pour en faire des pavés, qu'on les casse & qu'on les taille pour la bâtisse des maisons, on verra que la dépense, employée à casser ceux qu'on ne pourra pas éviter, n'en sera pas une, soit qu'on en fasse des pavés, vu que l'Entrepreneur du pavé de Paris en tire beaucoup de ce côté-là, soit qu'on les emploie à la bâtisse du canal & des ponceaux qu'il faudra faire aux endroits des chemins.

Quant à la montagne à couper ou à percer entre Palaiseau & Massi, on a vu ci-devant, à l'occasion des aqueducs faits pour Aix, pour Fréjus, pour Lyon, pour Nîmes, que les Romains coupoient ou perçoient toutes celles qui se trouvoient dans le chemin de leurs acqueducs. Il n'y a que deux cents ans, que pour procurer de l'eau à la ville de Dieppe, on a fait un aqueduc de 3650 toises de long, dont 1236 ont été fouillées par sous-œuvre, à travers une montagne qui est entre Dieppe & Saint-Aubin, passant à 220 pieds sous le sommet de la montagne.

L'ouverture, faite à travers de la montagne du Malpas, pour donner passage au canal du Languedoc, étonne par la largeur & la hauteur de sa voûte, construite par sous-œuvre.

La montagne de Satauri, près de Versailles, a été percée en deux endroits différens, par deux ouvertures, voûtées d'un bout à l'autre, de 4 pieds de largeur sur 6 de hauteur, sous clef, l'une de 750 toises de long, pour les eaux des étangs de Trapes, passant 84 pieds sous le sommet de la montagne; & l'autre d'environ 830 toises de long, traversant la même montagne, 34 pieds plus bas que l'autre aqueduc: c'est par celui-ci que passent les eaux des étangs de Villiers, de Saclé & de Trousalé, arrivant par l'aqueduc de Buc, élévé de 135 pieds au-dessus de la rivière de Bièvre. Peu de personnes connoissent cet aqueduc; il en vaut pourtant bien la peine. Il étoit nécessaire & celui de Marly inutile, l'eau pouvant tout aussi-bien redescendre à la première tour qu'à la seconde.

Les environs de Roquencourt, du puits de l'Angle & du Trou-d'enfer, sont de même fouillés & voûtés par sous-œuvre, à plus de 80 pieds de bas; il y en a plus de deux lieues, sans compter ce qu'il y a d'aqueducs faits, à tranchée ouverte pour le même usage.

Tout cela considéré & nombre d'autres ouvrages de cette espèce, publics & particuliers, je crus que Paris valoit bien la peine qu'on coupât ou qu'on perçât la montagne de Palaiseau, dont la longueur par sous-œuvre ne sera que de 5 à 600 toises, passant à une cinquantaine de pieds sous le plus haut de la montagne, ce que je n'ai mesuré que très-grossièrement, parce que quelques cent toises de moins ou de plus, pour la traversée de la montagne, ne peuvent jamais être une raison pour admettre ou pour rejetter un projet de cette espèce.

L'eau prise au-dessus des moulins de Vaugien, peut être conduite à Paris, en la dérivant d'abord par un canal à découvert fait en bonne maçonnerie.

Ce canal suivra la rive gauche de l'Yvette, qu'il côtoiera avec la seule pente dont l'eau a besoin pour couler, comme

I. MÉMOIRE.

elle fait actuellement d'un moulin à l'autre ; elle sera menée ainsi à découvert jusqu'après Palaiseau, là où il faudra commencer l'ouverture de la montagne, si ce n'est la traversée de Palaiseau même qui sera voûtée : on prendra en chemin, avant d'entrer dans le bas Gif, le petit ruisseau qui descend de Châteaufort : on fera à Gif, pour le passage des habitans, un pont sur lequel on amenera les eaux pluviales & les égoûts des rues de Gif : on fera la même chose à Palaiseau & ailleurs, s'il en est besoin.

L'on percera, comme je l'ai dit, la montagne qui est entre Palaiseau & Massi, passant en ligne un peu courbe sous l'endroit de la montagne le moins élevé, tout près de Palaiseau, en voûtant par sous-œuvre à mesure qu'on avancera, comme on a fait anciennement & de nos jours, à tous les endroits cités ci-devant. On viendra sortir dans un petit vallon qui est entre Vilaine & le grand chemin, dans le fond duquel l'aqueduc voûté sera encore continué pendant quelques cent toises; mais il sera fait à tranchée ouverte, & peut-être même le tout, si on le juge plus à propos quand on y sera. Le canal sera ensuite continué à découvert; il viendra passer au bas du village de Massi ; il suivra la côte droite de la Bièvre, & viendra croiser le chemin d'Orléans, un peu au-dessous de celui de Massi ; il traversera ensuite la gorge des Frênes un peu au-dessus de Tourvoie, par un pont-aqueduc, qui n'aura guère qu'une quarantaine de pieds d'élévation, & continuera le long de la côte, passant sous Frênes, & sous l'Hay, en côtoyant les dessous de l'aqueduc voûté qui vient de Rungis.

Le nouveau canal viendra traverser le pont-aqueduc actuel d'Arcueil quelques pieds au-dessus de sa rigole ; cette traversée sera faite avec une forte nappe de plomb, laquelle portera l'eau dans le nouveau pont-aqueduc qu'on construira à l'aval & tout contre celui de la reine Marie de Médicis, afin qu'ils se soutiennent ou se conservent mutuellement l'un l'autre : le pont-aqueduc à construire sera un peu moins haut que l'ancien, parce qu'il ne sera pas couvert, & il sera plus large, attendu que le volume d'eau qui doit y passer sera beaucoup plus considérable.

L'aqueduc voûté & couvert de terre commencera de l'autre côté

côté de la vallée, c'eſt-à-dire, du côté de Paris : je dirai ci-après comment l'eau entrera dans cet aqueduc, lequel côtoiera toujours ſous terre celui qui apporte les eaux de Rungis, venant paſſer entre l'Obſervatoire & le Château-d'eau, où ſe termine l'aqueduc actuel : peut-être jugera-t-on auſſi à propos de mener l'eau encore à découvert juſqu'auprès de Montſouris ou de l'Obſervatoire ; cela ne ſera pas tout-à-fait auſſi bien : mais il ſera moins coûteux.

Je dis que le nouvel aqueduc côtoiera l'ancien, parce qu'en dirigeant celui-ci, on a ſuivi ſur le terrain la route que préſentoit la ligne de pente convenable à l'écoulement de l'eau, & que le deſſous n'en eſt pas fouillé par les Carriers, ni même à 15 toiſes près, ſi on a obſervé le Réglement fait pour cela *; au lieu que tout le reſte de la plaine l'a été : au reſte, les Carriers de ce canton ſont dans l'uſage de laiſſer des piliers de la maſſe même, & on ne voit pas qu'il s'y faſſe des enfoncemens nulle part, comme il s'en fait dans la plaine d'Ivri, où les Carriers enlèvent toute la maſſe de ſuite, & ils refont des piliers avec du mauvais moëllon & les décombres.

* Traité de la Police, tome IV, page 387.

Le nouvel aqueduc continuera ſa route en deçà du Château-d'eau juſqu'auprès de la rue de la Bourbe, en traverſant le jardin des Religieuſes de Port-royal ; au bout de ce jardin, contre la rue de la Bourbe, l'eau ſera un peu au-deſſus de la ſurface du terrain, & cela eſt à propos, afin que s'il arrive qu'il y ait quelque choſe à faire de-là à la rue Saint-Hyacinthe, où il faut mener l'eau, on puiſſe s'en débarraſſer aiſément, en la faiſant couler vers le coin des Capucins, & de-là elle ira par le fauxbourg Saint-Marcel à la rivière des Gobelins.

Avant le paſſage de la rue de la Bourbe, on enfermera l'eau dans des tuyaux de plomb ou de fer fondu, faits pour être éternels, de très-grand diamètre & en nombre ſuffiſant ; ils paſſeront dans les jardins des Carmelites, de Saint-Magloire & autres, qui ſont entre les rues d'Enfer & Saint-Jacques, dans un emplacement qu'on fera pour cela & à découvert, afin qu'on voie aiſément la moindre choſe qu'il pourroit y arriver ; ce qui ſera bien rare, parce que l'eau n'y ſera pas forcée ; on gagnera par-là le bout du cul-de-ſac Sainte-Catherine, afin de paſſer ſous moins de maiſons, & l'on arrivera vers le milieu de la rue Saint-Hyacinthe, où ſe fera la première répartition, pour l'envoyer dans chaque grand quartier de Paris, cet endroit étant un des plus commodes qu'on puiſſe deſirer, le trop plein, quand il y en aura, ira aiſément de-là à la rivière par la rue de la Harpe.

En quelqu'endroit qu'on enferme l'eau, ſoit à Arcueil, ſoit près de l'Obſervatoire, elle paſſera du canal dans l'aqueduc (4) à travers d'un encaiſſement de gros gravier de 5 à 6 pieds d'épaiſſeur, & dans une étendue de 100 à 120 toiſes de long, ou davantage, s'il le faut.

Cet encaiſſement ſera placé entre le canal & l'aqueduc, mettant le commencement de ce dernier 100 ou 120 toiſes avant la fin du canal, ſe côtoyant l'un l'autre à 5 ou 6 pieds de diſtance: le fond de l'aqueduc ſera 4 ou 5 pieds plus bas que le fond du canal; l'entre-deux où doit être le gravier ſera maçonné dans le fond & aux deux bouts, afin que l'eau ne ſe perde pas dans les terres; les deux murs joignant le gravier ſeront percés de beaucoup de trous pour permettre le paſſage de l'eau; le fond de l'encaiſſement ſera en pente du canal à l'aqueduc; par ce moyen l'eau entrera toujours propre dans ce dernier.

On ſent bien qu'un pareil filtre doit à la fin ſe boucher, mais ce n'eſt qu'au bout de bien des années, d'autant plus tard que l'eau qui y paſſe eſt plus propre, comme le ſera celle-ci; & on en eſt quitte pour le laver quand l'eau ne paſſe plus ſuffiſamment vîte.

Le canal ſera défendu des hommes & des beſtiaux par des foſſés profonds, diſtans de 5 à 6 toiſes, tant au-deſſus qu'au-deſſous, le long deſquels on plantera des haies d'épines un peu larges, qui formeront dans peu d'années des barrieres impénétrables & preſqu'éternelles. Les Gardes-chaſſe de chaque

(4) Il faudra entendre dans la ſuite par le mot de *canal*, celui qui doit amener l'eau à découvert depuis Vaugien juſqu'à Arcueil; & par le mot d'*aqueduc*, la partie qui doit être voûtée & couverte de terre, depuis Arcueil juſqu'à la rue de la Bourbe, quoique le nom d'acqueduc convienne à tous les deux.

canton, recevant par année une petite rétribution pour veiller à la conſervation de ces haies, il n'y arrivera aucun dommage, & l'eau ſera toujours conſervée dans la plus grande pureté.

Sans entrer ici dans aucun détail des pentes néceſſaires pour que l'eau coule dans un aqueduc, qu'on ne peut pas faire auſſi large qu'un canal creuſé en pleine terre, pour mener l'eau d'un moulin à l'autre, on peut ſentir aiſément que la pente qui la fait couler actuellement de moulin en moulin, depuis Vaugien juſqu'à Paris, par un chemin de plus de 30 mille toiſes, jointe à une partie de 16 pieds (5) dont l'eau à Vaugien eſt plus élevée que l'arrivée de celle d'Arcueil à Paris; que cette pente, dis-je, ainſi augmentée, ſera très-ſuffiſante pour faire arriver la même eau par un chemin qui n'aura que 17 à 18 mille toiſes, & dont toute la partie à découvert pouvant, ſans beaucoup plus de frais, être faite plus large, demandera moins de pente.

Quelqu'un dira peut-être, qu'on pourroit bien ſe paſſer d'un auſſi grand excès de pente, & ſe contenter de prendre l'eau au-deſſous des moulins de Vaugien, ce ſeroit une indemnité de moulins de moins à payer, & moins de longueur de canal à faire. Deux raiſons s'y oppoſent: 1°. il faudroit percer la montagne de Palaiſeau 9 pieds & demi plus bas, & cela cauſeroit une longueur conſidérable de plus à percer par ſous-œuvre, ſur-tout dans le petit vallon du côté de Vilaine; 2°. il ſera mieux & plus facile que la nouvelle eau vienne paſſer au-deſſus de l'eau de Rungis, pour traverſer le pont-aqueduc d'Arcueil, que de paſſer par-deſſous. On n'arriveroit pas à Arcueil au-deſſus de la rigole actuelle, ſi on ne partoit que du bas des moulins de Vaugien, parce que l'eau de Rungis a beaucoup plus de pente qu'il ne lui en faut pour arriver à l'Obſervatoire. Il y a des chûtes perdues à chaque regard, je l'ai vu à pluſieurs, & il y en a beaucoup où on l'entend tomber en écoutant à la porte, entr'autres à celui de Montſouris, près l'Obſervatoire. On a perdu cette pente à deſſein, parce qu'on a voulu que

(5) De cet excès de pente, on en prendra 4 à 5 pieds pour donner de la charge à l'eau au paſſage du canal dans l'aqueduc, pour la forcer à paſſer à travers le gravier; les 11 à 12 pieds reſtans ſeront diſtribués dans la longueur du canal ou de l'aqueduc.

l'aqueduc passât sous terre aux approches de Paris; cet aqueduc n'auroit pas pu être assez élevé pour qu'on eût pu passer dessous, & il l'auroit été trop pour passer dessus.

Quant à la qualité de l'eau de l'Yvette, j'en ai bu, & je ne lui ai trouvé que le goût de marais qu'ont les eaux de toutes les petites rivières ou ruisseaux, & qu'elles ne peuvent manquer de contracter dans les écluses des moulins, sur-tout des premiers, où elles séjournent sur des dépôts pourris ou pourrissans de feuilles, d'herbes, de roseaux, d'autant plus long-tems que le ruisseau fournit moins d'eau, ainsi que dans les étangs qui sont le long de la plupart des petits ruisseaux.

Les Meuniers & les habitans, voisins de la rivière, me dirent qu'ils prenoient indifféremment l'eau de l'Yvette ou celle des sources, selon qu'ils sont plus près de l'une que de l'autre : les Blanchisseuses disent qu'elle est fort bonne au savonnage, & j'ai trouvé en effet qu'elle dissout très-bien le savon.

Si l'on considère le terrain d'où partent ces eaux, & même celui des environs, on verra qu'il ne peut filtrer que de bonne eau : on ne voit dans toute cette étendue ni craie, ni plâtre, ni aucune espèce de mine; c'est en plusieurs endroits un terrain graveleux, un peu rougeâtre, mêlé de beaucoup de petites pierres de meulière; dans d'autres, beaucoup de grès en roche & broyés, & presque par-tout un sable très-fin, ou terre sablonneuse, qui garde ou tient l'eau pendant quelque tems, enfin de même nature que les terrains qui fournissent aux sources du haut de Saint-Cloud, de Ville-d'Avray, de Vanvres, de Fontenai, de Verrières, de Palaiseau, de Marcoussi, de Souci, de Bonnelles, tous lieux où les eaux sont admirables.

La meilleure eau qu'on boive à Londres, & elle est bonne, suivant le dire de tous ceux qui en ont bu, est en partie celle d'une semblable rivière qu'on a dérivée pour l'amener à cette grande ville, par un canal, qu'on nomme *la nouvelle rivière*; le tout fait avec beaucoup moins de soins que je n'en propose pour amener l'eau de l'Yvette à Paris. Les villes de Sens & de Carcassonne sont abreuvées de même, & autrefois Lyon & Fréjus, & sans doute beaucoup d'autres que j'ignore, l'étoient ou le sont encore.

J'ai déjà dit que le canal fera fait en maçonnerie, afin que l'eau ne fe perde pas dans les terres. Le fond fera couvert de dales ou de grands pavés, le grès étant fort commun depuis Vaugien jufqu'à Palaifeau. Le fond du canal étant ainfi uni, on pourra le balayer & le laver aifément toutes les fois qu'il en fera befoin, ce qui fera facilité par des efpaces de 4 à 5 toifes de long, plus profonds que le refte du canal, que je nommerai des *repos*, placés de diftance en diftance, comme de 1000 en 1000 toifes, ou de 1500 en 1500 toifes: chaque repos aura une vanne fur le côté, ou des foupapes dans le fond, qu'on lèvera lorfqu'il faudra nétoyer le repos, foit le repos feul, foit le repos avec l'efpace qui le précède de 1000 à 1500 toifes.

Avant de lever cette vanne ou les foupapes, on baiffera une autre vanne, qui fera à quelques pieds de l'aval du repos, pour empêcher l'eau qui a paffé de revenir en arrière, & une autre à l'amont du même repos, qu'on ne defcendra pas tout-à-fait jufqu'au fond, ou qu'on relèvera après que toute l'eau du repos fera écoulée, pour laiffer paffer par-deffous une quantité d'eau fuffifante pour laver le repos, tandis qu'un ou plufieurs hommes le balaieront.

Tout ce que l'eau pourra charier de plus pefant qu'elle s'arrêtera dans ces repos, qui ne feront plus profonds que le refte du canal que de 12 à 15 pouces.

Lorfqu'il fera befoin de nétoyer ces repos, ce qu'il faudra faire deux ou trois fois par an, & une fois feulement l'intervalle entre les repos: en n'en nétoyant qu'un ou deux par jour, & le faifant un peu promptement, on ne s'appercevra à Paris d'aucune diminution d'eau, parce que le canal fera réfervoir ou en tiendra lieu.

Le premier de ces repos fera dans le lit même de la rivière, avant d'en dériver l'eau: il fera maçonné dans le fond & autour, afin qu'on le puiffe nétoyer & balayer facilement. Étant le premier, il doit être celui qui recevra le plus de matières étrangères à l'eau, & par cette raifon, on le fera un peu plus grand & plus profond que les autres, & on le nétoiera auffi plus fouvent: l'eau paffera de ce premier repos dans le canal, à

I. MÉMOIRE.

travers un encaissement de petit cailloutage, pour la débarrasser d'abord de toutes les grosses immondices.

Il y aura aussi, à quelques toises en amont de chacun de ces repos, des grilles de bois ou de fer, qui n'entreront dans l'eau que de 15 à 18 pouces seulement, pour arrêter toutes les immondices flottantes, bois, herbes, feuilles, roseaux, que des hommes du voisinage, Gardes-chasse ou autres, seront chargés d'ôter quand il en sera besoin ; car c'est le séjour de ces matières qui est la principale cause du goût de marais qu'on trouve aux eaux d'étangs & des petites rivières, lequel se perd peu à peu, dès que la cause ne subsiste plus ; & celle-ci en aura encore moins avant d'être dérivée, qu'elle n'en a actuellement, quand on fera observer tous les ans le Réglement pour le curement de la rivière, comme cela devroit être ; car il y a telles parties de l'Yvette qui n'ont pas été curées depuis plus de dix ans, & d'autres depuis plus long-tems encore.

L'eau, ainsi purifiée en très-grande partie, viendra passer à travers le gravier dont il a été parlé, où elle achevera de se débarrasser de tout ce qu'elle pourroit charier de matières grossières avant d'entrer dans l'aqueduc ; & quand elle y sera entrée, ne pouvant plus recevoir aucune sorte d'immondices portées par le vent, elle déposera peu à peu, dans des repos, semblables à ceux du canal, tant par sa marche modérée & uniforme, que par la longueur du chemin, tout ce qui pourroit passer à travers le gravier avec elle, & elle arrivera à Paris aussi belle & aussi pure, en tout tems, que l'eau de la meilleure source qu'on voit sortir du sein d'un rocher.

Par la quantité de pieds cubes d'eau que dépensoient par seconde les deux moulins de Vaugien & le dernier moulin du ruisseau de Gif, lorsque je les ai vus, & parce que les Meuniers, autant qu'on peut s'en rappporter à eux, m'ont dit y avoir de moins à la fin de Juillet & au commencement d'Août 1762, tems où les eaux ont été les plus basses, par la longue sécheresse qui avoit précédé, j'ai conclu qu'il passoit à Vaugien, dans le tems des plus basses eaux, plus de 1000 pouces d'eau, & plus de 200 au ruisseau de Gif ; mais pour mettre les choses encore plus bas, je ſuppoſe qu'on ne prenne que 800 pouces d'eau à Vaugien, lorſque les eaux ſeront les plus baſſes, & 180 à Gif; cela ſera près de 1000 pouces d'eau, & j'eſtime qu'on en trouvera plus de 200 en faiſant les fouilles pour le canal, comme cela ſe manifeſte le long des côtes que l'on ſuivra, de l'Yvette & de la Bièvre, ſur-tout vis-à-vis Orſai, à Palaiſeau, dans la traverſée de la montagne, & à Maſſi.

On peut aiſément ſe repréſenter l'effet que produira dans Paris cette abondance d'eau quand on l'y amènera; toutes les Maiſons royales en auront abondamment; on ſupprimera les pompes du pont Notre-Dame & de la Samaritaine; on en donnera aux Invalides & à l'École Royale-militaire; on pourra quadrupler les fontaines, & en céder à bon marché à toutes les maiſons qui en voudront & à tous les quartiers. On ne la conſommera pas, il ſera défendu de l'envoyer dans aucun puits ni puiſard: on ordonnera de balayer les rues deux ou trois fois pas jour, en pouſſant les balayures dans le ruiſſeau, qui les portera dans la rivière ou dans l'égoût: par-là, chaque rue ſera continuellement lavée par un ruiſſeau coulant nuit & jour; ce qui contribuera infiniment à rendre l'air ſalubre. Pendant l'été, ce ſera avec cette eau qu'on arroſera les rues, auſſi ſouvent qu'on le voudra; au lieu de deux fois qu'on les mouille actuellement avec fort peu d'eau, & ſouvent avec de l'eau ſale & vilaine, quelquefois même avec celle qui a ſervi à laver la vaiſſelle, leſquelles rendent l'air mal-ſain & le pavé gliſſant, ne faiſant qu'humecter les immondices, en augmentant leurs mauvaiſes qualités; au lieu que l'abondance de celle-ci lavera le pavé & entraînera les ordures.

J'ai avancé ci-deſſus que cette eau ſeroit plus belle & plus pure que celle de la Seine: pour plus belle, cela ne paroît plus devoir être douteux, après tout ce que je viens de dire du curage ou nétoyement de la rivière, du canal & de l'aqueduc. Quant à ſa pureté, par comparaiſon à celle de la Seine, je n'aurai point de peine à le prouver vis-à-vis des perſonnes qui veulent prendre la peine de réfléchir. On entend bien ſans doute que je ne veux pas parler de l'eau de la Seine, priſe au-deſſus de l'Hôpital, mais de cette eau telle qu'elle eſt dans Paris, où les

Porteurs-d'eau & les pompes la puifent pour nos ufages.

Commençons par la rive droite de la Seine. Prefque tout Paris fait que c'eft plutôt la Marne que la Seine qui coule le long de cette rive. En été on le remarque encore très-diftinctement au Pont-royal, quand il furvient quelque pluie confidérable fur le terrein qui tombe dans la Marne, & non fur celui qui envoie fes eaux à la Seine, ou le contraire : l'on voit alors une moitié de la rivière trouble, tandis que l'autre eft encore claire. Or cette rivière de Marne, après avoir lavé les craies de la Champagne, reçoit, avant d'entrer dans Paris, toutes les immondices des Blanchiffeufes & autres, de Saint-Maurice, Charenton, Carrières, Conflans, Berci, tous les égouts du fauxbourg Saint-Antoine, par la rue Traverfine & par les foffés de la Baftille, & enfuite ceux de toutes les rues voifines : elle reçoit au port de la Grève ceux de tout le quartier, & porte le tout aux pompes du pont Notre-Dame, tant que la Seine eft plus baffe que la digue. Elle lave enfuite le cloaque de la Triperie, entre le pont Notre-Dame & le Pont-au-change ; elle reçoit au-deffous les égouts de l'Apport-Paris, des arches Pépin & Marion, avec ce que les Teinturiers y jettent, & elle porte tout cela à la Samaritaine. Elle reçoit enfin au quai de l'École & au guichet de la rue Fromenteau, toutes les immondices des quartiers de la Croix-du-trahoir, du Palais-royal & partie de la butte Saint-Roch. On fent de refte que les Porteurs-d'eau & les pompes enlèvent néceffairement une partie de ce mélange, quelque foin qu'on prenne de porter les bafcules des Porteurs-d'eau en avant dans la rivière ; or, on ne peut pas dire que cette eau foit pure.

La rive gauche de la rivière eft encore bien pire, & on le concevra aifément, fi on fe repréfente que tous les égouts de la partie méridionale de Paris tombent dans la Seine, dans Paris même ou au-deffus, par la rivière des Gobelins, dans laquelle fe rendent les égouts de toute efpèce, fans en rien excepter, de Bicêtre & de l'Hôpital, ceux des fauxbourgs Saint-Jacques, Saint Marcel & Saint-Victor, lefquels, joints à tout ce que cette rivière reçoit des Blanchiffeufes, dont fon cours eft couvert depuis & compris le Clos-Payen jufqu'au Pont aux-tripes, & à tout ce que les Teinturiers, Mégiffiers, Tanneurs, Amidonniers,

Amidonniers, Braſſeurs, & autres Ouvriers y jettent, la rendent indiſpenſablement la plus vilaine & la plus dégoûtante qu'on puiſſe imaginer.

La rive gauche de la Seine reçoit cette eau à ſon entrée dans Paris, vient laver les trains de bois qui ſont les trois-quarts de l'année le long du port de la Tournelle, rencontre les égouts des foſſés Saint-Bernard & des Grands-degrés, celui de la place Maubert, qui ſeul ſeroit capable de gâter une grande rivière : ainſi préparée, elle vient paſſer ſous les ponts de l'Hôtel-Dieu, où elle reçoit de cet Hôpital immenſe, tous les . . . . on n'oſe le dire ; arrivent enſuite l'égout de la rue de la Harpe, ceux du quai des Auguſtins, & enfin par les trois qui ſortent ſous le quai Malaquais, les immondices d'une grande partie de Paris ; & c'eſt de l'eau qui coule le long de cette rive, priſe au-deſſous du Pont-neuf, dont eſt abreuvé tout le fauxbourg Saint-Germain, ou peu s'en faut, & aſſez généralement celle qu'on boit dans tout Paris.

La dépenſe, que l'on croira néceſſaire pour l'exécution de ce projet, conſidérée ſans examen & ſans les connoiſſances néceſſaires, fera que beaucoup de perſonnes déſeſpéreront de le voir jamais exécuter, malgré tout ce que j'ai rapporté de ſemblable ou de plus grand dans ce même genre ; parce qu'on ne compare pas, & que peu de perſonnes veulent deſcendre dans quelque détail : par-là, on ſe figurera celle-ci beaucoup plus grande qu'elle ne ſera en effet.

Ce qui effraiera le plus les perſonnes qui n'ont jamais vu travailler, ſera ſans doute le percer de la montagne de Palaiſeau de 5 à 600 toiſes de long, ſoit qu'on faſſe l'aqueduc par ſous-œuvre, ſoit qu'on le faſſe à tranchée ouverte. J'ai fait voir que les Romains avoient fait ſept lieues d'aqueduc, voûté dans toute ſa longueur, pour donner de l'eau à Nîmes, dix lieues pour en donner à Fréjus, treize lieues pour en donner à Aix, plus de ſoixante pour en donner à Lyon, & plus de cent, ou auſſi long que de Lyon à Paris, pour en donner à Rome. Les plus hautes montagnes à percer, & les plus profondes vallées à paſſer, n'arrêtoient pas leurs entrepriſes, & ils n'étoient pourtant que des hommes comme nous. Mais ſans aller chercher tout

I. MÉMOIRE.

ce que ces vainqueurs du Monde avoient fait dans ce genre, j'ai fait remarquer à ceux qui pourroient l'ignorer, que de nos jours on en fait beaucoup plus que je n'en propose ici. Les 85 toises de longueur du trou de Malpas, pour le canal de Languedoc, de 44 à 45 pieds de largeur au moins, sur autant ou davantage de hauteur (6), ont exigé une beaucoup plus grande excavation que celle qu'il y aura à faire pour le percer de la montagne de Palaiseau dans les 600 toises au plus de traversée, si on fait l'aqueduc par sous-œuvre; & si on vouloit le faire à tranchée ouverte, on verra bientôt qu'en 1740 on en fit davantage à Versailles, à une profondeur à peu-près égale à ce que sera celle-ci.

La montagne de Sataury n'est pas bien éloignée de Paris; tout le monde peut voir les deux aqueducs qui la traversent: les deux ensemble font presque trois fois la longueur de celui que je propose, sans compter tout ce qu'il y a d'aqueducs voûtés, faits par sous-œuvre & à tranchée ouverte, au Trou-d'enfer, au puits de l'Angle, à Roquencourt, aux plaines de Trapes, de Saclé, & des Trois-ponts ou clos Toutin.

Les deux ponts-aqueducs qu'il y aura à faire pour traverser la gorge de Rungis, près de Tourvoie, & la vallée de Bievre à Arcueil, seront semblables à celui qui existe déjà à Arcueil, si ce n'est qu'ils auront 4 à 5 pieds de largeur de plus; mais ils seront moins élevés, sur-tout celui de Tourvoie, & ils seront à découvert: on les bâtira sans bâtardeaux, sans épuisement & sans pilotis; articles qui augmentent si considérablement les frais de construction des ponts.

L'aqueduc voûté qui viendra depuis Arcueil jusqu'à la rue

(6) Des 85 toises du trou de Malpas, il y en a 25 dans le tuf ou dans le roc qui se soutient de lui-même; les 60 autres toises sont voûtées en pierre de taille; car on sent bien qu'une voûte de 36 pieds de diametre dans œuvre, faite pour soutenir les terres d'une montagne, ne peut pas être faite en moëllon. Qu'on se représente donc toute la difficulté qu'il a dû y avoir à faire par sous-œuvre une voûte en pierre de taille, comme un arche d'un pont de 36 pieds de diametre & de 60 toises de long; elle a pourtant été faite. Je ne cite pas un monument fait à quatre ou cinq mille lieues d'ici; il est, pour ainsi dire, sous nos yeux.

de la Bourbe, en ſuppoſant qu'on le commence à Arcueil, n'aura que 2 mille 5 à 6 ou 7 cents toiſes de long, & ne ſera par conſéquent pas la moitié de celui qui fut fait dans le ſiècle dernier pour amener à Paris les eaux de Rungis.

Le ſurplus de ce qu'il y aura à faire, eſt un canal à découvert de 7 à 8 pieds de largeur ou environ, ſur 2 à 3 de profondeur, comme pour amener l'eau à un moulin, ſi ce n'eſt qu'il ſera maçonné dans le fond & par les côtés dans une longueur de 14 à 15 mille toiſes, dans un pays où l'on trouve les matériaux ſous la main. Il ſera voûté à la traverſée des chemins & des villages de Palaiſeau & de Maſſi ; & outre les ponts de Tourvoie & d'Arcueil, il ſera encore porté par quelques petits ponceaux, faits pour laiſſer paſſer les eaux pluviales, comme à Gif, à Libernon, à Palaiſeau, à Maſſi ; mais ces ponceaux ſont peu de choſe, chacun ne ſera compoſé que d'un petit arceau fort peu élevé.

Tout cela coûtera, il eſt vrai ; mais Paris n'en vaut-il pas bien la peine ? Pourroit-on ſe perſuader que nous ſommes arrivés dans un ſiècle où l'on n'oſe plus entreprendre les plus grandes choſes & les plus utiles ? Que l'on compare ſeulement, eu égard au nombre d'habitans, & qu'on cherche à mettre quelque proportion, ſi l'on peut, entre ce que l'on propoſe pour la Capitale de la France, & ce que l'on a fait de nos jours pour une ville de Province, & on verra qu'on fait encore de grandes choſes comme par le paſſé.

On compte qu'il y a aux environs de huit cents mille ames dans Paris, & trente-ſix à quarante mille à Montpellier. Ce dernier nombre n'eſt au plus que la vingtiéme partie du premier. On a amené à Montpellier les eaux de pluſieurs ſources réunies, leſquelles donnent aux environs de 70 à 80 pouces d'eau dans les plus grandes ſécheresses, par un aqueduc de 7400 toiſes de long, voûté dans toute ſa longueur, de 3 pieds de largeur ſur 6 de hauteur, ſous clef, dans l'étendue duquel il a fallu percer une montagne de 200 toiſes de traverſée, faire pluſieurs ponts-aqueducs pour traverſer les gorges ou vallons, entr'autres un ſur la Lironde, qui eſt aſſez conſidérable, & celui qui traverſe le vallon de la Merci, ſous le Peyrou, lequel eſt compoſé de

I. MÉMOIRE.

deux ponts l'un ſur l'autre ; le premier de 64 arches de 5 toiſes de diamètre, & le ſecond de 140 arches de 2 toiſes chacune, & de plus l'épaiſſeur des piles & des culées. Ce dernier a près de 400 toiſes de long, ſur 60 pieds de hauteur, du deſſous de la rigole à l'endroit le plus bas du vallon : c'eſt tout au plus ſi le projet pour amener l'Yvette à Paris, demande trois à quatre fois autant d'ouvrage pour amener vingt à vingt-cinq fois autant d'eau pour le ſervice de vingt fois autant d'habitans, & enfin pour la Capitale du Royaume.

La ville de Carcaſſonne, laquelle, ſelon la Géographie hiſtorique de Dom Vaiſſette, ne contient que huit à dix mille habitans, a trouvé dans ſes reſſources, & la bonne adminiſtration de ſes revenus, auſſi-bien que la ville de Montpellier, le moyen de ſe procurer 2 à 300 pouces d'eau, par un petit aqueduc de 3 pieds de haut, ſur 18 pouces de large, & de 4000 toiſes de long, porté ſur des petits arceaux en pluſieurs endroits. C'eſt une partie de la rivière d'Aude qu'on a dérivée pour le ſervice des habitans & tenir les rues propres.

Vers le milieu du ſeizième ſiècle, la ville de Dieppe, égale, ou à peu près à celle de Carcaſſonne, a été prendre à 3650 toiſes de la ville, par deux conduites de plomb, de 7 pouces de diamètre chacune, les eaux d'une ſource qui ſort ſous l'égliſe de Saint-Aubin, ſur la route de Rouen, à cinq quarts de lieue de Dieppe : ces conduites ſont enfermées dans un aqueduc ſouterrain de 4 pieds de largeur, ſur 6 de hauteur, dont 1236 toiſes ont été creuſées par ſous-œuvre à travers une montagne, paſſant 220 pieds plus bas que ſon ſommet. Nombre d'autres villes, comme Sens, Moulins, Scheleſtat, Tarbes, le Havre, ſe ſont procuré le même avantage, avec plus ou moins de facilités ou de difficultés. Que ne doit-on pas attendre de la Capitale, à préſent qu'on ſait où prendre de l'eau !

Je n'entrerai point ici dans aucun détail de conſtruction, de largeur de canal, d'épaiſſeur de murs, de ponts-aqueducs, d'aqueducs ſous terre, de chauſſée de priſe d'eau, de contre-foſſés ni de haies ; il ſuffit pour le préſent de faire connoître la poſſibilité & la facilité qu'il y a d'amener à Paris une abondante quantité de bonne eau, de montrer en gros ce qu'il y aura à faire, pour faire preſſentir que la dépenſe n'en ſera pas auſſi conſidérable qu'on ſe la repréſente d'abord, par rapport à l'éloignement, à une montagne à percer, à deux ponts-aqueducs à faire. Voici néanmoins une comparaiſon qui pourra ſatisfaire.

Un homme d'État *, zèlé pour le bien public, Protecteur des Sciences & des Arts, du grand & de l'utile, comme le prouvent les grands travaux faits ſous ſon adminiſtration, & peut-être encore plus la manière dont il a monté le Corps d'Ingénieurs qui eſt ſous ſes ordres, touché du grand avantage que la ville de Paris doit retirer de ce projet, a fait évaluer, par une perſonne des plus capables **, ce qu'il en devroit coûter en gros pour faire arriver l'eau de l'Yvette à la porte Saint-Michel : on lui dit, quelque tems après, que tout payé, achat du terrain, indemnité des moulins, conſtruction de toute eſpèce, tout cela devoit aller aux environs de cinq à ſix millions au plus ; reſte après cela la dépenſe des conduites pour la porter dans tous les quartiers de Paris.

* Feu M. Trudaine.

** Feu M. Hupeau, premier Ingénieur des Ponts & chauſſées avant M. Perronet.

Pour confirmer que cette évaluation eſt bien approchante du vrai, ſi elle n'eſt pas un peu forcée, je vais l'appuyer d'un détail, ſur la vérité duquel on peut compter : il m'a été fourni par M. *Gabriel*, de l'Académie royale d'Architecture, & premier Architecte du Roi, ſur un ouvrage à peu près ſemblable, fait ſous ſes ordres.

On a fait, en 1739 & 1740, deux aqueducs pour porter les égouts de Verſailles hors du petit parc, du côté de Villepreux, près de Gally. L'un des aqueducs prend les eaux du vieux Verſailles & du Parc-aux-cerfs, paſſe entre l'Orangerie & la pièce des Suiſſes, va paſſer à côté de la Faiſanderie, derrière la Ménagerie, & arrive un peu au-deſſous de Gally. L'autre commence à l'abreuvoir de la porte du Dragon, va paſſer derrière Trianon, & arrive au même endroit que le premier, dans un grand baſſin maçonné tout autour & dans le fond. Ces deux aqueducs ont été faits à tranchée ouverte ; il y a tels endroits où il a fallu creuſer juſqu'à 45 pieds de bas & davantage : tout l'ouvrage, l'un dans l'autre, peut être regardé comme de 24 à 25 pieds de bas ; ils compoſent enſemble une longueur de

3632 toises, voûtée d'un bout à l'autre, de 4 pieds de largeur sur 6 pieds de hauteur, sous clef; le massif du bas & les murs des côtés de 2 pieds d'épaisseur, avec des chaînes de pierre de taille dure, de 15 en 15 pieds, caniveau & première assise, aussi en pierre de taille dans toute la longueur, avec des cheminées ou regards de 40 en 40 toises, & plusieurs ouvrages relatifs dans le cours de ces aqueducs, au commencement & à la fin. Tels sont le bassin de réunion à Gally, où se déposent les vases, le curement & élargissement du ruisseau allant vers Villepreux, avec quelques ponceaux & coursières, plusieurs raccordemens & embranchemens de droite & de gauche, de petits aqueducs de pierrées, de conduites de fonte, dédommagement de maisons qui se sont trouvées sur la route. M. *Gabriel* estime que ces parties accessoires ont fait le tiers ou au moins le quart de la dépense. On peut donc regarder cela comme aux environs de 5000 toises de cours d'aqueduc, construit à 20 ou 25 pieds de bas, qui ont coûté, comme il suit, remarquant que ce relevé n'est point pris sur un devis d'ouvrages à faire, mais d'après des Mémoires réglés & payés.

	liv.	sol.	d.
En fouilles de terre & remblais.	216907	4	7
En épuisemens.	57049	4	6
En maçonnerie.	567049	12	2
En charpenterie.	138336	8	5
En gros fer.	1165	7	8
En caniveau & pavé de grès.	47042	6	11
En conduites de fer.	3506	7	7
Somme.	1031156	11	10

Tous ces ouvrages, estimés comme 5000 toises d'aqueduc, sont plus que le quart du chemin à faire pour amener l'Yvette de Vaugien à Paris, dont 14 à 15 mille toises resteront à découvert, & n'auront que la profondeur du canal, qu'on fera avec des matériaux qu'on trouvera, pour ainsi dire, sous la main, sans épuisement & sans charpente, ou que très-peu de l'un & de l'autre, & avec incomparablement moins de fouilles & de maçonnerie, articles assez importans ci-dessus. Croira-t-on, d'après cela, que ces 14 à 15 mille toiſes de canal à découvert, leurs petits ponceaux compris, coûtent plus de deux millions ou du double des ouvrages dont on vient de voir le détail? Cela ne doit pas être. Les deux ponts-aqueducs, la traverſée de la montagne de Palaiſeau, l'aqueduc voûté d'Arcueil à Paris, les indemnités des Propriétaires des Moulins, achat de terrain, contre-foſſés, haies d'épines, peuvent-ils monter au double, c'eſt-à-dire, à quatre millions? Cela n'eſt pas encore vraiſemblable: l'on peut donc conclure l'évaluation de cinq à ſix millions bien faite, en la mettant au plus fort: eſt-ce une ſomme ſi conſidérable pour un objet de cette néceſſité & pour la plus conſidérable ville de l'Europe, pour qu'elle doive effrayer? Il y a eu de nos jours des monumens commencés & finis, & d'autres commencés, qui marchent à grands pas vers leur perfection, qui coûteront beaucoup plus que tout ce qu'il y aura à faire ici, tant pour amener l'eau, que pour la diſtribuer dans les quartiers de Paris, je les crois tous néceſſaires; mais celui à faire pour donner de l'eau à cette grande ville, eſt plus important pour les Citoyens qu'aucun de tous ceux-là; auſſi devons-nous croire qu'il auroit paſſé des premiers s'il avoit été connu plutôt, & nous pouvons d'autant plus le croire, que c'eſt la ſeule dépenſe que la Ville puiſſe faire pour l'avantage des Citoyens, dont les fonds lui rentrent avec avantage, par l'eau qu'elle pourra vendre, en la donnant même pour la moitié du prix qu'elle a été vendue jusqu'à préſent (7).

Il n'eſt pas douteux que beaucoup plus de monde voudra avoir de celle-ci, & en plus grande quantité, tant parce qu'elle ſera meilleur à marché d'achat & de dépenſe de conduites, les fontaines étant plus fréquentes, ou parce que plus de perſonnes prenant de cette eau, on pourra faire des cuvettes de diſtribution pour trois ou quatre maiſons, voiſines les unes des autres, quand cela ſe rencontrera, que parce que cette eau viendra toute l'anné, comme le fait celle d'Arcueil, qu'elle

(7) Tant que la Ville a eu de l'eau à concéder, on l'a payée 200 l. la ligne, ou 28800 liv. le pouce, à la charge par l'acquéreur de faire faire & entretenir la conduite depuis la fontaine où il prend l'eau, juſque chez lui.

ſera toujours limpide & pure, & qu'elle eſt de la plus parfaite qualité qu'on puiſſe deſirer, par la nature du terrain qui la filtre, venant d'un petit canton tout ſable ou ſablonneux, ainſi que ſes environs.

Quel avantage d'avoir dans ſa maiſon une ſource de bonne eau un peu abondante, entretenant un réſervoir continuellement plein & toujours prêt à parer aux malheurs des incendies, qui ne deviennent très-ſouvent conſidérables que par faute d'eau dans le commencement! Quelle ſatisfaction pour la très-grande partie des Propriétaires des maiſons de Paris, de pouvoir ſe procurer une ſource, non-ſeulement au rez-de-chauſſée & au premier, mais de l'avoir, ſi beſoin étoit, au deuxième & au troiſième étage, arrivant d'elle-même dans tous les endroits, ou à la plupart de ceux où l'on en a beſoin, cuiſine, office, ſalle à manger, bains; le ſurplus coulant ſans ceſſe dans la cuiſine ou dans le lavoir, ou dans tous les deux, & de-là dans la cour & dans la rue, tenant les uns & les autres propres & frais, n'y laiſſant ſéjourner ni croupir aucunes immondices ni pourritures, maintenant l'air toujours ſain & ſalubre!

Ne connoiſſant rien de plus urgent à faire pour une grande ville, après la conſtruction des ponts, quand il en faut, que de procurer dans tous les quartiers une ſuffiſante quantité de bonne eau, & connoiſſant aſſez bien les environs de Paris, pour pouvoir aſſurer qu'il n'y a que la rivière d'Yvette qui, donnant cette ſuffiſante quantité de bonne eau, puiſſe y arriver à une hauteur propre à l'envoyer dans tous les quartiers, à moins d'en aller prendre beaucoup plus loin, & avec des dépenſes immenſes qu'on ne fera jamais; je crois être fondé à me perſuader que ce projet ſera exécuté à l'avenir, s'il ne l'eſt à préſent, & d'autant plus, comme je l'ai déjà fait obſerver, que c'eſt la ſeule dépenſe que la Ville puiſſe faire, dont les fonds lui rentrent avec avantage, en faiſant le bien des Citoyens, cette dépenſe n'étant, à proprement parler, qu'une avance ou de l'argent placé. Mais quand même cette dépenſe ne devroit jamais rentrer, pour une grande ville, Capitale d'un grand Royaume, il faut de grandes choſes.

Je regarde donc l'exécution de ce projet comme indiſpenſable, ſoit

ſoit dans peu, ſoit à l'avenir : or, dans quelque tems qu'on l'entreprenne, on doit faire le tout, de manière à pouvoir recevoir & laiſſer couler plus de 2000 pouces d'eau, vu qu'on peut les avoir les trois-quarts de l'année, en prenant l'eau de la rivière telle qu'elle eſt actuellement, & qu'on pourra ſe les procurer pour toute l'année quand on le voudra, par le moyen des étangs dont je parlerai dans les *preuves*.

Quoique je ne veuille entrer dans aucun détail de conſtruction, je ne puis me refuſer d'expliquer comment je deſirerois que fût faite la maçonnerie du trou dans la montagne & l'aqueduc, voûté depuis Arcueil juſqu'à Paris, afin que ſi ce projet n'a pas ſon exécution de mon tems, j'aie dit mon avis ſur un point eſſentiel, qui peut rendre ce monument d'une bien plus longue durée.

Tout le monde ſait que les terres pouſſent les murs, ſur-tout ſi c'eſt un terrain de ſable, & qu'il y ait une forte charge de terre au-deſſus : cela ne ſe rend pas ſenſible ſi-tôt, quand les murs ont peu de hauteur, & encore moins quand ils ſont appuyés par le haut & par le bas, comme le ſont ceux des aqueducs ; néanmoins cela arrive à la fin, & il ſeroit fâcheux que les murs de ceux-ci, ſur-tout ceux du trou de la montagne de Palaiſeau, vinſſent à ſe rapprocher, & qu'il fallût les étréſillonner au bout cinq ou ſix cents ans, ou peut-être plutôt, ſelon que ſe trouvera la nature du terrain.

Aux aqueducs faits pour amener une petite quantité d'eau, comme de 50, 100 ou 200 pouces, on fait la rigole entre deux banquettes, ſur leſquelles on marche lorſqu'on veut viſiter l'aqueduc. Mais, quant à la rigole de cet aqueduc-ci, dans laquelle il doit pouvoir couler au moins 2000 pouces d'eau, & davantage, ſi l'on veut, dans certains tems de l'année, il faut qu'elle ait 6 à 7 pieds de largeur, & il y aura 2 à 3 pieds d'eau : on peut aller viſiter un pareil aqueduc en bateau, ou bien en marchant dans la rigole même, le moment d'après qu'on l'aura balayé & lavé, on verra bien mieux le tout ; ainſi les banquettes deviennent ici inutiles, l'aqueduc en ſera plus étroit, plus ſolide & moins coûteux.

Mais pour lui donner encore plus de ſolidité, je voudrois que

I. MÉMOIRE.

ſa coupe fût un cercle ou encore mieux, un ovale, cette dernière forme étant, ce me ſemble, plus commode pour le cas dont il s'agit: je lui donnerois 6 à 7 pieds de largeur dans œuvre, & environ 8 pieds $\frac{1}{2}$ de hauteur. La moitié inférieure ſeroit faite en clavaux de grés dans toute la longueur, formant une voûte renverſée, aſſiſe ſur un maſſif de maçonnerie; je lui donnerois même une aſſiſe de clavaux au-deſſus du milieu, le ſurplus ſeroit fait en pierre de meulière, avec des chaînes ou des arcs-doubleaux, auſſi de grès, de 10 en 10 ou de 12 en 12 pieds, laiſſant une retraite de 4 à 5 pouces au-deſſus des clavaux de grès, & des pierres ſaillantes de diſtance en diſtance, tant pour y poſer des terrines de feu pendant la conſtruction & lorſqu'il faudra le balayer & laver, que pour ſervir à ceux qui conduiront le bateau à appuyer leurs mains, parce qu'il leur ſera tres-expreſſément défendu de ſe ſervir de croc ni de perche.

La figure gravée ſur la Carte montre la coupe dont je parle, tant pour l'aqueduc qui paſſeradans la montagne de Palaiſeau, que pour celui qui viendra d'Arcueil juſqu'à la rue de la Bourbe.

Le parallélogramme *ABCD* repréſente l'ouverture faite dans les terres; cette forme quarrée eſt néceſſitée lorſque les terres ne ſont pas corps, afin de les ſoutenir par des pièces de bois appliquées en haut & contre les côtés, appuyées ſur des plateformes en bas, qu'on met de 2 en 2 ou de 3 en 3 pieds, plus ou moins près, ſelon que les terres ſont plus ou moins mouvantes: quand on en a étréſillonné de la ſorte 6, 8 ou 10 pieds, on fait la maçonnerie de cette partie.

L'eſpace *EEE* ſera maçonné avec des pierres de meulière à bain de mortier, ou de ciment là où il le faudra, en lui donnant la forme propre à recevoir les clavaux de grès. On remplit de même & avec force l'eſpace *GGG* avec des pierres & du mortier, après qu'on a fermé la voûte.

Quand les terres ſont un peu corps, on ôte les pièces de bois à meſure que la maçonnerie approche; mais dans les terres mouvantes on les laiſſe derrière la maçonnerie. Je ne parle de ceci que pour ceux qui peuvent être bien-aiſesde ſavoir comment on s'y prend pour voûter ſous terre. Si celles du dedans de la montagne de Palaiſeau étoient trop mouvantes, on feroit l'aqueduc à tranchée ouverte; il n'y aura ici guère plus de profondeur qu'on en a eu à Verſailles, & dans une bien plus grande étendue, quand on a fait en 1740, l'aqueduc qui porte les eaux de tout le quartier du Parc-aux-cerfs juſque vers Gally, paſſant devant l'Orangerie, derrière la Ménagerie, où l'on a creuſé à tranchée ouverte, en certains endroits, juſqu'à 45 pieds de bas, ſans qu'il y ſoit arrivé le moindre accident, par l'intelligence & la préſence continuelle de ceux qui étoient à la tête de ces travaux.

L'aqueduc étant conſtruit ſuivant cette forme, on oſeroit aſſurer qu'il eſt impoſſible qu'il y arrive jamais aucune faute, il doit durer autant que le grés & les pierres de meulière qu'on y emploiera, & être, pour ainſi dire, éternel. Cette forme ne coûtera pas beaucoup plus de conſtruction qu'une autre, ſoit qu'on le faſſe par ſous-œuvre, ſoit qu'on le faſſe à tranchée ouverte.

PREUVES.

Preuves.

Pour donner quelque confiance à ce que j'avance, je crois devoir mettre ici le détail de toutes mes opérations, & faire voir auparavant comment j'ai été amené à l'examen de ce projet.

Ayant remarqué pluſieurs fois, que tout le terrain où ſont les premières ſources de l'Yvette, eſt à peu près à la même hauteur, ou plus haut que celui des environs des étangs de Trapes, que je ſavois, par les nivellemens de M. Picard, être plus élevés que la Seine à Sève, quand elle eſt baſſe, de plus de 400 pieds, voyant ſur la carte des environs de Paris le nombre conſidérable de moulins qu'il y a le long de cette petite rivière, & me rappellant les chûtes de quelques-uns que j'avois meſurées autrefois, je penſai que ſes eaux pourroient bien avoir aſſez de pente, pour qu'étant priſes vers le milieu de ſon cours, où elles devoient déjà être aſſez abondantes, elles puſſent arriver à Paris comme celles d'Arcueil, s'il y avoit moyen de paſſer de la vallée de l'Yvette à celle de la Bièvre.

J'avois remarqué depuis long-tems qu'il n'eſt guère poſſible

I. MÉMOIRE.

Preuves.

de faire arriver de l'eau à Paris que du côté de l'Obſervatoire, ni guère plus haut qu'y arrive celle d'Arcueil, tant parce qu'il ne faut pas embarraſſer les abords de cette grande ville, que parce qu'il faut ſuivre ou côtoyer l'aqueduc de Rungis, attendu que le deſſous n'en eſt pas fouillé par les Carriers. D'ailleurs les eaux d'Arcueil arrivent à Paris 68 pieds ou environ au-deſſus, du ſol de Notre-Dame, ou 15 à 16 pieds plus haut que la cuvette des pompes du pont Notre-Dame, hauteur bien ſuffiſante pour procurer de l'eau dans tous les quartiers de la ville, ſi ce n'eſt au haut de l'Eſtrapade; mais on en pourra donner tout au tour, & aſſez près, quand on en aura abondamment à la hauteur de celle d'Arcueil, & c'eſt le ſeul côté de Paris d'où l'eau puiſſe arriver aſſez haut & ſe diſtribuer aiſément dans tous les quartiers; il falloit donc voir ſi l'eau de l'Yvette pouvoit arriver à la hauteur de celle d'Arcueil ou environ.

Il étoit d'abord néceſſaire de ſavoir de combien l'arrivée des eaux d'Arcueil, près de l'Obſervatoire, étoit élevée au-deſſus de quelque point fixe du ſol de Paris, voiſin de la rivière, remonter enſuite la Seine, l'Orge & l'Yvette, juſqu'à ce que je fuſſe autant, ou davantage, au-deſſus de ce même point fixe, que l'eſt l'arrivée des eaux d'Arcueil, en negligeant la pente qui fait couler l'eau d'un moulin à l'autre, attendu qu'il en faudra autant, & même un peu plus, pour la faire venir par le nouveau canal, quoique plus court, parce qu'on ne le fera pas ni auſſi large, ni auſſi profond que l'eſt le canal qui mène l'eau d'un moulin à l'autre. Je pris pour point fixe où je devois tout rapporter, le ſol de l'égliſe Notre-Dame.

Je connoiſſois déjà en gros, par différentes notes, l'élévation des tours de Notre-Dame ſur le ſol de l'égliſe; l'élévation du ſol de l'égliſe ſur la Seine, quand elle eſt baſſe; l'élévation que les tours de Notre-Dame ont de plus que le haut de l'Obſervatoire, & l'élévation du haut de l'Obſervatoire ſur l'arrivée des eaux d'Arcueil; d'où je conclus, auſſi à peu près, l'élévation de l'arrivée des eaux d'Arcueil ſur le ſol de Notre-Dame.

J'allai meſurer les chûtes des moulins par leſquels paſſe l'eau de l'Yvette, en commençant par les quatre où elle paſſe avec la rivière d'Orge; ſavoir, les moulins de Mons, d'Athis, de

Juvisi & de Savigni : remontant ensuite le long de l'Yvette, jusqu'à ce que la somme des chûtes, rapportée au sol de Notre-Dame, donnât en sus une élévation, plus grande que celle de l'arrivée des eaux d'Arcueil sur le même sol de Notre-Dame, examinant au moulin où je m'arrêtai, la quantité d'eau qui y passoit, si elle étoit de bonne qualité, enfin si elle vaudroit la peine d'être amenée.

Quoique ce premier examen fût fait un peu grossièrement, & sans niveau, je vis clairement la possibilité du projet, en remontant tout au plus jusqu'à Vaugien, où la rivière fait aller deux moulins à la fois l'un à côté de l'autre presque toute l'année, sans écluser.

Les deux moulins de Vaugien allant, j'examinai la dépense d'eau qu'ils faisoient : je m'informai du nombre d'heures qu'ils chômoient par jour, dans les grandes sécheresses, & de la qualité de l'eau, par l'usage qu'on en faisoit. Cela vu, je revins sur mes pas, examinant en chemin si je ne trouverois pas de trop grandes difficultés à surmonter, & je ne trouvai que celles dont j'ai déjà rendu compte.

De retour à Paris, je me disposai à faire un examen plus exact, le niveau à la main, pour mesurer avec soin les chûtes des moulins & les pentes de quelques endroits de la rivière où il y en a de perdues, dont les moulins ne profitent pas, & que j'avois estimées à peu près ; mais avant cela, je voulus m'assurer exactement de l'élévation de l'arrivée des eaux d'Arcueil sur le sol de Notre-Dame.

Ne connoissant pas de nivellemens faits des tours de Notre-Dame à l'Observatoire, avec tout le scrupule que le demande un projet de cette espèce, j'ai fait les opérations suivantes, dont on sera peut-être bien aise de connoître les détails & toutes les mesures ; elles pourront servir à abréger le travail de ceux qui voudront vérifier ce que j'avance, & peut-être à quelqu'autre nivellement dans Paris.

L'on sait que l'Observatoire a été bâti avec tout le soin possible, pour l'appareil & la pose des pierres. Le haut est un mur d'appui, couvert d'un rang de tablettes, posé de niveau tout autour du bâtiment ; c'est du dessus de ces tablettes que partent

I. MÉMOIRE. Preuves.

toutes les hauteurs que j'ai eu à mesurer de ce côté-là, & le sol de l'église de Notre-Dame, pris au bas de l'escalier des tours, qui est de niveau, à très-peu de chose près, avec tout le reste de la nef, est le point où je rapporte le tout.

	pieds.	pouc.
I. Du dessus des tablettes du haut de l'Observatoire, jusqu'au milieu de la corniche.	10.	3.
II. Du dessus des mêmes tablettes jusqu'au haut du ceintre des fenêtres.	18.	4.
III. Du dessus des mêmes tablettes jusqu'au seuil de la porte du côté du nord.	81.	5.
IV. Le même seuil est plus élevé que le bouillon d'arrivée des eaux d'Arcueil dans le Château-d'eau à côté de l'Observatoire, de.	11.	8½.
V. Le dessus des tablettes du haut de l'Observatoire est donc plus élevé que le bouillon d'arrivée des eaux d'Arcueil, de.	93.	1½.
VI. Du sol de l'église de Notre-Dame, pris au bas de l'escalier des tours, jusqu'au-dessus de la tablette de la galerie, par laquelle on va d'une tour à l'autre, prise vis-à-vis le haut de l'escalier.	139.	3.
VII. La tablette de cette galerie est plus haute du côté du midi que du côté du nord, de.	0	9½.
VIII. Du dessus de la tablette de la galerie jusqu'au bas de la petite fenêtre méridionale de l'endroit d'où l'on sonne les grosses cloches.	9.	10½.
IX. De la tablette de la galerie au bas des ardoises du passage extérieur & en l'air, par lequel on va de l'escalier à l'endroit même des grosses cloches.	23.	6.
X. De la tablette de la galerie jusqu'au-dessus de la tablette du haut de la tour méridionale.	64.	10.

N. B. Cette dernière hauteur, jointe à celle de la tablettte de la galerie sur le sol de l'église & aux 9 pouces & demi, dont la même tablette est plus haute du côtédu midi que du côté du nord, font ensemble 204 pieds 10 pouces & demi, qui est la hauteur totale de la tour méridionale depuis le ſol de l'égliſe; laquelle ſe trouve plus grande de 10 pouces & demi que n'a dit M. Picard; ce qui peut venir de ce qu'il aura cru la tablette de la galerie de niveau, s'il a meſuré le long des noyaux des eſcaliers, comme je l'ai fait.

	pied. pouc.
XI. Le ſol de l'égliſe de Notre-Dame, pris au bas de l'eſcalier des tours, eſt plus bas que le ſommet du parapet du pont de l'Hôtel-Dieu, pris au plus haut, de.	10. 6.

Ce qui donne le moyen de connoître en tout tems, de combien la Seine eſt plus baſſe que le ſol de l'égliſe de Notre-Dame.

Plaçant un niveau à lunette, bien vérifié, dans la tour méridionale de Notre-Dame, dans l'endroit où l'on ſonne les groſſes cloches, répondant à 1 pouce au-deſſus du bas de la petite fenêtre, le fil de la lunette répondoit à l'Obſervatoire au milieu de l'épaiſſeur de la corniche, que je viens de dire à l'article I, être 10 pieds 3 pouces au-deſſous du haut de l'Obſervatoire.

De la tour de Notre-Dame à l'Obſervatoire, il y a aux environs de 1080 toiſes, ſuivant les plans de Paris de Mrs de la Grive & Robert; ce qui donne un pied juſte pour la dépreſſion du vrai niveau ſous l'apparent; ainſi le point du véritable niveau qui répondoit au fil de la lunette, étoit 11 pieds 3 pouces plus bas que le deſſus de la tablette de l'Obſervatoire. Suivant les meſures rapportées ci-devant aux articles VI, VII & VIII, & 1 pouce, dont la lunette étoit au-deſſus du bas de la petite fenêtre, il y avoit 150 pieds 0 pouce de la lunette au ſol de l'égliſe, à quoi ajoutant les 11 pieds 3 pouces qu'il y avoit à l'Obſervatoire, du vrai niveau à la tablette, la ſomme 161 pieds 3 pouces eſt l'élévation de la tablette de l'Obſervatoire ſur le ſol de Notre-Dame.

On ſent aiſément qu'à ces diſtances on ne peut pas ſe ſervir de mires mobiles, on ne verroit pas les mouvemens, à moins d'avoir de grands drapeaux; tout cela deviendroit coûteux, long & embarraſſant, il eſt beaucoup plus court de tâcher de trouver ou de ſe procurer des points fixes & remarquables, dont on puiſſe meſurer les élévations ou abaiſſemens. Tel a été le

I. MÉMOIRE. Preuves.

milieu de la corniche de l'Obſervatoire, au coup de niveau précédent.

Une ſeule opération ne peut guère ſuffire, quand on veut être complètement sûr de ce qu'on fait. J'ai deſcendu le niveau à l'endroit de la galerie qui répond au-deſſous de la fenêtre où j'étois auparavant, pour voir ſi je ne trouverois pas quelque point remarquable à l'Obſervatoire où je puiſſe faire convenir le niveau: me plaçant près de la tourelle du petit eſcalier, il ſe trouva qu'en le hauſſant ou le baiſſant, je pus le faire convenir avec le haut du ceintre des fenêtres. La lunette répondoit alors à 16 pouces au-deſſus de la tablette de la galerie où j'étois. Par les meſures des articles VI & VII, cette tablette eſt 140 pieds o & demi pouce au-deſſus du ſol de l'égliſe: ajoutant à cette hauteur les 16 pouces, dont le niveau étoit plus haut que la tablette, les 18 pieds 4 pouces qu'il y a du haut du ceintre des fenêtres de l'Obſervatoire juſqu'à la tablette, & 1 pied pour la dépreſſion du vrai niveau ſous l'apparent, la ſomme 160 pieds 8 pouces & demi, eſt encore l'élévation du haut de l'Obſervatoire ſur le ſol de Notre-Dame; ce qui diffère de 6 pouces & demi d'avec la première élévation trouvée, & on ne peut guère mieux demander.

Je voulus néanmoins voir ſi je trouverois la même choſe en opérant de l'Obſervatoire à la tour de Notre-Dame, & j'y allai. Étant ſur la plate-forme, j'apperçus qu'en hauſſant ou baiſſant le niveau, je pouvois le faire convenir avec le bas du paſſage extérieur, couvert & entouré d'ardoiſes, par lequel on paſſe du petit eſcalier a l'endroit même des groſſes cloches: le niveau ſe trouva alors 22 pouces au-deſſus des tablettes de l'Obſervatoire. J'ai rapporté ci-devant qu'il y avoit 23 pieds 6 pouces du bas de ce paſſage à la tablette de la galerie, ou 163 pieds 6 & demi pouces juſqu'au ſol de l'égliſe, d'où ôtant les 22 pouces, dont le niveau étoit plus élevé que la tablette de l'Obſervatoire, & encore 12 pouces pour la dépreſſion du vrai niveau; le reſte 160 pieds 8 pouces & demi eſt l'élévation de l'Obſervatoire ſur le ſol de Notre-Dame, ſemblable à la ſeconde élévation trouvée ci-deſſus.

J'aurois bien pu m'en tenir à cette vérification, en prenant un milieu

milieu entre les trois résultats ; mais parce que ces mêmes points de niveau pourront peut-être servir dans quelqu'autre occasion, j'ai cru qu'il falloit les bien constater, & pour cela, j'ai été prendre une quatrième station dans le donjon d'une maison, située à l'Estrapade, appartenante à M. Desfevres, Docteur-agrégé en Droit, d'où l'on voit d'une part les tours de Notre-Dame, & de l'autre l'Observatoire. En opérant comme ci-devant, j'ai pu faire convenir le fil de la lunette avec le haut de l'archivolte qui est autour des fenêtres de l'Observatoire (8) : la lunette étoit alors 45 pouces au-dessus du plancher où j'étois, & le fil donnoit contre les tours de Notre-Dame, à un point, 3 pieds 6 pouces plus haut que la tablette de la galerie, où j'avois fait coller plusieurs bandes de papier, après en avoir reconnu la place les jours précédens.

L'archivolte a 1 pied de largeur ; il n'y a par conséquent que 17 pieds 4 pouces du haut de l'archivolte au haut de l'Observatoire ; ainsi ajoutant ces trois quantités.

	pieds.	pouc.
Elévation de la tablette de la galerie des tours au-dessus du sol de l'église.	140.	$0\frac{1}{2}$.
Elévation de la bande de papier où répondoit le niveau au-dessus de la tablette de la galerie.	3.	6.
Distance du haut de l'achivolte au haut de l'Observatoire. .	17.	4.
On aura la somme.	160.	$10\frac{1}{2}$.

la dépression du vrai niveau devoit être d'un pouce plus grande à l'Observatoire qu'à la tour de Notre-Dame ; reste donc 160 pieds $9\frac{1}{2}$ pouces pour l'élévation du haut de l'Observatoire sur le sol de Notre-Dame. (9).

(8) L'appui de la fenêtre m'empêchoit de faire convenir le fil à l'intrados de la clef, que j'aurois préféré.

(9) Pour bien opérer, il faut prendre un jour où il fasse beau soleil, & opérer le matin, de la tour de Notre-Dame à l'Observatoire, aussi-bien que du donjon, à l'un & à l'autre ; & de l'Observatoire, à l'heure qu'on voudra, pourvu que le passage de l'escalier aux grosses cloches soit éclairé du soleil.

Tous ces coups de niveau ont été répétés plus à loisir, & trouvés avec quelques

I. MÉMOIRE. Preuves.

Prenant un milieu entre ces quatres résultats, l'on a 160 pieds 10 $\frac{1}{2}$ pouces pour l'élévation du haut de l'Observatoire sur le sol de Notre-Dame, de laquelle ôtant 93 pieds 1 pouce & demi, élévation du haut de l'Observatoire sur l'arrivée des eaux d'Arcueil, le reste 67 pieds 9 pouces est l'élévation de l'arrivée des eaux d'Arcueil sur le sol de l'église de Notre-Dame.

Le niveau, dans le donjon de la maison de l'Estrapade, étoit 62 pieds 5 pouces plus élevé que le plus haut du ruisseau entre la place & la porte Saint-Jacques, il répondoit à la tour de Notre-Dame à 143 pieds 6 $\frac{1}{2}$ pouces au-dessus du sol de l'église : s'il n'y avoit point de correction à faire, ôtant le premier nombre du second, le reste 81 pieds 1 $\frac{1}{2}$ pouce seroit l'élévation de l'Estrapade sur le sol de Notre-Dame ; mais il y a ici une dépression de niveau, eu égard à la distance de l'Estrapade à la tour de Notre-Dame : cette distance est de 500 toises ou environ, & la dépression d'environ 3 pouces, qu'il faut ôter du reste ci-dessus 81 pieds 1 pouce $\frac{1}{2}$, & l'on a 80 pieds 10 $\frac{1}{2}$ pouces pour l'élévation du plus haut de l'Estrapade sur le sol de Notre-Dame.

Cela fait, je partis pour aller mesurer avec soin les chûtes des moulins & quelques pentes perdues, à l'embouchure de l'Orge dans la Seine ; entre la rivière d'Orge & le moulin de Petit-vaux ; & au pont de Fourcheroles jusqu'au moulin de Lozère, & je trouvai comme il suit :

Chûtes des moulins & de quelques pentes rapides non employées depuis Vaugien jusqu'à la Seine, mesurées les 5, 6 & 7 Septembre 1762, l'eau étant ces jours-là à 3 pieds 4 pouces au Pont-royal.

	pied.	pouc.
Au moulin de Mons, y compris la pente perdue jusqu'à la Seine, qui étoit alors fort basse ; pente faite à dessein, afin que la roue ne soit pas noyée quand la Seine est à sa moyenne hauteur	11.	6.

différences qui donnent l'élévation de l'Observatoire sur le sol de Notre-Dame, moindre d'un pouce & demi que la première fois.

Au moulin d'Athis	3.	6.
Au moulin de Juvisi	2.	6.
Au moulin de Savigny	3.	8.
Partie de la pente perdue entre l'embouchure de l'Yvette dans l'Orge & le moulin de Petit-vaux	2.	2.
Au moulin de Petit-vaux	5.	10.
Au moulin de Gravigny	5.	4.
Au moulin de Chilli	4.	3.
Au moulin de Lonjumeau, un peu au-dessus du bourg	5.	1.
Au moulin de Sceaux-lès-Chartreux	5.	6.
Au moulin de la Bretèche, entre Champlan & Palaiseau	9.	7.
Pente perdue au pont de Fourcheroles, & à deux passages au-dessus entre les aulnes	2.	9.
Au moulin de Lozère, y compris la pente perdue jusqu'après le coude qui est au-dessous	8.	2.
Petite retenue vis-à-vis Orsay	0.	6.
Au moulin de l'Aunai quand il est arrêté car on trouve moins quand il va, à cause d'un grand détour que fait faire à l'eau le jardin d'Orsai.	5.	1.
Au petit moulin de Bures	4.	8.
Au grand moulin de Bures	5.	5.
Au moulin de l'Abbaye de Gif	6.	7.
Au moulin de Jommeron	4.	8.
Au moulin de Courcelles	5.	0.
Aux moulins de Vaugien	9.	8.
	111.	5.

Les jours que j'ai passés à mesurer ces chûtes, les jours précédens & les jours suivans, la Seine à Paris au pont de l'Hôtel-Dieu, étoit de 27 pieds 8 pouces plus basse que le sol de l'église Notre-Dame.

Des 111 pieds 5 pouces, somme des chûtes des moulins & des pentes non employées pour les moulins, ôtant les 27 pieds 8 pouces dont le sol de Notre-Dame étoit plus élevé que la Seine, reste 83 pieds 9 pouces, dont l'eau de l'Yvette, avant de tomber sur les roues des moulins de Vaugien, est plus haute que le sol de Notre-Dame, non compris, comme on l'a déjà remarqué, la pente qui la fait couler, de moulin en moulin,

I. MÉMOIRE.

Preuves.

depuis Vaugien jusqu'au pont de l'Hôtel-Dieu, par un chemin de plus de 30 mille toises de long.

Nous avons conclu ci-devant, que l'arrivée des eaux d'Arcueil, près de l'Observatoire, est plus élevée que le sol de Notre-Dame, de 67 pieds 9 pouces : & maintenant que l'eau de Vaugien est de 83 pieds 9 pouces plus élevée que le même sol de Notre-Dame, l'eau de Vaugien est donc plus élevée que l'arrivée des eaux d'Arcueil à Paris, de 16 pieds, non compris toujours la pente qui la fait couler de moulin en moulin.

La vîtesse de l'Yvette est assez passable depuis Vaugien jusque sous Palaiseau, de-là à la Seine elle est fort lente, si ce n'est du moulin de Gravigni à celui de Petit-vaux, & encore beaucoup plus de celui-ci à la rivière d'Orge, dont j'ai rapporté ci-devant la pente dans les endroits les plus rapides. Prenant un milieu entre ces différentes vîtesses, on peut bien la compter de 10 à 12 pouces par seconde quand elle est basse, comme celle de la Seine prise dans le même état, & conclure de-là qu'il y a plus de pente qu'il ne faut pour amener l'eau de Vaugien à Paris, en ne comptant même que la seule pente qui fait couler l'eau d'un moulin à l'autre, puisqu'elle coule actuellement par un chemin de 30 mille toises de long, très-tortueux en beaucoup d'endroits, embarrassé de racines, de branches d'arbres ; au lieu qu'elle viendra par un chemin uni où rien n'interrompra sa marche, les contours seront adoucis, la pente uniforme, & n'aura que 17 à 18 mille toises à parcourir ; à plus forte raison y aura-t-il assez de pente quand on y ajoutera les deux tiers ou les trois quarts des 16 pieds qu'on a de plus par les seules chûtes des moulins.

L'eau arrive par un seul canal jusqu'auprès des moulins de Vaugien, là elle se partage en deux canaux de 4 à 5 pieds de largeur chacun ou à peu-près, où elle est contenue stagnante, & par conséquent de niveau dans les deux. Ces moulins vont pardessus, & ils alloient jour & nuit sans arrêter chaque fois que je les ai vus *, mais ils avoient chômé vers la fin de Juillet & au commencement d'Août, parce qu'il s'étoit écoulé trois mois sans pluie. Ils ne chômoient pas à des heures réglées ; lorsque l'eau devenoit trop basse, ils arrêtoient pendant neuf à dix heu-

* 16 Août & 6 Septembre 1762.

res, après quoi ils alloient vingt-quatre heures de suite : c'est comme s'ils avoient chômé sept heures par jour ou à peu-près.

Le passage de l'eau de l'une des vannes a 26 pouces de largeur, la vanne étoit levée de 3 pouces $\frac{1}{4}$, & il y avoit 18 pouces $\frac{1}{2}$ d'eau sur le seuil de la vanne lors de ma dernière visite. Le passage de l'autre a 25 pouces de largeur, la vanne étoit levée de 3 pouces $\frac{1}{2}$, & il y avoit 21 pouces $\frac{1}{2}$ d'eau sur le seuil. Ceux qui voudront prendre la peine d'en faire les calculs, que je crois inutile de mettre ici, trouveront que le premier de ces moulins dépensoit aux environs de 4 pieds $\frac{1}{2}$ cubes, après en avoir défalqué le déchet causé par la diminution du jet, & que le second dépensoit aux environs de 5 pieds cubes, ce qui fait 9 pieds $\frac{1}{2}$ cubes qu'il passoit par seconde par ces deux vannes, non compris les pertes des vannes de décharge & autres.

Dire qu'une rivière ou une source donne un pied cube d'eau par seconde, ou dire qu'elle fournit 150 pouces d'eau, c'est la même chose; ainsi la rivière fournissoit alors aux environs de 1425 pouces d'eau, d'où ôtant les $\frac{7}{24}$, reste plus de 1000 pouces qui couloient dans la rivière à la fin de Juillet, tems où l'eau a été au plus bas.

Après avoir pris aux moulins de Vaugien toutes les mesures que je viens de rapporter, je crus devoir prendre encore les mêmes choses au moulin de Courcelles, qui est le premier en descendant, afin de m'assurer plus complètement de la quantité d'eau qui devoit couler dans la rivière, lorsque les sources fournissent le moins.

Le moulin de Courcelles va par-dessous, & je le trouvai allant; le Meûnier me dit qu'à la fin de Juillet il chômoit la moitié du tems. Le passage de l'eau a 18 pouces & demi de largeur, la vanne étoit levée de 10 pouces $\frac{1}{2}$, & il y avoit 41 pouces $\frac{1}{2}$ d'eau au-dessus du seuil de la vanne. J'ai conclu de tout cela, que le moulin dépensoit 15 à 16 pieds cubes d'eau par seconde; ainsi pour que ce moulin aille sans écluser, il faut qu'il coule continuellement dans la rivière 2 mille 3 à 4 cents pouces d'eau, & 11 à 12 cents lorsqu'il écluse la moitié du tems, ce qui est un peu plus que ci-devant. Mais il ne faut pas prendre à la rigueur les réponses des Meûniers; quand l'un dit qu'il écluse

I. MÉMOIRE.

Preuves.

neuf à dix heures, c'eſt peut-être ſept à huit, ou l'autre écluſe peut-être plus de la moitié du tems ; mais au moins paroît-il clair qu'on pourra certainement prendre 800 pouces d'eau à Vaugien dans le tems des plus baſſes eaux.

J'ai trouvé de la même manière qu'il devoit paſſer plus de 200 pouces d'eau au ruiſſeau de Gif. Enfin toute la côte vis-à-vis Bures & Orſay, eſt pleine de petites ſources, auſſi-bien que le terrain de Palaiſeau ; ainſi je ne crois pas avancer rien de trop, quand je dis qu'on pourra amener 1000 à 1200 pouces d'eau dans les tems les moins favorables.

Si l'on veut examiner, par la théorie de M. Mariotte, la quantité d'eau qu'on peut eſpérer avoir dans le courant de l'année, par l'étendue de terrain qui paroît fournir aux deux priſes d'eau de Vaugien & de Gif, on trouve que plus de 41 millions de toiſes quarrées ou plus de dix petites lieues quarrées y envoient leurs eaux. Pour cela, qu'on jette les yeux ſur la Carte, l'on y a exprimé les commencemens des vallons & gorges des environs dont les eaux vont tomber dans d'autres rivières ; au moyen de quoi on a pu circonſcrire à peu-près le terrain qui paroît fournir ou envoyer ſes eaux aux deux priſes de Vaugien & de Gif. C'eſt ce que repréſente, plutôt moins que plus, la ligne courbe qu'on y a tracée, dans lequel terrain on n'a pas compris les étangs du Peirai & de Pauras, ni les terres qui y envoient leurs eaux, parce qu'elles ſont portées par des rigoles aux étangs de Trapes ; mais la plupart des eaux qui s'imbibent & les ſources formées par le ſéjour de l'eau dans ces étangs, doivent venir en très-grande partie dans les vallons d'Yvette & de Cernai, & je ne compte pas ce ſurplus.

Réduiſant le terrain circonſcrit par la ligne courbe en figures rectilignes, on a un triangle & deux parallélogrammes, qui contiennent autant de ſuperficie que la figure curviligne, ou encore plutôt moins que plus, afin qu'on ne puiſſe pas dire que rien de douteux ait été tourné à l'avantage de ce que je veux prouver.

La Carte a été gravée d'après la nouvelle Carte de la France, levée par ordre de Louis XV, mais elle a été réduite aux deux tiers ; ainſi, puiſque dans la Carte originale 100 toiſes valent une ligne, l'échelle eſt ici de deux tiers de ligne pour 100 toiſes : on trouvera que les dimenſions des figures, triangle & parallélogrammes, ſont au moins telles qu'on les a cotées ; ces dimenſions donnent,

	toiſes carrées.
Pour la ſurface du triangle.	5642500.
Pour celle du parallélogramme du milieu.	17756000.
Pour celle du parallélogramme d'en bas.	17820000.
Somme de ces trois ſurfaces.	41218500.

Ainſi quelque choſe qu'on en voulût retrancher, qu'on pourroit croire être priſe de trop, il reſtera toujours plus de 41 millions de toiſes quarrées, comme on vient de le voir, & non compris encore le terrain qui paroît fournir aux ſources qu'on prendra le long de la côte entre Gif & Palaiſeau & en-deçà, ce qui fait ſept lieues moyennes quarrées de ſuperficie ou un peu plus.

Le tiers de l'eau qui tombe par les pluies & par les neiges, que ce Phyſicien ſuppoſe s'imbiber dans les terres pour entretenir les ſources, donneroit, pris moyennement pour tout le courant de l'année, plus de 3500 pouces d'eau continuels, ou moins en été & plus en hiver, & l'on peut d'autant plus y compter qu'il doit s'imbiber ici plus d'eau qu'ailleurs, parce que preſque tout le terrain qui envoie ſes eaux dans l'Yvette eſt ſablonneux ou graveleux, & que les hauts vers l'Occident ſont preſque en plaine, & traverſés par pluſieurs rigoles, faites pour ramaſſer & porter les eaux pluviales aux étangs de Trapes, de Villiers & de Saclé. Comme ces rigoles ont très-peu de pente, l'eau y eſt long-tems ſtagnante & ne coule que quand il y en a beaucoup ; par-là il s'en imbibe une très-grande partie, & les ſources du bas doivent donner plus d'eau depuis que ces rigoles ſont faites qu'elles n'en donnoient auparavant.

Tout cela fait ſuffiſamment voir que dans la ſuite, la Ville pourra ſe procurer, ſi elle veut, avec fort peu de dépenſe de plus, une plus grande abondance d'eau, en faiſant pluſieurs petits étangs le long de chaque ruiſſeau, ce qui ſera aiſé, attendu qu'ils ſont preſque tous fort étroits & beaucoup en pente ; ils ſe

I. MÉMOIRE.

Preuves.

rempliront en hiver, par les pluies plus fréquentes, les neiges & ce que les ſources fourniſſent de ſurabondant : en été ils garderont les eaux de toutes les grandes averſes.

Ces étangs ainſi pleins, augmenteront les ſources inférieures ou en formeront de nouvelles, les étangs ſupérieurs nourriront les inférieurs, ſoit naturellement, ſoit en faiſant couler les eaux peu à peu par la bonde, rendant ainſi en détail ce qu'ils auront reçu en gros, & les inférieurs enverront à Paris, dans les tems que les eaux devroient être les plus baſſes, tout ce que les uns & les autres auront reçu lorſqu'il y en avoit plus qu'on n'en pouvoit prendre, ce qui, joint à ce que les ſources fourniſſent à l'ordinaire dans les plus grandes ſéchereſſes, formera un volume d'eau pour Paris, d'autant plus approchant du terme moyen, qu'on fera plus d'étangs ou qu'on les fera plus grands ; & je ne crois pas rien dire de trop, en avançant qu'on pourroit porter ce volume d'eau bien au-delà de 2000 pouces continuels.

Je pourrois d'autant mieux dire plus de 2000 pouces, que par ce moyen on devroit avoir le tiers qui s'écoule & le tiers qui s'imbibe pour fournir les ſources, mais j'aime mieux promettre moins : il faut d'ailleurs conſidérer qu'il y aura beaucoup d'évaporation, à cauſe des ſurfaces des étangs, & des terres voiſines qui s'imbibent & augmentent l'évaporation.

Pour rendre cette évaporation moindre, on choiſira les endroits des vallées les plus étroits : on fera plutôt un étang de moyenne grandeur que deux ou trois petits. On les fera très-près les uns des autres, & toujours vers le bout inférieur des vallées, afin que l'eau s'évapore moins le long des rigoles par leſquelles elle devra couler d'un étang à l'autre, & du dernier juſqu'à la rivière, parce que cette évaporation ne ſe fait pas ſeulement par la ſurface de ces rigoles, mais encore plus par les terres des bords, leſquelles humant l'eau comme des éponges, multiplient les ſurfaces de ces rigoles, & occaſionnent de plus grandes évaporations ; par la même raiſon on ne laiſſera croître ni ſéjourner aucunes herbes, ni joncs, ni roſeaux dans ces étangs.

ADDITION

ADDITION AU PREMIER MÉMOIRE.

I. MÉMOIRE. Addition.

LE projet de l'Yvette a été trop favorablement accueilli par les personnes instruites, éclairées, & aimant le bien public, pour qu'il ait été à l'abri de la critique & de la jalousie: à peine a-t-il été publié, qu'on a répandu dans tout Paris & aux environs, que les eaux de cette rivière étoient d'une très-mauvaise qualité.

J'ai déja dit que l'eau de l'Yvette avoit le goût de vase ou de marais, qu'ont les eaux de toutes les petites rivières, & qu'elles ne peuvent manquer d'avoir: on a prétendu que ce goût étoit particulier aux sources de l'Yvette, & qu'elle l'avoit dès en sortant de terre. Ces personnes auroient dû, avant de soutenir un fait aussi peu vrai-semblable, aller voir elles-mêmes les sources où l'on puisoit l'eau dont elles vouloient parler, pour voir s'il n'y avoit pas quelque cause étrangère qui lui donnoit ce goût, en faire bien nétoyer le bassin en leur présence & les endroits par où elle passe pour y arriver, lui faire donner de l'écoulement & la goûter quelque tems après; car il faut prendre soi-même tous ces soins, si on veut être parfaitement sûr de ce qu'on a à dire.

Ce projet intéresse trop tous les Citoyens, pour que je ne doive pas faire tout ce qui dépendra de moi pour détruire, s'il est possible, les doutes que ces propos auroient pu faire naître dans quelques esprits; & par cette raison, je crois devoir m'étendre sur la cause du goût de marais qu'ont les eaux, non-seulement celles de l'Yvette, mais aussi celles de toutes les petites rivières qui contribuent à former la Seine, & faire sentir ensuite pourquoi l'eau de la Seine ne l'a pas, au moins quand elle est dans son état le plus ordinaire, car elle n'en est pas tout-à-fait exempte quand elle est basse, à la fin de l'été ou de l'automne: on n'a pour s'en assurer qu'à la goûter quand on l'apporte de la rivière, & ne pas attendre qu'elle ait reposé dans une fontaine ou autre vaisseau: elle l'avoit tellement en

I. MÉMOIRE. Addition.

1731, que M. de Juſſieu l'aîné crut devoir faire un Mémoire à ce ſujet en 1733, pour en faire connoître la cauſe; mais elle n'eſt telle que quand elle eſt fort baſſe.

Ce goût de marais ſe perd donc dans les grandes rivières: comment ſe perd-il, & pourquoi les eaux de toutes les petites l'ont-elles? La raiſon de cela, priſe en géneral, eſt que les grandes rivières ſe nétoient elles-mêmes, toutes les fois qu'elles groſſiſſent, quand elles ont ſuffiſamment de rapidité, & que les petites, au lieu de ſe nétoyer, renouvellent pluſieurs fois par an la cauſe du goût déſagréable qu'ont leurs eaux. Détaillons cela un peu plus.

Les lits des ruiſſeaux & petites rivières, ſont pleins de mille obſtacles, pierres ou rochers, affouillemens, racines ou branches d'arbres, vannages, digues ou déverſoirs, pour envoyer l'eau dans les prés ou aux moulins, qui occaſionnent autant de dépôts de toutes les immondices que les eaux charient: ces mêmes obſtacles, ou la plupart, empêchent que l'eau puiſſe jamais nétoyer le lit de ces petites rivières, même dans le tems de leurs plus grandes crûes: les plus grands dépôts ſe forment dans les écluſes, biez ou canaux des moulins; l'eau ne peut jamais les entraîner, parce qu'elle y eſt toujours comme ſtagnante, à cauſe de la largeur & profondeur des écluſes, que les Meûniers ont ſoin d'entretenir toujours pleines & en état de moudre: s'il ſurvient trop d'eau, l'excédant paſſe par-deſſus la retenue ou le déverſoir, ou par-deſſus les vannes. Si le Meunier eſt obligé d'en lever quelqu'une, il n'en lève que ce qu'il faut, enſorte que l'écluſe reſte toujours pleine, ce qui empêche que l'eau puiſſe jamais entraîner les dépôts qui s'y forment, parce qu'elle n'eſt rapide qu'au paſſage de la vanne, qui ſouvent n'eſt pas levée de fond.

L'eau ne peut donc jamais nétoyer les écluſes & canaux de moulins, non plus que la plupart des autres endroits du cours des petites rivières; ces endroits, couverts de vaſe & de dépôts, ſont toujours pleins de touffes de jonc, de roſeaux & autres herbes aquatiques qui y croiſſent en quantité, y meurent & y pourriſſent, leſquelles, en donnant elles-mêmes un fort goût de marais à l'eau, amortiſſent ſon courant, occaſionnent &

Addition.

augmentent les dépôts qui s'y accumulent d'année en année, jusqu'à ce que le moulin en soufre. Chaque Meûnier cure son biez ou sa portion de rivière le plus tard qu'il peut, de la manière & dans le tems qu'il veut, sans observer aucune règle ni accord avec ses voisins ; par-là la rivière n'est jamais sans nombre de dépôts pourris ou pourrissans depuis plusieurs années, qui donnent nécessairement un mauvais goût à l'eau ; car il n'en est pas de toutes les petites rivières éloignées de Paris comme de celles de Bièvre & de Gonesse, ou de Saint-Denys, qu'on cure régulièrement tous les ans : on ne cure jamais celle d'Essonne, & très-rarement celles d'Orge & d'Yvette ; & quand on les cureroit tous les ans, il resteroit toujours le limon qui lui donneroit encore du goût jusqu'à ce qu'il vînt de nouveaux dépôts, moins à la vérité, mais elle en auroit toujours un peu : l'eau ne peut perdre son goût de vase ou de marais qu'en roulant pendant quelque tems dans un canal propre où elle n'en puisse plus prendre.

Il y a peu de ruisseaux ou petites rivières, s'il y en a, qui ne reçoivent continuellement les immondices, lavages & égoûts de plusieurs villes, bourgs, villages, hameaux ou fermes : pendant le printemps & l'été les eaux des ruisseaux & des petites rivières arrosent les prés où elles séjournent quelque tems ; elles lavent l'herbe & en prennent le goût, elles entraînent avec elles une partie du limon qui s'y est formé par les débris des feuilles & herbes mortes qui y ont séjourné & pourri pendant l'hiver.

A la fin de l'été & dans l'automne elles reçoivent les feuilles des arbres voisins, aunes, saules, peupliers, dont leurs cours sont ordinairement couverts : on fait rouir les chanvres & les lins dans les ruisseaux ou dans des trous à côté, dont l'eau passe dans les ruisseaux & petites rivières & y porte un goût de pourriture des plus désagréables : en hiver, le vent apporte dans les vallées tout ce qu'il enlève des montagnes & côteaux ; les parties les plus grossières de toutes ces immondices tombent au fond de l'eau quand elle les a pénétrées, & forment ces dépôts qui se renouvellent & s'augmentent continuellement, & dont l'eau prend nécessairement le goût à mesure qu'elle les dissout ou qu'elle en enlève des parties insensibles : ajoutons enfin

I. MÉMOIRE. Addition.

que la très-grande partie des eaux des petites rivières sortent des étangs, placés le long des ruisseaux qui les forment, toujours pleins de toutes les plantes aquatiques qui peuvent y croître, mourir & pourrir, entre lesquelles l'eau est dormante sur des dépôts de vase ou limon de plusieurs années.

Croira-t-on, après l'exposé de toutes ces causes, qu'il y ait une petite rivière, entre toutes celles qui contribuent à former la Seine, dont l'eau n'ait le goût de marais? Il faudroit que ce fût dans des montagnes très-escarpées & sans moulin, & par conséquent dans un pays inhabité; on n'en connoît pas dans tout le terrain qui fournit à la Seine: concluons donc que toutes les eaux qui forment la Seine avoient le goût de marais avant d'être réunies; & réunies, elles ne l'ont plus, non-seulement à Paris, mais pas même les rivières moyennes qui la forment, telles que l'Aube, l'Yonne & l'Armançon; cela vient de ce que ces rivières n'ont dans leurs cours, depuis qu'elles sont suffisamment fortes pour porter bateau, aucun obstacle qui les empêche, toutes les fois qu'elles grossissent, d'entraîner tous les dépôts qui peuvent s'y former quand elles sont basses, peu d'herbes croissent dans leurs lits ni sur les bords, au moins à raison de la quantité d'eau, parce qu'elle y coule toujours plus vîte que dans une écluse de moulin ou dans les étangs; les bateaux montans & descendans les détruisent; il arrive de-là qu'elles nettoient & lavent leurs lits toutes les fois qu'elles deviennent médiocrement fortes & au-dessus: enfin, plus une rivière est forte, même avec des moulins, moins son eau a le goût de vase, parce qu'elle a plus de mouvement & qu'elle séjourne moins sur les dépôts.

Les eaux qui ont le goût de marais, arrivant dans un canal de rivière suffisamment propre ou sans dépôt, coulant continuellement avec une vîtesse passable, passant sans cesse, à cause de leurs mouvemens, de la surface au fond & du fond à la surface, les parties étrangères à l'eau qui lui donnent ce goût, étant plus volatiles que les parties de l'eau, sont enlevées par le contact de l'air, & n'en pouvant plus contracter, le lit de la rivière étant suffisamment propre, elle s'en trouve bien-tôt débarrassée.

I. MÉMOIRE.

Addition.

Voilà ce qui se passe naturellement dans les grandes & petites rivières : les Magistrats de la ville faisant balayer & laver une ou deux fois par an le nouveau canal, ce qui se fera très-aisément & à peu de frais, comme on a dû le voir dans le Mémoire précédent, le canal sera toujours beaucoup plus propre qu'aucun lit de rivière ne peut être, quand même on ne nettoieroit le nouveau canal que tous les deux ou trois ans ; aucune herbe aquatique ne pouvant y croître ni séjourner, le fond & les côtés étant en maçonnerie, l'eau ne pourra que perdre de son goût de marais sans rien reprendre du tout ; & les Citoyens auront l'eau la plus propre, la plus belle & la meilleure qu'on puisse desirer, puisque l'eau perd son goût de marais dès qu'elle ne coule plus sur les dépôts qui le lui donnent ; qu'elle le perd non-seulement en coulant & roulant sans cesse dans un canal propre, autant que peut l'être celui d'une rivière peu rapide comme la Seine ; mais même en repos, exposée à l'air d'une fenêtre, sans soleil & sans mouvement, comme l'ont éprouvé grand nombre de personnes.

On a encore voulu insinuer que cette eau, gardée dans des bouteilles bouchées, se trouvoit corrompue quelques mois après ; j'ignore comment ces personnes s'y sont prises & quels soins ou quelle négligence elles y ont apportés : j'en ai gardé une bouteille pleine de deux pintes, bien bouchée, pendant plus de huit mois *; je l'ai débouchée en présence de Mrs de Montigny & Macquer, mes confrères : nous l'avons goûtée, & nous lui avons trouvé son goût ordinaire, le même qu'elle avoit lorsqu'elle y fut mise, & exposée à l'air, elle l'a perdu comme le perd celle qu'on vient de puiser nouvellement, sans aucun goût de corruption.

* Depuis le commencement de Décem. 1762, jusqu'au 20 Août 1763.

J'en avois apporté, dans le même tems, une semblable bouteille à M. Collin, Trésorier de la Vénerie du Roi, qui avoit desiré de la goûter pour être sûr par lui-même du tems que le goût de marais mettoit à se dissipper ; le résultat fut comme tous les autres ; cela vu, la bouteille resta à moitié pleine & débouchée pendant les mois de Décembre, Janvier & Février, dans un arrière-cabinet où l'on ne faisoit jamais de feu & où l'on alloit rarement. Pendant ce tems, l'eau gela & dégela sans qu'on

I. MÉMOIRE.

Addition.

s'en mêlât, & au mois de Mars ſuivant, ce qui fait bien trois mois de ſéjour dans la bouteille reſtée débouchée, l'eau fut trouvée encore parfaite. M. Collin m'aſſura, & le répétera à qui voudra l'entendre, n'en avoir jamais bu de meilleure: voilà deux épreuves d'eau gardée dans des bouteilles bouchées & débouchées, ſans ſe corrompre.

Tout ce que je dis ici peut être éprouvé par tout le monde; je ne parle pas de choſes bien difficiles à faire ni de rien qui ſoit bien éloigné de Paris; des milliers de perſonnes ſont à portée d'avoir fidèlement de l'eau de l'Yvette, autant & auſſi ſouvent qu'elles voudront: cette rivière eſt ouverte à tout le monde, & j'invite les perſonnes qui prennent quelqu'intérêt au bien public, qui aiment la vérité & à ne parler que de ce qu'elles ſavent bien, & qui ſe trouveront à portée d'avoir de l'eau de l'Yvette, de faire eux-mêmes les épreuves ci-deſſus, & davantage ſi elles veulent, & de le dire à tout le monde: on eſt bien plus ferme ſur ce qu'on dit, quand on a vu par ſoi-même & à différentes fois.

On prendra, avant de partir de Paris, quelques bouteilles de verre ou de grès, qu'on fera rincer & emplir d'eau au pont de Gif; on ſe donnera ainſi la ſatisfaction de voir en combien de tems le goût de marais de cette eau ſe paſſe en l'expoſant au grand air dans des verres ou dans des jattes; je dis au grand air & non dans une chambre, & encore moins entre deux chaſſis de fenêtre, où elle pourroit, dans certaines circonſtances, prendre un goût encore plus déſagréable, comme l'y prendroit l'eau de Seine filtrée.

Si on veut que ce goût ſe paſſe encore plus vîte, qu'on imite en petit ce qui ſe fera naturellement en grand dans le trajet de Vaugien à Paris, moins violemment à la vérité, mais bien plus de fois, & plus long-tems répété. Qu'on mette de cette eau dans une bouteille bien rincée, qu'on ne l'empliſſe qu'à moitié ou environ, qu'on la batte bien en ſecouant la bouteille pendant quelques minutes, & en lui donnant de l'air de tems en tems, qu'on mette de cette eau ainſi battue dans des verres, qu'on en mette en même tems de la non battue dans d'autres verres, on appercevra le lendemain & les

Addition.

jours ſuivans plus de diminution de ce goût dans l'eau qui aura été battue que dans l'autre, & il ſera plutôt entièrement paſſé à l'eau battue qu'à la non battue ; pluſieurs perſonnes l'ont éprouvé comme moi, entr'autres M. de Pontcarré, Prévôt des Marchands, & M. de Sartine, Lieutenant-Général de Police : ces Magiſtrats avoient deſiré goûter de cette eau, parce que quelques perſonnes, peu au fait ſans doute de faire des épreuves, ou les ayant mal faites, leur avoient dit & aſſuré que ce goût ne ſe paſſoit pas, & que l'eau l'avoit dès en ſortant de terre ; ils ont trouvé le goût entièrement paſſé en quatre à cinq jours, l'eau étant expoſée ſimplement au grand air, ſans ſoleil & ſans mouvement, & plutôt paſſé à l'eau qui avoit été battue, qu'à celle qui ne l'avoit pas été : nombre d'autres perſonnes reſpectables, qu'il ſeroit trop long de citer, ont fait les mêmes épreuves, & toutes ont trouvé le goût de marais entièrement paſſé en trois, quatre ou cinq jours, ſelon les tems, & ſelon qu'on y mettoit encore un reſte d'opinion ou qu'on n'y en mettoit point.

J'ignore dans quelles vues on peut chercher à jetter des doutes ſur la qualité d'une eau qui peut faire le bonheur de Paris, que la ſeule inſpection du terrain qui la filtre annonce devoir être des meilleures, que les habitans du pays & des environs confirment telle ; il faut être bien indifférent pour ce qu'on dit, pour avancer auſſi légèrement des faits dont tout le monde peut voir le contraire.

Au reſte, il ſeroit aiſé qu'avec les meilleures intentions on ſe prévînt contre l'eau de cette rivière, ſi on ne la voyoit que ſous le pont de Lonjumeau, ou dans le biez de quelques moulins, & autres endroits ſemblables, où le fond eſt toujours couvert de ces dépôts éternels, dont j'ai parlé ci-devant, comme cela eſt dans tous les endroits où elle coule lentement, parce que plus une eau eſt claire & limpide, plus elle paroît de la couleur du fond ſur lequel elle eſt ; mais qu'on voie cette eau à la chûte des moulins & autres endroits où elle coule ſur du gravier, comme elle fait ſous les ponts de Gif, d'Orſay, de Fourcherolles, de Petit-vaux, & autres endroits ſemblables, on la trouvera en tout tems appétiſſante & belle à faire plaiſir ; il ne

I. MÉMOIRE.

Addition.

lui manque que de couler dans un canal propre pour la rendre la plus parfaite dont on puisse faire usage. Cette rivière n'est jamais trouble comme la Seine, ni à beaucoup près: la très-grande partie du terrain qui la fournit étant sablonneux, les premières pluies s'imbibent : il faut qu'il pleuve un peu fort pour que l'eau coule extérieurement dans les champs, & quand cela arrive jusqu'à troubler la rivière, ce trouble cesse presqu'aussi-tôt que la pluie, attendu qu'aucune eau ne vient de loin, aussi est-elle claire presqu'en tout tems; & une fois qu'elle sera dérivée de son lit naturel, ne pouvant entrer aucune eau pluviale dans le canal, dans les sept lieues qu'il y aura de Vaugien à Paris, à cause du contre-fossé supérieur, l'eau arrivera à Paris en été & en hiver aussi belle que celle d'une source.

Pour m'assurer plus complètement de la qualité des eaux de l'Yvette, j'en ai fait remplir, en ma présence, plusieurs bouteilles au pont de Gif, où toutes les eaux sont réunies & mêlées, je les ai ficelées & cachetées pour les faire arriver chez moi, & ensuite chez Mrs Hellot & Macquer, mes confrères, les priant de faire passer l'eau de cette rivière par toutes les épreuves que la Chymie fournit; ce qu'ils ont fait, comparativement avec l'eau de Seine bien limpide : les expériences ont donné exactement les mêmes résultats avec l'une qu'avec l'autre, au goût de marais près, que l'eau de l'Yvette a perdu d'abord dans l'ébullition, & ensuite sans ébullition, sans soleil & sans mouvement, étant simplement exposée à l'air d'une fenêtre pendant quatre à cinq jours : on peut bien conclure de-là qu'elle l'aura perdu au bout d'un jour & demi ou deux jours qu'elle emploiera à venir de Vaugien jusqu'à la porte Saint-Michel, en roulant exposée à l'air libre dans un canal de 6 à 7 lieues de long, toujours propre.

EXAMEN

I. MÉMOIRE.

Examen chymique.

EXAMEN Chymique de l'eau de la rivière d'Yvette, par Mrs HELLOT & MACQUER, *de l'Académie Royale des Sciences.*

M. DEPARCIEUX, notre confrère, nous ayant priés de soumettre de l'eau de la rivière de l'Yvette à toutes les expériences & épreuves de Chymie, nécessaires pour reconnoître & pour constater le degré de pureté des eaux, nous avons fait sur cette eau les observations & expériences suivantes, en prenant toujours pour comparaison l'eau de la rivière de Seine, prise à Paris & filtrée.

I.

L'EAU de la rivière d'Yvette, non filtrée, telle qu'elle a été puisée & mise dans une bouteille neuve & bien rincée d'abord avec la même eau, étoit claire, limpide & sans couleur, comme celle de la Seine filtrée : en la regardant attentivement en opposition avec la lumière, on y voyoit néanmoins de petits corps étrangers flottans, comme il y en a dans toutes les eaux qui coulent en plein air, lorsqu'elles n'ont point été filtrées.

II.

AYANT goûté l'eau de l'Yvette, nous avons remarqué qu'elle avoit une saveur sensible d'eau de marais : on verra par la suite des expériences, que cette saveur est accidentelle, étrangère à cette eau, qu'elle se dissipe, & qu'on peut l'en garantir.

III.

NOUS avons empli d'eau de Seine une fiole, qui contient juste une once d'eau distillée, & nous l'avons pesée très-exactemen.

I. MÉMOIRE.

Examen chymique.

L'eau de l'Yvette a été pesée avec la même exactitude dans cette fiole, & ces deux eaux, comparées à l'eau distillée, nous ont paru avoir l'une & l'autre la même pesanteur spécifique; s'il y avoit de la différence, elle sembloit être plutôt à l'avantage de l'eau de l'Yvette, qui paroissoit un peu plus légère.

I V.

VINGT gouttes de dissolution d'argent fin par l'esprit de nitre, versées dans un grand verre d'eau de l'Yvette, l'ont rendue blanche & laiteuse, il s'est formé ensuite un dépôt ou précipité blanc-grenu. L'expérience correspondante faite sur l'eau de la Seine, a occasionné le même dépôt & en même quantité, sur quoi il faut observer que la dissolution d'argent par l'esprit de nitre, forme le même précipité dans toutes les eaux qui contiennent de la sélénite ou quelqu'autre sel vitriolique, par le transport de l'acide vitriolique sur l'argent, & qu'il n'y a presque que l'eau de pluie ou de neige, ou l'eau distillée, qui ne contiennent point quelques parties de semblables matières séléniteuses: au reste, ce précipité étoit parfaitement blanc, ce qui prouve que l'eau de l'Yvette ne contient aucuns principes sulfureux ou inflammables, sans quoi le précipité de la présente expérience auroit été gris-brun ou noirâtre.

V.

VINGT gouttes de dissolution de mercure par l'esprit de nitre, versées dans un grand verre de l'eau de l'Yvette, l'ont troublée & y ont formé un dépôt ou précipité jaune, couleur de citron: ce dépôt est un turbith minéral, formé par le transport de l'acide vitriolique de la sélénite de cette eau sur le mercure.

L'expérience correspondante, faite sur l'eau de la Seine, y a occasionné le même dépôt & en même quantité: il faut faire sur la présente expérience les mêmes observations que sur la précédente.

V I.

NOUS avons versé quarante gouttes de dissolution d'alkali

I. MÉMOIRE.

Examen chymique.

fixe, bien filtrée, dans un verre de l'eau de l'Yvette : cette eau s'eſt troublée, & en vingt-quatre heures il s'y eſt dépoſé un précipité blanc terreux.

La même expérience, faite ſur l'eau de la Seine, a préſenté un réſultat ſemblable : ce dépôt eſt la partie terreuſe de la ſélénite que contiennent l'une & l'autre de ces eaux, mais en fort petite quantité.

V I I.

L'ALKALI volatil du ſel ammoniac, appliqué à l'eau de l'Yvette & à l'eau de la Seine, a produit dans l'une & dans l'autre un léger dépôt blanc terreux : ces deux dépôts paroiſſoient en même quantité, & il ne s'eſt développé dans cette épreuve aucune couleur bleue ; ce qui prouve que ces eaux ne contiennent point de parties cuivreuſes.

V I I I.

L'EAU de chaux première ou forte, n'a rien fait de ſenſible dans l'eau de l'Yvette, non plus que dans l'eau de la Seine.

I X.

VINGT gouttes de diſſolution de ſublimé corroſif n'ont occaſionné aucun changement ſenſible dans l'eau de l'Yvette, non plus que dans l'eau de la Seine ; ce qui prouve que ces eaux ne contiennent point de matières alkalines libres, du moins en quantité ſenſible.

X.

NOUS avons mêlé environ une once de l'eau de l'Yvette dans quatre onces d'eſprit-de-vin très-rectifié, & il n'a paru dans l'eſpace de vingt-quatre heures, aucun dépôt ni criſtalliſation; d'où l'on peut conclure que cette eau ne contient aucun des ſels dont l'eſprit-de-vin peut procurer la criſtalliſation, & que la ſélénite que cette eau contient, ainſi que celle de la Seine, eſt en trop petite quantité pour devenir ſenſible dans cette expérience.

I. MÉMOIRE.

Examen chymique.

X I.

DEUX tranches minces de noix-de-galle épineuses, posées sur la surface d'un verre de cette eau, ne s'y sont précipitées qu'aubout de trente heures, & pendant ce tems l'eau n'a pris aucune teinte rouge, bleue ou noire ; donc elle ne donne nul indice de fer.

X I I.

LA lessive d'alkali, saturée de la matière colorante ou inflammable du bleu de Prusse, mêlée dans cette eau, n'y a occasionné dans l'espace de trois jours aucune sorte de précipité, tout est demeuré parfaitement clair & limpide: donc cette eau ne contient aucune espèce de sel métallique ; car cette liqueur, qui ne peut décomposer aucun sel à base terreuse, décompose tous les sels à base métallique, & rend sensible leur partie métallique en la faisant précipiter.

X I I I.

L'EAU de l'Yvette, mêlée avec le syrop violat & avec la teinture de Tournesol, n'a occasionné aucun changement à leurs couleurs : donc elle ne contient point d'acides ni d'alkalis libres.

X I V.

LES acides vitrioliques, nitreux & marin, n'ont produit aucun changement dans cette eau, non plus que dans celle de la Seine.

X V.

L'EAU de l'Yvette a dissout exactement, sans former aucun dépôt, ni crême, ni caillé, du savon blanc de Marseille, raclé très-mince, comme le fait l'eau de la Seine.

X V I.

QUATRE livres de cette eau, évaporées jusqu'à siccité dans une bassine d'argent, n'ont laissé qu'un résidu terreux ou plutôt féléniteux, trop petit pour pouvoir être recueilli & pesé.

Examen chymique.

L'expérience correfpondante fur l'eau de la Seine a préfenté un réfidu femblable & en même quantité, autant qu'on en peut juger par eftimation.

XVII.

On a expofé l'eau de l'Yvette à l'air libre, diftribuée dans plufieurs verres, pendant huit jours, & on en a goûté de deux en deux jours; fa faveur d'eau de marais a diminué infenfiblement, & enfin s'eft entièrement perdue.

On a fait bouillir un inftant de cette eau dans un vaiffeau d'argent découvert, & après qu'elle a été refroidie, on l'a trouvée fans aucune faveur étrangère, & entièrement femblable à cet égard à l'eau de la Seine, bien pure & bien propre.

On a expofé de cette même eau à la gelée fur une fenêtre au Nord, dans un vafe de porcelaine découvert; elle a été gelée de l'épaiffeur d'un pouce dans fa partie fupérieure: le lendemain au matin la portion de l'eau qui n'étoit point gelée n'avoit plus abfolument aucune faveur: il en a été de même de la portion gelée, après qu'elle a été dégelée lentement.

CONCLUSION.

Il réfulte de toutes les expériences dont on vient de faire le détail, que l'eau de la rivière d'Yvette ne contient aucunes fubftances fulfureufes ou inflammables, aucun acide ni alkali libres, aucunes parties ferrugineufes, cuivreufes, ni métalliques, de quelque efpèce qu'elles foient.

Que cette même eau ne contient aucune autre matière qu'un peu de félénite, en quantité fort petite, & pareille à celle que contiennent l'eau de la Seine & les eaux de prefque toutes les autres rivières & fources potables, & qu'on emploie par-tout à tous les ufages de la vie.

Que la faveur d'eau de marais, que nous avons obfervée dans l'eau de l'Yvette, nouvellement puifée & enfermée tout de fuite dans des bouteilles, eft accidentelle, étrangère à cette eau, & qu'elle ne lui eft nullement inhérente, puifque cette

I. MÉMOIRE.

Examen chymique.

ſaveur ſe diſſipe entièrement par la chaleur, par le froid, par la ſimple expoſition à l'air : que cette ſaveur, qu'on obſerve dans l'eau de toutes les petites rivières bordées d'arbres & ſur leſquelles il y a des bâtardeaux pour des moulins, ne peut être attribuée qu'à la ſtagnation de l'eau dans ces bâtardeaux ſur des vaſes, & ſingulièrement aux feuilles des arbres qui tombent dans ces rivières, & aux herbes marécageuſes qui peuvent y croître ; que par conſéquent il eſt facile, en détruiſant ces cauſes, d'empêcher que l'eau de la rivière d'Yvette ne contracte une pareille ſaveur. Qu'enfin, en prenant les précautions que M. Deparcieux propoſe dans ſon Mémoire, pour faire couler & pour conſerver cette eau dans le degré de pureté qu'elle a naturellement, elle doit être miſe dans la claſſe des eaux courantes de rivière, très-ſaines & très-bonnes à boire.

A Paris, ce 31 Décembre 1762, Signé, HELLOT & MACQUER.

PROJET
D'AMENER A PARIS
LA RIVIÈRE D'YVETTE.

DEUXIÉME MÉMOIRE.

II. MÉMOIRE. 12 Nov. 1766.

J'AVOIS espéré, au moyen de tout ce que j'ai dit dans l'*Addition* à mon premier Mémoire, que tous ceux qui avoient pu prendre quelqu'inquiétude sur le goût de marais de l'eau de l'Yvette, reviendroient de ces impressions, que je croyois venir de personnes qui, n'ayant peut-être jamais goûté l'eau d'aucune autre petite rivière, n'ayant certainement fait aucune des épreuves dont j'ai parlé, ou les ayant mal-faites, n'ayant jamais réfléchi sur la cause qui donne ce goût à l'eau, ne soupçonnant pas que celles qui forment la Seine aient pu l'avoir, s'étoient fortement prévenues contre l'eau de l'Yvette, & étoient parties de cette opinion pour dire & soutenir qu'elle ne peut jamais être bonne à boire.

La cause du goût de marais qu'a l'eau de l'Yvette, comme l'ont les eaux de toutes les autres petites rivières & ruisseaux, a

II. MÉMOIRE.

été détaillée, j'ose le croire, d'une manière à devoir satisfaire toutes les personnes instruites : il suffit de lire la conclusion de l'examen chymique que Mrs Hellot & Macquer ont fait de cette eau : ces deux savans Chymistes disent avoir trouvé à l'eau de l'Yvette la saveur de marais qu'elle a, comme l'ont celles de toutes les autres petites rivières, mais qu'elle n'est *nullement inhérente à l'eau, qu'elle lui est étrangère & accidentelle, qu'elle est commune aux eaux de toutes les petites rivières, qu'elle se dissipe par la simple exposition à l'air, & enfin que l'eau de l'Yvette doit être mise dans la classe des eaux courantes de rivière, très-saines & très-bonnes à boire:* ce sont leurs propres expressions.

Les Lecteurs qui ne se sont pas rendus ont-ils donc eu des expériences bien faites, contraires à celles de ces deux Savans? Il ne falloit pas se contenter de le dire & de le répéter sans cesse dans des Sociétés particulières & sous la cheminée : si on avoit des épreuves claires & convaincantes, le bien public demandoit qu'on écrivît & qu'on expliquât les procédés qu'on avoit suivis, par lesquels on s'étoit assuré que cette eau ne perdoit pas son goût de marais ; & de plus, l'Yvette étant formée d'un nombre considérable de moyennnes & petites sources, il falloit avoir la complaisance d'indiquer celles qui ont le goût de marais en sortant de la terre, ou tout au moins en indiquer une, & avec cela se faire connoître, afin de mettre toute l'authenticité possible & le degré de confiance que doivent inspirer les lumières des Observateurs. Il y a autant de gloire à détromper les gens qui sont dans l'erreur, qu'à imaginer des choses nouvelles : il s'agit ici du bien public, & on lui devoit cela ; cependant on ne l'a point fait, & on va toujours répétant la même chose. Il a même paru une Lettre anonyme contre moi ; les honnêtes-gens en ont fait le cas que méritent ces sortes d'écrits, & je déclare que je ne me mettrai pas en peine d'y répondre, ni d'en connoître les Auteurs : j'en serai toujours assez bien vengé, si tout ce que j'ai employé de recherches & de veilles, pour montrer ce projet tel que je le vois, est suivi d'un heureux succès, & si les vrais Citoyens sont persuadés que mon plus grand desir est de leur être utile.

Quelques-uns,

II. MÉMOIRE.

Quelques-uns, guidés par d'autres vues, craignant que le projet de l'Yvette ne nuisît à l'acceptation d'un autre qu'ils proposoient, ont cru devoir déprimer, seulement par des mots, sans aucune preuve, la bonne qualité de l'eau de cette rivière : cet autre projet est l'ouvrage d'une Compagnie qui ne s'est pas encore fait connoître, mais qui a donné aux Magistrats, dans les premiers mois de cette année, un Mémoire manuscrit, dont copie me fut envoyée dans le tems, sans savoir par qui, & que j'ai revu depuis en d'autres mains, par lequel elle proposoit d'établir des pompes à feu à la Garre ou à la pointe de l'île Saint-Louis, pour fournir chaque jour à chaque propriétaire de maison, ou à leurs locataires, & à prendre à la plus prochaine fontaine, trois pieds cubes d'eau, par toise de longueur de bâtiment, moyennant quinze livres de taxe annuelle, perpétuelle & privilégiée, par toise courante de mur, donnant sur la voie publique, en maisons, en cours ou en jardins.

La Compagnie avouoit, d'après un simple apperçu, que sa recette annuelle auroit été de près de deux millions sans compter les accessoires qu'elle demandoit, lesquels l'auroient portée au moins à trois millions, & elle vouloit qu'on lui accordât six ans, à compter du jour que cette imposition seroit faite, pour mettre le projet en état de servir le public.

On peut voir d'après cela, sachant d'ailleurs que la ville a toujours vendu son eau 200 liv. la ligne : que cette Compagnie vouloit que son eau, fournie ou non-fournie, lui fût payée le double de l'intérêt de ce que la Ville a vendu la sienne, les intérêts comptés au denier vingt.

Cette Compagnie s'étayoit de l'usage qu'on fait à Londres des pompes à feu, dont j'admire l'invention, comme le fera tout Méchanicien : on peut répondre, que si la nouvelle rivière, qui n'abreuve qu'une partie de Londres, avoit pu arriver pour cette ville à la même hauteur que l'Yvette peut arriver pour Paris, il n'y auroit jamais eu de pompes à feu pour élever de l'eau de la Tamise.

Ceux qui ont présent à l'esprit ce que j'ai dit dans mon premier Mémoire, sur la dépense nécessaire pour amener l'Yvette au milieu de la rue Sainte-Hyacinthe, doivent voir qu'il

II. MÉMOIRE.

ne faudroit que trois ou quatre années au plus de ce revenu, pour mettre le projet que je propose dans l'état le plus parfait, & ce seroit une chose faite pour toujours; il fourniroit au moins 1000 pouces d'eau constamment, & 2000 si on vouloit, au lieu de 600 pouces, à quoi la Compagnie estimoit les besoins de la seule partie de Paris, qu'elle s'engageoit de fournir, dans laquelle n'étoit pas compris tout ce qui est au-delà du grand égoût, depuis la rue de la Raquette jusques au Roule, négligeant, à moins d'un autre marché, d'en donner à toute cette vaste étendue, quoique considérable & la plus éloignée de la rivière.

Je n'en dirai pas ici davantage sur le Mémoire de cette Compagnie, & sur le projet des pompes à feu; je le réfuterai dans la suite plus directement & d'une manière plus étendue.

Dans la crainte que l'opinion que l'on vouloit répandre contre la bonne qualité de l'eau de l'Yvette, tant par ce Mémoire, que par la lettre anonyme, précédemment imprimée & envoyée chez les personnes en place ou connues, ne fût regardée dans la suite comme vraie, si quelqu'autorité, digne de toute la confiance publique, ne mettoit sur la salubrité de cette eau le sceau de l'authenticité, & à une assertion contraire un frein respectable; plein de confiance pour ce que Mrs Hellot & Macquer avoient dit de cette eau, & n'ayant en vue que le seul avantage de mes Concitoyens, j'ai cru qu'il étoit de mon devoir, comme auteur du projet de l'Yvette, de faire constater de la manière la plus solemnelle la qualité de cette eau, afin que dans le cas où l'examen ne seroit pas favorable à l'eau de cette rivière, il ne fût plus question du projet, & qu'on pût au contraire en entreprendre l'exécution en toute sûreté lorsqu'on se trouveroit en état de le faire.

Je voyois bien qu'il n'y avoit qu'une commission expresse & authentique de la Faculté de Médecine, qui pût complètement lever les doutes des personnes qui veulent de bonne-foi être éclairées, & ruiner les allégations de ceux dont ce projet contrarie les vues; mais je n'osois me flatter que cette célèbre Compagnie voulût bien, à ma simple réquisition, convoquer une aſſemblée & nommer des Commiſſaires : conſidérant néanmoins qu'elle s'occupe avec zèle de tout ce qui intéreſſe les Citoyens, & que mon objet y avoit trait eſſentiellement, je pris plus de confiance en ma cauſe, & je lui adreſſai une lettre dont voici l'extrait. II. MÉMOIRE.

« DONNER occaſion à votre célèbre Compagnie d'être » utile à la Société, c'eſt l'obliger ; ainſi je n'héſite point à lui » faire une demande qui eſt très-complètement dans ce cas. 26 Avril 1766.

» Vous connoiſſez, Meſſieurs, le Mémoire que j'ai donné » aux Magiſtrats & au Public, par lequel je fais voir que » l'eau de la rivière d'Yvette, priſe à Vaugien, qui n'eſt qu'à » ſept lieues de Paris, peut aiſément arriver à l'endroit le plus » commode pour la diſtribuer dans tous les quartiers de cette » grande ville.

» Par l'inſpection du terrain qui fournit l'eau de l'Yvette, » par les queſtions que je fis aux Habitans de la vallée, & par » le peu de moyens que peut connoître quelqu'un qui n'eſt pas » Chymiſte, pour juger de la bonne ou mauvaiſe qualité des » eaux, je crus voir clairement qu'il étoit à ſouhaiter, tant par » la qualité de l'eau de cette rivière, que par ſon abondance, » qu'elle fût amenée à Paris, pour décupler d'une manière » durable & conſtante le peu d'eau que cette Capitale a dans » ſes fontaines.

» Ce projet étant, pour les Citoyens, un des plus intéreſ- » ſans que la Ville de Paris puiſſe faire exécuter, je devois » faire mettre à la qualité de cette eau plus d'authenticité que » je n'étois capable d'en donner ; pour cela, j'en apportai une » quantité ſuffiſante à Mrs Hellot & Macquer, les priant de » l'examiner ſuivant toutes les règles de la Chymie ; ce qu'ils » firent, & leur examen a été rapporté tout au long dans mon » Mémoire.

» Le goût de marais qu'a l'eau de l'Yvette, comme l'ont les » eaux de toutes les moyennes & petites rivières qui font aller » des moulins, & qu'il eſt impoſſible qu'elles n'aient pas ; » goût accidentel qui ſe diſſipe facilement, & dont on connoît

II MÉMOIRE.

» les caufes ; ce goût a fait craindre à quelques perfonnes que » cette eau ne valût pas autant la peine d'être amenée à Paris, » que j'ai cru devoir l'infinuer.

» Je ne blâme point abfolument ces doutes, quoiqu'on dût » avoir un peu plus de confiance aux lumières des deux » Savans, qui ont bien voulu prendre la peine d'examiner cette » eau avec tout le foin poffible. Mais un objet de cette impor- » tance ne peut être trop examiné & confirmé pour ce qu'il eft.

» Je viens donc, Meffieurs, vous fupplier, quoique ces doutes » ne foient dans l'efprit que de peu de perfonnes, de vouloir » bien nommer le nombre de Commiffaires que vous jugerez » néceffaire pour examiner de nouveau cette eau, afin que ce » foit une chofe conftatée à jamais, & qu'on fache à l'avenir, » fi le projet n'eft pas exécuté de mes jours, fur quoi compter à » ce fujet, pour ou contre.

» Je dis *pour ou contre*, afin de fatisfaire les perfonnes qui » peuvent douter de la validité des épreuves Chymiques ; car » je ne fais aucun doute qu'on ne trouve par ce fecond examen » les mêmes réfultats, ou à très-peu près, que par le premier.

» Je demande encore plus, Meffieurs, c'eft que quelques- » uns des Commiffaires veuillent bien prendre la peine de venir » avec moi emplir les bouteilles au pont de Gif, où toutes les » eaux que je propofe d'amener à Paris font réunies, & cacheter » ces bouteilles eux-mêmes : je me charge de tous les frais & » de tous les foins qu'il faudra pour les faire porter, & les faire » entrer fans qu'on les ouvre.

» La démarche que je fais, & dont j'aurois pu laiffer le foin » à d'autres, & au tems où l'on pourra fe trouver en état d'en- » treprendre l'exécution de ce projet, pourroit faire croire que » je forme fur cet objet quelque projet de fortune pour moi » ou pour les miens, & que je veux former quelque Compagnie » à l'imitation de ce qu'on a fait à Londres pour une pareille » entreprife.

» Je déclare, avec la plus exacte vérité, que ce ne font au- » cunement mes vues, & que s'il étoit poffible que ce projet » fût exécuté par une Compagnie, ce que je ne crois pas

II. MÉMOIRE.

» convenable (10), satisfait de l'espérance de pouvoir être un » jour utile à un Monde entier, & de pouvoir en ce point » contribuer à remplir les vues de la savante Compagnie, qui » m'a fait l'honneur de m'admettre au nombre de ses Membres, » je ne demande, à celle qui voudroit entreprendre l'exécution » de ce projet, ni gratification, ni part dans l'entreprise, ni » remboursement de mes dépenses, & lui promets néanmoins » tous mes soins pour le tracé de la route, & pour l'établis- » sement ou distribution des pentes.

» Tout ce que je demande ne tend donc, Messieurs, qu'à » constater, de la manière la plus authentique, la bonne » qualité de l'eau de l'Yvette, afin qu'on puisse un jour entre- » prendre le projet en toute sûreté, & qu'on ne croie point, » s'il ne l'a pas été jusques-là, que c'est par raison de mauvaise » qualité de l'eau. Votre célèbre & savante Faculté peut seule » y mettre le dernier sceau. Je le lui demande avec la confiance » qu'inspire une bonne cause, & je l'attends de son zèle & de » son amour pour le bien public ».

Ma demande fut reçue aussi favorablement que je pouvois le desirer, & la Faculté nomma neuf Commissaires pour faire l'examen en question. Il n'y en a que cinq qui aient signé le

(10) Je dis que Paris ne doit point être fourni d'eau par une Compagnie, parce qu'elle n'a aucun intérêt à en donner plus qu'elle en promet, & il est à propos d'en avoir le plus qu'il est possible, pour qu'il en coule jour & nuit dans les rues, & pour en fournir au peuple & à ceux, qui certains jours n'en auroient pas assez d'une part mesurée, quoiqu'en ayant trop dans d'autres, un très-grand nombre de maisons étant dans l'impossibilité d'avoir des réservoirs; il faut que l'eau coule continuellement & abondamment, afin que les Porteurs-d'eau ne perdent pas leur tems à attendre leur tour, & ne soient point forcés de s'attrouper aux fontaines, comme ils font actuellement. Enfin, il est nécessaire que la Ville puisse, toutes les fois qu'elle le voudra, établir dans les quartiers éloignés de la rivière, & sans être obligée de faire de nouveaux marchés avec la Compagnie, des lavoirs & abreuvoirs publics, qui laveroient les rues lorsqu'on les lâcheroit; car quelle incommodité & quelle perte de tems, que d'aller de toutes les extrémités de Paris porter le linge, & mener boire & laver les chevaux à la rivière!

II. MÉMOIRE.

rapport; ſavoir, Mrs Majault, Poiſſonnier, la Rivière le jeune, Roux & Darcet, parce qu'eux ſeuls ont pu ſe trouver exactement à toutes les aſſemblées : les quatre autres étoient Mrs Belleteſte, Baron, Guétard, Hériſſant.

Peu de tems après la commiſſion nommée, nous avons fait deux voyages à la vallée de l'Yvette, tant pour voir & prendre de l'eau de cette rivière, en des tems différens, que pour mieux connoître ſon lit & le terrain des environs. On a parcouru la rivière à pied depuis Gif juſqu'au-deſſus de Chevreuſe; ayant à la main de quoi faire toutes les épreuves qui pouvoient être faites ſur les lieux. Aucune fatigue n'a rebuté ces Meſſieurs, dont pluſieurs ont été des deux voyages. On dira peut-être qu'il étoit peu néceſſaire d'aller viſiter l'Yvette au-deſſus de Gif; car, ſi les eaux, priſes & éprouvées là où elles ſont toutes réunies, ſont belles & ſalubres, & n'ont contr'elles que le goût de marais ordinaire & accidentel à toutes les eaux de moyennes & petites rivières, qu'importe-t-il qu'elles ſoient à Chevreuſe, à Dampierre & ailleurs, auſſi mal-propres & auſſi puantes, ſi l'on veut, que le ſont celles de la rivière des Gobelins? Mrs les Commiſſaires avoient fait eux-mêmes ce raiſonnement, avant de faire leur premier voyage; mais ils convinrent unanimement que cette précaution, quoiqu'inutile dans le fond, les mettroit à couvert du reproche qu'on auroit pu leur faire de ne l'avoir pas priſe, les uns la croyant néceſſaire, les autres voulant la donner pour telle.

Je ne demandois que l'examen des eaux de l'Yvette. Mrs les Commiſſaires ont voulu faire un travail plus complet pour mettre le Public en état de comparer ces eaux avec celles qui ſont connues & réputées bonnes pour l'uſage ordinaire de la vie, telles que les eaux de la Seine, d'Arcueil, de Ville-d'Avray, de Sainte-Reine & de Briſtol, auxquelles ils ont fait ſubir toutes les mêmes épreuves qu'à celles de l'Yvette, juſques & compris la diſtillation ou évaporation en grand, faite au bain-marie, dans des alambics de verre, couverts de leurs chapiteaux; ce qui fait le travail le plus intéreſſant & le mieux rempli qu'il y ait encore eu en ce genre. Or, toutes ces épreuves ont été faites dans deux Laboratoires différens, pour ſe contrôler l'un l'autre : chez M. Majault & chez M. Roux. Il a fallu tenir des fourneaux allumés dans chacun pendant deux mois entiers, & il y avoit des personnes attentives à mettre de l'eau toute la journée. Les résultats ont été les mêmes, à très-peu de chose près.

Je dois dire que les eaux de Ville-d'Avray, de Sainte-Reine & de Bristol, n'auroient peut-être pas été éprouvées aussi en grand, qu'elles l'ont été, sans le secours de quelques personnes, du nombre de celles qui trouvent de la satisfaction à contribuer au bien général : la reconnoissance veut que je place ici leurs noms, & ce ne sera pas un petit ornement à mon Ouvrage.

M. Bouret, dont le cœur noble & généreux, ne connoît pas de plus grand plaisir que celui d'obliger un ami, a bien voulu m'envoyer tout ce qu'il a fallu d'eau de Bristol, une grande quantité d'eau de Sainte-Reine ; & M. de Bourgade a envoyé nombre de bouteilles de cette dernière eau à M. Majault.

M. Habert a pris la peine d'aller lui-même à Ville-d'Avray faire emplir en sa présence, à la fontaine du Roi, la quantité de bouteilles qu'on voulut de cette eau, les cacheter & les envoyer.

Toutes les fois que Mrs les Commissaires s'assembloient pour faire quelques épreuves, ou pour voir & examiner les résultats de quelqu'eau mise en expérience, après avoir vu & expliqué la cause & les conséquences, on en écrivoit le procès-verbal. Il y a eu treize procès-verbaux, signés par les Commissaires assidus, sans compter les assemblées où l'on n'a rien écrit. On ne peut citer une commission, dans ce genre, remplie avec plus de précaution & d'exactitude. Rien n'a rebuté Mrs les Commissaires, ni tems, ni dépenses, ni peines, ni soins répétés ; aussi la Faculté, toujours attentive & sensible à ce qui peut contribuer au bien des Citoyens & de l'humanité, a été si satisfaite de leur travail & de leur zèle, qu'elle a cru devoir le leur témoigner par une distinction qui n'avoit pas encore eu d'exemple pour aucune commission de cette Compagnie : elle

II. MÉMOIRE. a donné une bourſe de cent de ſes jettons à M. Majault, autant à M. Roux, & une bourſe de quarante de ſes jettons à chacun des trois autres ; préſent le plus flatteur qu'ils puſſent recevoir, puiſqu'il venoit du Corps qui pouvoit le mieux apprécier le mérite de leurs travaux.

Avant de préſenter à mes Lecteurs le compte rendu par Mrs les Commiſſaires à la Faculté de Médecine, il eſt convenable, même néceſſaire, de faire connoître les preuves que j'ai tirées de l'hydroſtatique en faveur de la bonne qualité de l'eau de l'Yvette, leſquelles ſont appuyées ſur les différences de péſanteurs ſpécifiques de toutes les eaux qu'on vouloit analyſer.

J'ai cru que l'aréomètre ordinaire, s'il étoit tel que ſa fiole, qui fait l'effet d'un bateau, fût très-grande & le tube très-petit, étoit le meilleur inſtrument pour trouver ces différences.

J'ai pour cela fait faire une fiole cylindrique en fer-blanc, de 2 pouces de diamètre & de 10 à 11 pouces de long, afin que chargée ou leſtée elle ſe tînt verticalement, réſervant dans le bas une ouverture, qu'on pouvoit ouvrir & fermer avec une vis, ſous la tête de laquelle étoit un cuir ; par-là il étoit aiſé de charger l'inſtrument de petit plomb, juſqu'à ce qu'il fût au point deſiré.

Au lieu d'un tube de verre, j'ai employé un fil de laiton de 26 pouces de long, dont le bout ſupérieur marquoit, le long d'une échelle fixée au vaiſſeau dans lequel on mettoit les eaux, les degrés d'enfoncemens de l'aréomètre : ce vaiſſeau étoit un cylindre de fer-blanc de 3 pieds de long & de 3 pouces de diamètre : l'échelle étoit une règle de bois, diviſée en pouces & en lignes, ayant ſon commencement ou zéro à la ſurface de l'eau ou au bord du vaiſſeau.

La groſſeur du fil de laiton étoit telle, qu'ayant leſté la fiole de ce qu'elle devoit être, & l'ayant plongée dans l'eau de puits, gardée dans une chambre, le fil de laiton entroit de 15 lignes dans l'eau ; & l'ayant plongée dans l'eau de Seine, gardée à la même température, il deſcendoit de 19 pouces 7 lignes plus bas.

On n'avoit encore vu aucun aréomètre qui donnât 2 ou 3 lignes de différence entre l'eau de puits & celle de Seine : celui-ci ci-donnoit, comme on le voit, plus de 19 pouces ou plus de 228 lignes : or, 228 eſt à 3, comme 76 eſt à 1.

Le même aréomètre ayant été plongé dans les différentes eaux nommées ci-deſſus, le bout du fil de laiton a été trouvé vis-à-vis les diviſions ſuivantes de l'échelle ; le tout fait & répété en préſence de Mrs les Commiſſaires, & par eux-mêmes.

	pouc.	lig.
Dans l'eau de puits	24.	9.
Dans l'eau de Briſtol	8.	2.
Dans l'eau de Ville-d'Avray	7.	6.
Dans l'eau de Sainte-Reine	6.	1.
Dans l'eau d'Arcueil	5.	10.
Dans l'eau de l'Yvette	5.	3.
Dans l'eau de Seine	5.	2.

Si on eût fixé au vaiſſeau une autre échelle, ſemblablement diviſée en pouces & en lignes, mais cotée en deſcendant, & telle que zéro, eût convenu avec le bout du fil de laiton, l'aréomètre étant plongé dans l'eau de puits, il eſt clair qu'en le plongeant enſuite dans les autres eaux, les nombres de pouces & lignes marqués ſur cette autre échelle, auroient été directement les enfoncemens de l'aréomètre, & on auroit trouvé comme il ſuit :

	pouc.	lig.
Dans l'eau de puits	0.	0.
Dans l'eau de Briſtol	16.	7.
Dans l'eau de Ville-d'Avray	17.	3.
Dans l'eau de Sainte-Reine	18.	8.
Dans l'eau d'Arcueil	18.	11.
Dans l'eau de l'Yvette	19.	6.
Dans l'eau de Seine	19.	7.

Les nombres de cette dernière table ne ſont autre choſe que les excès de 24 pouces 9 lignes ſur tous les nombres de la table précédente. La raiſon eſt, que zéro dans la deuxième échelle eût répondu à 24 pouces 9 lignes dans la première échelle, & que celle-ci étoit cotée en montant, tandis que celle-là auroit été cotée en deſcendant.

L'ordre qui règne entre les enfoncemens de l'aréomètre

II. MÉMOIRE.

prouve, d'une manière certaine, l'ordre des pesanteurs spécifiques des différentes eaux dans lesquelles il a été plongé ; ainsi, l'eau de l'Yvette pèse moins que l'eau d'Arcueil, & un peu plus que l'eau de Seine ; & l'eau de Bristol, qui passe pour très-légère, est ici la plus pesante après l'eau de puits.

Mon aréomètre occupoit la place d'un volume d'eau de 26 onces 1 gros, ou de 15048 grains ; 36 grains ajoutés au haut du fil de laiton le faisoient descendre dans l'eau de puits de 18 pouces 6 lignes ; c'est-à-dire, de 6 lignes $\frac{1}{6}$ par grain, ou par-là quinze mille quarante-huitième parties du volume d'eau déplacé.

Tout le monde doit sentir qu'avec un semblable aréomètre, les moindres différences de pesanteur spécifique étoient aisées à appercevoir, sans aucune équivoque ; mais je ne peux nier, malgré ce précieux avantage, qu'il ne soit sujet à bien des inconvéniens.

Il peut se trouver quelque défaut dans le fer-blanc ou dans la soudure ; l'eau, dans ce cas, entreroit insensiblement sans qu'on s'en apperçût & toutes les épreuves seroient mal-faites.

La rouille change bien-tôt le poids de l'aréomètre ; ce poids peut encore varier par le plus de desséchement ou d'imbibition du cuir qui est sous la tête de la vis : ainsi on ne peut compter que sur les expériences faites de suite, & peu de tems après avoir tout ajusté.

Pour éviter ces inconvéniens, M. Majault a fait exécuter le même aréomètre avec une fiole de verre, faite exprès, arrondie par le bas, longue & étroite, qu'il bouche avec un bouchon de liège verni, au milieu duquel est fixé un fil d'argent ; par-là on a l'avantage de voir si l'eau entre, & rien ne peut altérer le poids de l'instrument.

L'aréomètre de verre ayant été plongé dans les différentes eaux à examiner, voici ce qu'on a trouvé :

	pouc.	lig.
Dans l'eau de puits.	17.	10.
Dans l'eau de Bristol.	12.	3.
Dans l'eau de Ville-d'Avray.	11.	$7\frac{1}{2}$.

	pouc.	lig.
Dans l'eau de Sainte-Reine	10.	9.
Dans l'eau d'Arcueil	10.	4.
Dans l'eau de l'Yvette	10.	2.
Dans l'eau de Seine	9.	8.

Toutes ces expériences ont été faites quatre fois, avec la plus rigoureuſe exactitude, & quatre fois on a trouvé ſenſiblement la même choſe.

Si on veut déterminer directement les enfoncemens de l'aréomètre de verre, il faut prendre les excès de 17 pouces 10 lignes ſur tous les réſultats précédens : faiſant donc les calculs, on trouvera :

	pouc.	lig.
Dans l'eau de puits	0.	0.
Dans l'eau de Briſtol	5.	7.
Dans l'eau de Ville-d'Avray	6.	2½.
Dans l'eau de Sainte-Reine	7.	1.
Dans l'eau d'Arcueil	7.	6.
Dans l'eau de l'Yvette	7.	8.
Dans l'eau de Seine	8.	2.

Je prie mes Lecteurs de bien remarquer que l'ordre des enfoncemens eſt le même, & pour l'aréomètre de verre & pour l'aréomètre de fer-blanc, & de ne point oublier que l'eau de l'Yvette eſt toujours à côté de l'eau de Seine.

On voit donc que pour avoir un excellent aréomètre, il faut conſtruire la fiole un peu grande & en verre, employer, au lieu de tube, un fil de laiton ou d'argent, & enfin ſéparer l'échelle de la fiole. Le fil de laiton ou d'argent doit être de groſſeur convenable à la fiole, & à la marche qu'on veut qu'elle ait de l'eau la plus peſante à l'eau la plus légère : cette marche ſera d'autant plus grande que le fil de laiton ou d'argent ſera plus menu ; mais il faut qu'il ſe ſoutienne bien verticalement, & on doit faire enſorte qu'on ait dans une longueur commode l'eau de puits au plus haut, & celle de rivière au plus bas.

II. MÉMOIRE.

J'ose croire que plusieurs personnes voudront se procurer un aréomètre, soit pour vérifier ce qui est dit ici sur les différences de pesanteurs spécifiques des eaux en question, soit pour comparer les eaux des sources & des rivières d'un même canton : ainsi, je ferai un vrai plaisir à ceux qui aiment à voir par eux-mêmes, de leur expliquer ce que l'expérience m'a appris sur la construction & l'usage de cet instrument.

Faites faire une fiole de verre mince, de 7 à 8 pouces de long, & d'environ 2 pouces ½ de diamètre, ayant le goulot un peu fort, & le bas rond en dehors, au lieu d'être enfoncé en dedans, afin qu'en la plongeant dans l'eau il ne s'y enferme point d'air par-dessous.

Si vous voulez avoir une fiole moins coûteuse, prenez une de ces bouteilles à liqueurs, qu'on nomme *rouleaux*, ou autre à peu près semblable; la plus grande est la meilleure: mettez une grosse balle de plomb dans l'enfoncement qui est en-dessous, & plusieurs petites balles autour de la grande : enveloppez le rouleau avec du papier pour former un godet, montant un peu plus haut que les balles : coulez-y de la cire fondue pour lier ces balles entr'elles & avec la fiole : quand cette cire sera figée & un peu refroidie, coupez-là en forme de segment de sphère, & vous aurez un bon bateau d'aréomètre. On doit bien sentir que ce bateau ne sera pas aussi solide que celui qu'on feroit venir de la verrerie.

Ayez deux vaisseaux de fer-blanc, pour mettre de l'eau de puits dans l'un & de l'eau de rivière dans l'autre, avec une échelle au haut de chacun, le tout semblable au vaisseau & à l'échelle que j'ai déjà fait connoître.

Mettez dans la fiole ce qu'il faudra de mercure pour la faire enfoncer dans l'eau de puits jusques vers le milieu du goulot : bouchez-là avec un bouchon de liège suffisamment long, & tel qu'étant entré un peu à force il en reste quatre à cinq lignes dehors.

Prenez un fil de laiton d'environ une ligne de diamètre & de 29 à 30 pouces de long; dressez-le bien; attachez à une de ses extrêmités un petit cornet de papier, & rendez l'autre grossièrement pointue; posez ce fil de laiton sur le bouchon de la fiole,

& le tenez dans une ſituation verticale, en lui laiſſant la liberté de monter & de deſcendre, comme ſa peſanteur le demandera.

Tandis que vous tenez avec une main le fil de laiton verticalement ſur le bouchon de la fiole, mettez du ſable ou de la cendre de plomb dans le cornet qui eſt au haut, juſqu'à ce que le bouchon entre dans l'eau tout-à-fait & encore un pouce ou environ du fil de laiton.

Sortez la fiole de l'eau de puits; eſſuyez-là & la mettez dans l'eau de Seine. Poſez, comme auparavant, le fil de laiton ſur le bouchon de la fiole, avec la même charge de plomb ou de ſable que vous y avez mis. Si la fiole s'enfonce juſqu'à 3 ou 4 pouces du bas, le fil de laiton eſt de groſſeur convenable: ſi elle alloit toucher au fond, il faudroit prendre un fil de laiton plus gros, pour qu'il déplaçât plus d'eau en deſcendant, & un moins gros ſi la fiole ne deſcendoit pas aſſez bas.

Ayant trouvé un fil de laiton convenable, prenez autant peſant de mercure que le ſable ou plomb qui étoit dans le petit cornet & le mettez dans la fiole: bouchez-là avec un autre bouchon, tel qu'étant entré à force, il en reſte dehors un peu plus que du premier. Enfoncez le fil de laiton au milieu du bouchon, enſorte cependant qu'il ne le traverſe pas d'un bout à l'autre ou qu'il ne perce pas en dedans.

Mettez la fiole dans l'eau de puits; le nouveau bouchon n'entrera pas tout-à-fait dans l'eau, parce que vous en avez laiſſé hors du goulot plus que de l'ancien: ôtez alors du liége peu-à-peu avec un couteau, en arrondiſſant la tête du bouchon, juſqu'à ce que vous en ayez aſſez ôté pour qu'il entre entièrement dans l'eau, & environ un pouce du fil de laiton. Le bouchon étant ainſi ajuſté, mettez-y du vernis, afin que l'eau ne puiſſe pas le pénétrer. L'aréomètre ſera fini, & pourra ſervir à comparer toutes les eaux ordinaires; mais il faut, pour que la comparaiſon ſoit exacte, que toutes les eaux ſoient gardées à la même température.

Avec cet aréomètre, qui n'eſt ni coûteux ni difficile à exécuter, on ſera en état de connoître, entre toutes les eaux que l'on a à ſa portée, leſquelles ſont les plus peſantes & les plus légères, & de faire différentes expériences qui ſatisferont.

Si on met une pincée de ſel ou de ſucre en poudre dans le vaiſſeau plein d'eau de Seine, on verra, peu de tems après, l'aréomètre monter très-ſenſiblement, & plus par le ſel que par le ſucre.

Si on met dans le même vaiſſeau une cuillerée d'eau-de-vie ou d'eſprit-de-vin, & qu'on la mêle bien avec l'eau, on verra l'aréomètre s'arrêter plus bas qu'avant le mélange.

On s'apperçoit par l'odorat de l'addition de l'eau-de-vie ou de l'eſprit-de-vin; mais le ſel ou le ſucre étant en trop petite quantité, eu égard au volume d'eau, on ne s'en apperçoit point au goût.

Une pincée de ſel ou de ſucre ne donne aucune mauvaiſe qualité à l'eau, quoiqu'elle la rende plus peſante; l'eau-de-vie & l'eſprit-de-vin ne la rendent pas meilleure, quoiqu'ils la rendent plus légère.

La légèreté & la peſanteur ne ſont donc pas toujours des ſignes infaillibles de la bonne ou mauvaiſe qualité des eaux.

Cependant il paroît bien certain, qu'entre toutes les eaux dont on fait uſage, aucunes de celles qu'on a toujours regardé comme les plus légères, n'ont jamais fait aucun mal, au lieu que l'on a ſouvent éprouvé de très-mauvais effets des eaux peſantes.

Ainſi la peſanteur doit donner de la méfiance pour toutes les eaux qu'un aréomètre, ſuffiſamment ſenſible & non équivoque, tel que celui-ci, fera voir être plus peſantes que les eaux potables ordinaires, & la légèreté peut faire conclure, que les eaux plus légères, ou auſſi légères que d'autres eaux, confirmées ſalubres par un long uſage, ſont elles-mêmes ſalubres; mais la Chymie ſeule prononcera irrévocablement ſur leur ſalubrité ou inſalubrité, en faiſant connoître la nature des matières qu'elles tiennent en diſſolution.

Sans rien changer à l'intérieur de cet aréomètre, on peut s'en ſervir pour comparer les peſanteurs de deux eaux plus peſantes ou plus légères que les eaux d'après leſquelles il a été ajuſté; en effet, on le leſtera à une eau plus peſante, en mettant de la cendre de plomb dans le petit cornet de papier, & à une eau plus légère, en enfilant un morceau de liège, qu'on fera deſcendre jusqu'à ce qu'il touche le bouchon de la fiole, & dont on coupera le trop avec un couteau, ensuite on y mettra du vernis.

Voulez-vous donc savoir de combien une eau est plus pesante qu'une autre? Commencez par peser exactement l'aréomètre avec une balance, & l'écrivez ; c'est ce que pèse le volume d'eau dont il occupe la place : mettez-le dans l'eau la plus pesante, & remarquez la division où répond le bout du fil de laiton : mettez ensuite, dans le petit cornet de papier, autant de grains à peser, dont 72 font le gros, qu'il en faudra pour faire descendre l'aréomètre le plus bas qu'il sera possible, sans toucher néanmoins le fond du vaisseau : voyez de combien il est descendu, & combien il a fallu mettre de grains. La quantité de grains que vous trouverez dans le cornet sera ce que pèse l'eau déplacée par la tige, en descendant de la première position à la deuxième, & le dernier volume d'eau sera plus pesant que le premier d'autant de grains.

Cela posé, si vous avez une autre eau, dans laquelle l'aréomètre descende, sans aucune addition de grains, aussi bas qu'il est descendu dans la plus pesante avec l'addition, le volume déplacé dans la plus légère pèse autant que le volume, déplacé en premier lieu dans la plus pesante, l'un & l'autre pesant autant que l'aréomètre ; mais le volume déplacé dans celle-là, est plus grand que le volume déplacé en premier lieu dans celle-ci, de tout ce que l'enfoncement de la tige a déplacé : donc, si vous ôtez du volume déplacé dans la plus légère, la valeur de l'enfoncement de la tige, le restant sera égal en volume à celui déplacé en premier lieu dans la plus pesante, & pésera moins de tout ce que vous aurez ôté.

On doit voir, d'après cela, ce qu'il faudroit conclure du rapport de pesanteurs des eaux qui laisseroient descendre naturellement l'aréomètre de la moitié, du tiers, du quart, & de toute autre fraction, de ce que les grains ajoutés l'ont fait descendre dans l'eau la plus pesante.

Connoissant la différence de pesanteurs des deux volumes égaux déplacés par l'aréomètre, on trouvera ce qu'une pinte de l'eau la plus pésante doit peser de plus qu'une pinte de l'eau la

II. MÉMOIRE.

plus légère, en faisant cette règle de trois: *le poids de l'aréomètre est au poids de la pinte, comme la différence de pesanteurs des deux volumes égaux, déplacés par l'aréomètre, est à la différence inconnue de pesanteurs des deux pintes.*

C'est à l'aide de tous ces principes que j'ai reconnu que l'eau des puits du voisinage du Louvre pèse aux environs de 46 grains par pinte plus que l'eau de la Seine; *aux environs*, parce qu'elles ne sont pas toutes également pésantes.

Et comme cette manière de comparer les pesanteurs des eaux est sans équivoque, pourvu qu'on ait la précaution de les garder un jour ou davantage à la même température, je me propose, si mes occupations me le permettent, de donner un jour les rapports de pésanteurs des principales eaux des environs de Paris.

J'ai trouvé les résultats suivants, avec un aréomètre dont la fiole est de verre, & qui occupe la place d'un volume d'eau de 23 onces 2 gros 26 grains, ou de 13428 grains; 38 grains le font descendre dans l'eau de puits de 19 pouces 6 lignes, ou de 234 ligne, & par conséquent de 6 lignes $\frac{1}{19}$ par grain, ou par la treize mille quatre cent vingt-huitième partie du volume d'eau déplacé.

	pouc.	lig.
Dans l'eau du puits du Collége de Navarre.	23.	5.
Dans l'eau du puits de la basse-cour du Louvre.	22.	7.
Dans l'eau du puits du Collége de Boncourt.	15.	11.
Dans l'eau d'un puits près de la barrière Saint-Michel. . .	11.	5.
Dans l'eau d'Arcueil.	7.	11.
Dans l'eau de Seine.	7.	7 $\frac{1}{2}$.

Le 8 Avril 1767, en présence de l'Académie, les eaux suivantes étant depuis trois jours dans la salle, & le thermomètre à 10 degrés $\frac{1}{2}$, le même aréomètre s'est enfoncé comme il suit:

	pouc.	lig.
Dans l'eau du puits de la basse-cour du Louvre.	22.	6.
Dans l'eau de Ville-d'Avray, prise au Bureau.	7.	11.
Dans l'eau d'Arcueil, prise au Château-d'eau.	7.	3.
Dans l'eau de l'Yverte, prise au pont de Gif.	6.	11.
Dans l'eau de Seine filtrée, prise à l'Isle Saint Louis. . .	6.	9.
Dans l'eau de la Loire, puisée devant Menars.	5.	9.

Voici

Voici maintenant le rapport de Mrs les Commiſſaires, lequel pourra ſervir de modèle & de guide aux perſonnes qui ſe trouveront dans le cas de faire de ſemblables examens, & ſera à jamais le garant de la bonne qualité des eaux de l'Yvette. Puiſſent ceux qui s'étoient perſuadés que l'eau de cette rivière n'étoit pas ſalubre, le lire avec fruit, & devenir autant favorables à mon projet, qu'ils ont cherché à lui être contraires !

COMPTE rendu à la Faculté de Médecine de Paris, par les Commiſſaires nommés pour l'examen de l'eau de la rivière d'Yvette.

MESSIEURS,

Compte rendu par les Commiſſaires.

DÈS que vous nous eûtes chargés de l'examen de l'eau de l'Yvette, nous nous aſſemblâmes pour déterminer ce qu'il y auroit à faire pour nous acquitter, avec exactitude, d'une commiſſion d'autant plus importante, qu'elle intéreſſe la vie des Citoyens d'une des plus grandes Villes du monde, & que notre jugement pouvoit déterminer la ville de Paris à entreprendre des travaux diſpendieux. En effet, conſtruire un canal de ſept lieues pour amener dans cette Capitale une rivière entière, propre à fournir 1000 à 1200 pouces d'eau, lors même que l'Yvette eſt très-baſſe, tant pour ſervir de boiſſon à ſes habitans, que pour laver perpétuellement les rues, toujours trop infectées ; & rendre par-là l'air plus ſalubre : ce projet ne méritoit-il pas de notre part une attention digne du zèle infatigable de M. Deparcieux qui l'a imaginé, & de la grande utilité qui devoit ſuivre ſon exécution ? Nous décidâmes donc que nous nous tranſporterions ſur les bords de l'Yvette, pour examiner le ſol de cette rivière, y prendre de l'eau & faire les expériences qui peuvent ſe pratiquer ſur-le-champ : que cette eau ſeroit diſtribuée à Mrs les Commiſſaires, qu'elle ſeroit comparée à l'eau de Seine, puiſée à la pointe de l'île Saint-Louis & à l'eau

II. MÉMOIRE.

Compte rendu par les Commissaires.

d'Arcueil ; que Mrs Majault & Roux feroient, chacun en particulier, l'analyse de ces eaux en grand, afin que leurs travaux comparés pussent se servir de preuve réciproque, & qu'on profiteroit de la circonstance pour examiner les eaux les plus famées, telles que celles de Bristol, de Ville-d'Avray & de Sainte-Reine : ces deux dernières méritoient de notre part d'autant plus d'attention, qu'elles servent de boisson au Roi, à la Reine & à la famille Royale : pénétrés d'amour & de respect pour leurs personnes sacrées, nous avons saisi avec empressement l'occasion de prouver de plus en plus l'intérêt sans bornes que nous prenons à leur conservation.

Un travail qui réunissoit tant d'objets importans, exigeoit qu'on ne laissât rien à desirer, & nous prîmes la résolution de commencer notre examen par les épreuves que la Physique suggère, avant que de passer à celles de la Chymie : ces deux moyens faits pour s'éclairer réciproquement, devoient répandre sur nos recherches le jour le plus lumineux, & les rendre dignes de la confiance dont notre Compagnie nous a honorés.

Dans les deux voyages que nous avons faits sur les bords de l'Yvette, nous avons essayé son eau par les réactifs ; mais comme ces premières expériences sont semblables à celles que nous avons faites par la suite avec plus d'exactitude, nous remettons, Messieurs, à vous en rendre compte lorsqu'il sera question de ces essais.

Nous avons visité l'Yvette, en remontant cette rivière, depuis le pont de Fourcherolles, jusqu'au-dessus de Chevreuse ; c'est-à-dire, pendant l'espace de près de trois lieues : par-tout elle coule sur le sable & le gravier ; ses bords ne sont point infectés de plantes dangereuses, qui pourroient faire suspecter ses eaux ; celles qui y pourrissent chargent le sable & le gravier d'un peu de limon de couleur brune, & donnent à l'eau un goût légèrement marécageux, qui s'évanouit, comme nous l'avons expérimenté, en 24, 36 ou 48 heures, selon que l'eau est exposée plus ou moins à l'air libre, & qu'elle y présente plus ou moins de surface. Nous avons trouvé cette eau si peu désagréable, que nous l'avons préférée pour notre boisson à celle des sources qui sont très-communes le long de la vallée de

II. Mémoire.

Compte rendu par les Commissaires.

l'Yvette : ne peut-on point assurer, d'après ce que nous avons expérimenté, que l'eau de l'Yvette perdra son goût marécageux avant d'arriver à Paris, après avoir coulé à l'air libre pendant deux jours dans un canal de 18000 toises ou de sept lieues, construit de grès & de pierre meulière, & qu'elle aura été filtrée par plusieurs encaissemens de cailloutage ?

Le lieu où nous devions prendre l'eau n'étoit point indifférent ; il falloit la puiser où elle se trouve telle qu'elle doit être amenée à Paris, & c'est au pont de Gif qu'elle est dans cet état, parce que le ruisseau de Châteaufort qui doit entrer dans le canal de M. Deparcieux, tombe dans l'Yvette un peu au-dessus : aussi avons-nous fait emplir nos bouteilles au-dessous de ce pont.

La pesanteur comparée de toutes les eaux que nous nous proposions d'examiner, a été l'objet de nos premiers travaux. Nous avons pris pour extrêmes l'eau distillée comme la plus légère, & celle de puits comme la plus pesante ; on les a tenues toutes dans le même milieu ; afin qu'elles eussent le même degré de chaleur ; sans cette précaution nos expériences eussent été d'autant plus défectueuses, que l'instrument dont nous nous sommes servis est de la plus grande sensibilité : cette machine est un aréomètre, imité de celui que M. Deparcieux a composé d'après les principes de l'aréomètre connu : il a cela de différent, que ce qui est ligne dans l'aréomètre ordinaire, fait deux pouces & plus dans le nôtre, & a des divisions plus étendues dans celui de M. Deparcieux ; cependant on ne s'est point servi de ce dernier, qui est de fer-blanc, parce que l'infidélité presqu'inévitable des soudures nous l'avoit rendu suspect : nous avons préféré celui que M. Majault a fait construire, il est de verre, & n'a pas les inconvéniens de celui de fer-blanc : nous n'entrerons point dans le détail de la construction de ces deux pèse-liqueur, cette digression deviendroit d'autant plus inutile, qu'elle seroit la répétition de ce que M. Deparcieux a dit dans son dernier Mémoire.

Compte rendu par les Commissaires.

TABLE des pesanteurs des différentes eaux comparées : expérience répétée pour la quatrième fois le 5 Novembre 1766, le baromètre lumineux étant à 28 pouces 5 lignes $\frac{3}{4}$, & le thermomètre de Reaumur à 10 degrés $\frac{1}{2}$ au-dessus de la congélation.

	pouc.	lig.
Eau distillée ; la tige de l'aréomètre sortoit de.	8.	5.
de Seine.	9.	8.
de l'Yvette.	10.	2.
d'Arcueil.	10.	4.
de Sainte-Reine.	10.	9.
de Ville-d'Avray.	11.	7$\frac{1}{2}$.
de Bristol.	12.	3.
de puits.	17.	10.

Ces épreuves, faites avec la plus scrupuleuse exactitude, ont donné toujours à-peu-près les mêmes résultats : l'eau de Seine & celle de l'Yvette sont les plus légères après l'eau distillée ; l'eau d'Arcueil, celles de Sainte-Reine & de Ville-d'Avray, quoiqu'un peu plus pesantes, le sont cependant moins que l'eau de Bristol, qui a passé jusqu'à ce jour pour la plus légère.

Il n'est pas étonnant que l'eau des grandes rivières qui coulent sur le sable & le gravier, soit en général plus légère que celle des sources, & que plus le cours d'un fleuve a d'étendue, plus son eau acquiert de légèreté : en parcourant un long espace, le fluide dépose, non-seulement quelques-uns des principes qui lui sont étrangers, mais il perd encore le goût marécageux qu'il reçoit des petites rivières, dont la grande est formée : de-là vient que l'eau de la Loire, puisée par M. Deparcieux, proche Blois, éprouvée avec le même aréomètre, nous a paru plus légère que l'eau de Seine.

Avant que de terminer cet article, nous observerons qu'il seroit fort peu exact de raisonner d'après la pesanteur comparée des eaux, sur-tout lorsque leur différence n'est pas très-considérable : n'en est-il pas en effet dont la gravité ne s'accorde nullement avec ce qu'elles laissent de résidu après leur évaporation ? L'eau de Sainte-Reine fournit la preuve de cette vérité ;

Compte rendu par les Commiſſaires.

elle eſt plus légère que celle de Ville-d'Avray, & la maſſe de ſon réſidu eſt cependant plus conſidérable. La quantité d'air que l'eau contient, les eſpèces de ſels qui s'y trouvent en diſſolution, la combinaiſon de ces mêmes ſels, & peut-être l'eſpèce de terre, tout concourt à augmenter ou diminuer la gravité : les expériences ſuivantes vont le démontrer.

Après avoir privé d'air, ſous le récipient d'une machine pneumatique, les eaux de Seine, de Ville-d'Avray & de Sainte-Reine, on avoit entrevu, contre l'opinion reçue, que l'eau, débarraſſée de l'air qui peut en être dégagé dans le vuide, avoit acquis de la légèreté en raiſon du volume d'air extrait; de façon que l'eau de Sainte-Reine, qui contient plus d'air que les deux autres, avoit donné une différence plus ſenſible, qui n'étoit pourtant que de 7 à 8 lignes; mais comme ces eaux ſont très-peu aërées, on a mis en expérience celle de Buſſan, qui l'eſt beaucoup; celle-ci, privée d'air, & comparée avec la même qui ne l'étoit pas, a été trouvée plus légère de 2 pouces 1 ligne $\frac{1}{2}$: l'expérience répétée a donné à peu-près le même réſultat.

Pour trouver le moyen de réſoudre la difficulté que préſentent les variétés des peſanteurs occaſionnées par les différens ſels qui ſe trouvent en diſſolution dans les eaux, on a fait les expériences ſuivantes.

On a d'abord peſé l'eau diſtillée pure, qui a fait deſcendre l'aréomètre à. . . . . 8 pouc. 7 lig.

Enſuite on a comparé à cette eau, de l'eau diſtillée dans chaque livre, de laquelle on a fait diſſoudre les ſels qui ont donné les réſultats ſuivans :

	pouc.	lig.
1°. Cinq grains de ſel marin à baſe crétacée.	9.	6.
2°. Quinze grains du même ſel ajoutés aux cinq grains précédens.	13.	1.
3°. Quinze grains ajoutés aux vingt premiers.	17.	2.
4°. Cinq grains de nitre à baſe crétacée.	10.	2.
5°. Quinze grains du même ſel ajoutés aux cinq précédens.	9.	10.
6°. Quinze autres grains ajoutés aux vingt précédens.	13.	4.

L'eau chargée de cinq grains de ſel marin à baſe crétacée,

II. MÉMOIRE.

Compte rendu par les Commissaires.

eſt donc plus légère que celle qui l'eſt de la même quantité de ſel nitreux à même baſe ; mais quinze grains ajoutés de part & d'autre, loin d'augmenter la peſanteur en même proportion, diminuent celle qui eſt chargée de nitre à baſe crétacée ; d'où l'on peut conclure qu'il exiſte un ſel qui, diſſous dans le fluide aqueux dans certaine proportion, diminue ſa gravité loin de l'augmenter : il n'eſt conſéquemment pas étonnant que les peſanteurs des eaux de Ville-d'Avray & de Sainte Reine ne ſuivent pas la proportion de leurs réſidus, puiſque cette dernière contient beaucoup de nitre à baſe terreuſe (2).

Malgré l'infidélité des eſſais des eaux par les réactifs, nous avons cru cependant ne devoir point négliger des moyens, d'après leſquels argumentent tous ceux qui, juſqu'à ce jour, ont travaillé à l'analyſe des eaux : en effet, on ne peut pas conclure de ce qu'une eau donne une couleur verte avec le ſyrop violat, qu'elle contient de l'alkali fixe, puiſque les ſels neutres déliqueſcens (aſſurément bien différens des alkalis) opèrent le même phénomène : ne commettroit-on pas une impéritie, en aſſurant que l'eau de Sainte-Reine ne doit qu'à l'alkali fixe la couleur verte qu'elle donne au ſyrop violat ? Il ſeroit poſſible, en effet, qu'un peu de *natrum* contribuât à la métamorphoſe ; mais on ne trouve pas de *natrum* dans l'eau de Sainte-Reine, & la couleur verte n'eſt due qu'aux ſels déliqueſcens, & à une terre abſorbante qu'elle contient en abondance. Ne ſeroit-on pas auſſi mal-fondé à croire qu'une eau a de la ſélénité ou de l'acide vitriolique, lorſque le mercure, diſſous par l'acide nitreux & mêlé avec elle, forme un précipité d'une couleur jaunâtre, ou que l'eau contient une portion de ſel marin lorſque le précipité en eſt blanc ! Mais le mercure diſſous dans l'acide nitreux ne fait-il pas un précipité jaunâtre avec l'eau de chaux ? N'obtient-on pas un précipité blanc, même avec l'eau diſtillée, lorſqu'on a donné à l'acide nitreux autant de mercure qu'il peut en diſſoudre, & que la diſſolution eſt aſſez rapprochée pour former

(2) Au reſte, ceci s'accorde parfaitement bien avec ce qu'on a découvert depuis quelque tems, que la peſanteur ſpécifique d'un corps compoſé n'eſt pas toujours en raiſon de celle des corps compoſans, comme on l'avoit cru autrefois. *Vide* HAHN *Diſſert. de efficaciâ mixtionis in mutandis corporum voluminibus.*

Compte rendu par les Commissaires

quelques cryſtaux ? L'eau de chaux donne donc le même précipité que l'acide vitriolique, & l'eau diſtillée le même phénomène que l'acide marin. L'alkali fixe ne peut pas ſervir à démontrer ſi l'eau qu'on examine contient ou de l'alun, ou de la ſélénite, ou du nitre déliqueſcent, ou du ſel marin à baſe terreuſe, ou du ſel d'Epſom, puiſque la décompoſition que l'alkali fixe opère, ne fait connoître, par le précipité qui s'enſuit, ni la nature de la terre qui ſe précipite, ni l'eſpèce d'acide qui étoit combiné avec cette terre. Lorſque du mélange de quelques eaux, & de la diſſolution d'argent faite par l'acide nitreux, il réſulte un précipité, on ſoupçonne communément l'exiſtence de l'acide marin ; cependant ce précipité ne donne pas toujours la preuve de cet acide, ni même l'eſpèce de ſel marin que l'eau peut contenir, puiſque les ſels vitrioliques produiſent également des précipités avec cette diſſolution.

Ce n'eſt donc que par l'évaporation qu'il eſt poſſible de connoître quelle eſt la nature des principes contenus dans l'eau, dont on ſe propoſe de faire l'analyſe ; & c'eſt ce moyen que nous avons employé, & dont nous avons l'honneur de vous rendre compte, après vous avoir mis ſous les yeux le Tableau de nos eſſais par les réactifs. (*Voyez la Table ci-jointe*).

Bien perſuadés, Meſſieurs, que l'évaporation étoit le ſeul moyen de rapprocher les principes contenus dans l'eau qu'on veut ſoumettre à l'analyſe, que la manière d'évaporer n'étoit rien moins qu'indifférente, & qu'il falloit un volume de fluide aſſez conſidérable pour obtenir une certaine maſſe de réſidu, nous avons décidé :

Premièrement, qu'on évaporeroit cent livres d'eau de l'Yvette & autant de celle de Seine, priſe à la pointe de l'île Saint-Louis, & cinquante de toutes les autres :

Deuxièmement, que toutes ces eaux ſeroient filtrées par un papier double :

Troiſièmement, qu'on les évaporeroit toutes avec l'alambic de verre couvert de ſon chapiteau, au bain-marie :

Quatrièmement, qu'on procéderoit à l'examen des réſidus, & qu'on les compareroit les uns avec les autres :

Cinquièmement, que la moitié de ces opérations ſe feroit

Compte rendu par les Commissaires.

chez M. Majault, & l'autre chez M. Roux, comme on l'avoit d'abord décidé.

La longueur des travaux que nous projettions d'entreprendre ne nous a pas rebutés ; permettez, Messieurs, qu'on le répète encore, l'honneur que vous nous avez fait de nous choisir, & l'importance de l'objet, tout nous a animés du desir d'être utile à nos Concitoyens.

Il nous reste donc à vous rendre compte de nos évaporations & de leurs produits ; ces détails seront terminés par notre conclusion & par une table du produit de ces mêmes évaporations, dans laquelle nous observerons l'ordre que nous avons mis dans celle des pesanteurs comparées.

Avant de finir cet article, nous croyons qu'il est nécessaire de vous observer que les haricots, les pois & tous les autres légumes cuisent parfaitement dans l'eau de l'Yvette.

ANALYSE des eaux de l'Yvette & leur comparaison avec celles de la Seine, d'Arcueil, de Ville-d'Avray, de Sainte-Reine & de Bristol.

POUR obtenir plus sûrement tout ce que les eaux que nous nous étions proposés d'examiner pouvoient tenir en dissolution : après les avoir filtrées par le papier Joseph, nous les avons évaporées, ou plutôt nous les avons distillées, comme nous l'avons dit ci-dessus, dans des cucurbites de verre, placées dans un bain-marie, que nous avons eu soin d'entretenir toujours bouillant : nous avons cru aussi devoir couvrir nos cucurbites de leurs chapiteaux, afin d'empêcher que la poussière, qui voltige toujours dans les Laboratoires, & sur-tout dans le voisinage des fourneaux, ne salit nos produits.

Du 4 au 18 Juillet 1766.

Eau de l'Yvette puisée les 22 Mai & 4 Juin par Mrs les Commissaires.

	gros.	grains.
Six livres de l'eau de l'Yvette ayant été distillées au bain de sable, nous ont donné de résidu sec.	0.	20.
Dans une autre expérience, cinquante livres de la même eau distillée au bain-marie de la manière décrite, ont laissé de produit également sec.	2.	25.

Dans

Compte rendu par les Commissaires.

	gros.	grains.
Dans une troisième expérience, cinquante livres de la même eau ont fourni de produit sec.	2.	49.

En réunissant ces trois résidus, & divisant leur somme par la somme des livres d'eau distillée, nous avons trouvé que les eaux de l'Yvette contiennent de produit moyen,

Par livre.	0.	$3\frac{12}{13}$.
Par pinte.	0.	$7\frac{11}{13}$.

Du 22 au 25 Juillet 1766.

Eau de Bristol fournie par M. Bouret.

Six livres d'eau de Bristol, distillées au bain-marie comme la précédente, nous ont donné de résidu sec. .	0.	44.
Dans une seconde expérience, dix-huit livres de la même eau nous ont fourni.	2.	2.
Dans une troisième, vingt-cinq livres nous ont laissé.	2.	40.

Ce qui, en prenant la somme des trois résidus, & la divisant par celle des livres d'eau distillée, donne

Par livre.	0.	$7\frac{31}{49}$.
Par pinte.	0.	$15\frac{13}{49}$.

Nous croyons devoir avertir au sujet de ces eaux, que M. Rutty, Médecin de Dublin, qui a publié, il y a quelques années, un Traité de presque toutes les eaux minérales de l'Europe, sous le titre, *A Methodical synopsis, of minerals Waters*, *in*-4°. prétend que le résidu moyen des eaux de Bristol qu'il a examinées à Dublin, & dont il rapporte quatre autres analyses faites par Mrs Keys, Wenter, Shébéare & Guidot, ne donne que trente-cinq grains par gallon, qui contient quatre pintes, mesure de Paris; ce qui ne reviendroit qu'à 8 grains $\frac{3}{4}$ par pinte, produit bien éloigné de celui que nous avons obtenu : il est vrai que M. Shébéare qui les avoit distillées à la cornue sur un bain de sable, avoit obtenu

Compte rendu par les Commissaires.

cinquante-six grains par gallon, quatorze grains par pinte, ce qui s'approcheroit davantage de notre produit; mais M. Rutty ne paroît pas compter beaucoup sur cette proportion, puisqu'il a cru devoir en prendre une fort au-dessous dans ses Tables : ce n'est pas la seule erreur que nous ayons remarquée dans cette analyse.

Du 27 au 30 Juillet 1766.

Eaux de Sainte-Reine fournies par Mrs Bouret & Bourgade.

Après l'examen des eaux de Bristol, nous avons passé à celui des eaux de Sainte-Reine ; nous avons observé, en les filtrant qu'elles déposoient une espèce de sédiment couleur de rouille, mais en trop petite quantité pour que nous ayons pu l'examiner ; nous avons trouvé aussi que quelques-unes des bouteilles qui les contenoient, étoient tapissées intérieurement de crystaux, qui nous ont paru assez considérables ; ce qui nous a engagés à en casser trois, qui nous ont fourni, la première $4\frac{1}{2}$ grains; la deuxième 4 grains, & la troisième 2 grains; les crystaux qui étoient transparens pendant qu'ils étoient humides, sont devenus blancs & opaques en séchant, leur forme étoit assez irrégulière : elle approchoit cependant d'un parallélipipède, mais dont une des faces étoit tronquée : ayant goûté ces crystaux, nous les avons trouvés insipides comme une véritable terre, & les ayant essayés avec les acides, ils se sont dissous avec effervescence dans tous, même dans le vinaigre distillé.

	gros.	grains.
Six livres de cette eau évaporées au bain-marie, comme les précédentes, nous ont donné de résidu sec.	o.	39.
Dans une autre expérience, dix-huit livres ont fourni.	1.	53.
Dans une troisième expérience, six livres.	o.	38.

Ce qui donne de résidu moyen,

Par livre.	o.	$6\frac{11}{15}$.
Par pinte.	o.	$13\frac{7}{15}$.

Du 1 au 4 Août 1766.

Eaux de Ville-d'Avray, envoyées par M. Habert, 1er Apothicaire du Roi.

Six livres d'eau de Ville-d'Avray évaporées au bain-marie, avec l'appareil des précédentes, ont laissé de résidu sec.	o.	29.

	gros.	grains.
Dans une deuxième expérience, dix-huit livres ont fourni.	1.	15.
Dans une troisième, vingt-cinq livres.	1.	44.

Compte rendu par les Commissaires.

Par conséquent, ces eaux contiennent

Par livre.	0.	$4\frac{36}{49}$.
Par pinte.	0.	$9\frac{23}{49}$.

Du 29 Août au 1er Septembre 1766.

Eaux d'A[illegible] prises [illegible] du Ch[illegible] par [illegible] missaires.

Six livres d'eau d'Arcueil distillées comme les précédentes, nous ont donné de résidu sec.	0.	22.
Dans une deuxième expérience, dix-huit livres ont fourni.	0.	44.
Dans une troisième, douze livres nous ont donné.	0.	47.

D'où il résulte que ces eaux contiennent

Par livre.	0.	$3\frac{25}{36}$.
Par pinte.	0.	$7\frac{7}{18}$.

Du 3 au 10 Septembre 1766.

Eaux de la Seine, prises à la pompe de la pointe de l'île St-Louis, par Mrs. les Commissaires.

Dans une première expérience, cinquante livres d'eau de la Seine distillée dans nos alembics placés au bain-marie, nous ont donné un résidu sec, qui a pesé.	1.	67.
Dans une deuxième, cinquante six livres nous ont fourni.	2.	12.

D'où nous croyons pouvoir conclure que ces eaux contiennent de matière dissoute,

Par livre.	0.	$2\frac{41}{12}$.
Par pinte	0.	$5\frac{29}{13}$.

EXAMEN DES RÉSIDUS.

Du 23 Octobre 1766.

Voulant connoître la nature des résidus que nous avions obtenus dans les expériences précédentes, nous avons pris deux

Compte rendu par les Commiſſaires.

gros de réſidu des eaux de l'Yvette, autant de celui des eaux de Seine, & un gros de chacun des autres.

Nous avons mis chacun de ces réſidus ſur un filtre, placé dans un entonnoir, ſupporté par un bocal, & nous avons verſé deſſus une quantié ſuffiſante d'eau chaude diſtillée, pour diſſoudre toutes les parties ſolubles par ce menſtrue : nous avons fait ſécher la matière inſoluble qui étoit reſtée ſur les filtres; nous l'avons peſée; nous avons trouvé les proportions ſuivantes entre cette partie inſoluble & la partie ſoluble.

	PARTIES INSOLUBLES.		PARTIES SOLUBLES.
gros.	gros.	grains.	grains.
2 de réſidu de l'eau de Seine......	1.	49.	23.
2 de celui de l'eau de l'Yvette....	1.	$27\frac{1}{2}$.	$44\frac{1}{2}$.
1 de celui de l'eau d'Arcueil......	0.	53.	19.
1 de celui de l'eau de Ville-d'Avray.	0.	52.	20.
1 de celui de l'eau de Sainte-Reine.	0.	31.	41.
1 de celui de l'eau de Briſtol......	0.	$43\frac{1}{2}$.	$28\frac{1}{2}$

Du 28 Octobre 1766.

Pour mieux connoître la nature de la partie inſoluble de nos réſidus, nous avons verſé ſur chacune d'elles du vinaigre diſtillé, juſqu'à ce qu'elles aient ceſſé de faire effervescence : après avoir étendu la diſſolution avec l'eau diſtillée, nous l'avons filtrée pour en ſéparer la partie qui n'avoit pu être diſſoute, que nous avons bien édulcorée & ſéchée.

Pour retirer la terre calcaire qui avoit été diſſoute par le vinaigre, nous avons précipité chacune de nos diſſolutions avec l'alkali fixe : nous avons bien lavé chaque précipité avec de l'eau diſtillée, & nous l'avons fait ſécher; ayant enſuite peſé ſéparément, tant la ſélénite que la terre calcaire de chacun de nos réſidus, nous avons trouvé qu'elles étoient dans la proportion ſuivante :

Compte rendu par les Commiſſaires.

	SÉLÉNITE.	TERRE CALCAIRE.	
gros.	grains.	gros.	grains.
2 de réſidu de l'eau de Seine......	36.	1.	13.
2 de celui de l'eau de l'Yvette.....	26.	1.	$1\frac{1}{2}$.
1 de celui de l'eau d'Arcueil......	11.	0.	42.
1 de celui de l'eau de Ville-d'Avray.	7.	0.	45.
1 de celui de l'eau de Sainte-Reine..	8.	0.	23.
1 de celui de l'eau de Briſtol......	18.	0.	$25\frac{1}{2}$.

Du 5 Novembre 1766.

Nous avons pris les mêmes quantités de chacun de nos réſidus, que nous avons diſpoſés comme dans l'expérience précédente, nous avons verſé ſur chacun d'eux de l'eau froide diſtillée, pour voir ſi cela ne mettroit pas quelque différence dans nos réſultats: nous en avons trouvé en effet, mais ſi peu conſidérable, que nous croyons pouvoir nous diſpenſer d'en rendre compte.

EXAMEN DES DISSOLUTIONS SALINES.

Du 6 Novembre 1766.

Nous avons évaporé à une chaleur extrêmement douce, les diſſolutions que nous avons obtenues de chacun de nos réſidus dans les expériences précédentes; c'eſt-à-dire, tant de celles où nous avions employé l'eau chaude, que de celle où nous avions fait uſage de l'eau froide; nous ayant fourni les mêmes produits, nous nous contenterons d'en expoſer les réſultats généraux.

1°. La diſſolution du réſidu de l'eau de Seine, qui étoit déjà un peu colorée, s'eſt foncée à meſure qu'elle s'eſt concentrée; elle s'eſt deſſéchée preſqu'entièrement: le magma avoit un petit goût ſalin, mais léger: nous en avons pris une petite portion, ſur laquelle nous avons verſé quelques gouttes d'acide vitriolique, pour tâcher de reconnoître d'avance la nature des ſels qui y étoient contenus: il s'en eſt élevé quelques vapeurs blan-

Compte rendu par les Commissaires.

ches qui avoient l'odeur d'esprit de sel, à laquelle a succédé une odeur nitreuse très-distincte. Voulant ensuite nous assurer de la nature de la base qui étoit unie à ces acides, nous en avons dissous une petite portion dans l'eau distillée, & nous y avons versé quelques gouttes d'alkali fixe résous : la dissolution n'a pas louché, & ce n'est qu'au bout d'un tems assez considérable, qu'il s'y est formé un dépôt extrêmement léger: persuadés donc que ce n'étoit point des sels à base terreuse, nous avons pensé que la matière colorante qui les salissoit (matière que nous avons jugé être de nature végétale) étoit le seul obstacle qui s'opposoit à leur crystallisation ; en conséquence, nous avons cru devoir dessécher fortement , & même calciner ce magma salin , pour détruire cette matière grasse. En effet, l'ayant placé dans une petite capsule de verre extrêmement mince, sur des charbons ardens : il y a noirci d'abord, puis il est devenu blanc : lorsqu'il a été suffisamment calciné , nous l'avons redissous dans de l'eau distillée ; il a déposé une matière terreuse , qui après avoir été séchée, a pesé sept grains : cette terre s'est dissoute avec une légère effervescence dans l'acide nitreux.

La dissolution filtrée a été mise à évaporer, ensuite à crystalliser : il s'y est formé une petite quantité de crystaux de nitre, qui ont fusé sur les charbons: le reste de la dissolution remis à évaporer & à crystalliser de nouveau , a donné encore quelques crystaux de nitre & un petit nombre de crystaux de sel marin.

2°. La dissolution du résidu de l'eau de l'Yvette ayant été évaporée de la même manière , a paru prendre une couleur beaucoup plus foncée que celle de la Seine : lorsque l'évaporation a été un peu avancée, il s'y est formé une pellicule qui nous a engagés à la filtrer : cette pellicule étoit comme talqueuse, & n'étoit vrai-semblablement qu'un peu de sélénite. La dissolution ayant été remise à évaporer & ensuite à crystalliser , a donné une assez grande quantité de sel de Glauber en beaux crystaux , un peu salis par la matière colorante, matière que nous croyons être de nature végétale : la liqueur ayant été mise à évaporer pour la deuxième fois, & ensuite à cystalliser , nous a donné encore du sel de Glauber en crystaux un peu plus irrégu-

Compte rendu par les Commiſſaires.

liers, & par une troiſième cryſtalliſation des cryſtaux cubiques de ſel marin, il eſt reſté quelques gouttes d'une liqueur extrêmement colorée qui n'a plus cryſtalliſé : c'étoit un ſel à baſe terreuſe, puiſque la liqueur étendue dans un peu d'eau, a louché en y verſant une goutte ou deux de ſel alkali réſous ; & nous avons lieu de croire qu'il eſt, pour la plus grande partie, formé par l'acide du ſel marin, puiſque l'acide vitriolique en a fait exhaler des vapeurs blanches, qui avoient l'odeur d'eſprit de ſel, au travers de laquelle on a cru démêler une légère odeur nitreuſe.

3°. La diſſolution du réſidu des eaux d'Arcueil ayant été miſe à évaporer, comme les précédentes, il s'y eſt formé ſur la fin une pellicule qui avoit l'air ſalin : nous l'avons laiſſé repoſer pendant la nuit; mais il ne s'y eſt formé aucuns nouveaux criſtaux, ce qui nous a engagés à la filtrer : il nous eſt reſté ſur le filtre quatre grains de ſélénite cryſtalliſée en très-petites aiguilles & en grains : le reſte de la diſſolution remis à évaporer, nous a donné quelques cryſtaux de nitre qui ont fuſé ſur les charbons, & des cryſtaux de ſel marin; il ne nous a pas paru qu'il reſtât d'eau-mère.

4°. La diſſolution du réſidu des eaux de Ville-d'Avray a formé une pellicule ſaline qui a grimpé juſqu'aux bords de la capſule : l'ayant évaporée juſqu'à ſiccité, elle a attiré l'humidité de l'air : elle avoit en cet état un goût ſalin, âcre & brûlant. Nous l'avons deſſéchée, autant que nous l'avons pu, ſur un bain de ſable, ce qui a été très-long & très-difficile, encore la maſſe n'étoit-elle pas bien sèche : cela nous a engagés à la calciner dans une petite capſule de verre mince, placée ſur des charbons ardens : elle s'y eſt gonflée conſidérablement, a fondu & n'a pu ſe deſſécher : ayant retiré la capſule du feu, la maſſe s'eſt figée par le refroidiſſement, s'eſt durcie & a contracté une telle adhérence avec le verre, qu'il a fallu le caſſer pour l'en détacher. Nous avons pris une petite portion de cette matière, ſur laquelle nous avons verſé quelques gouttes d'acide vitriolique : il n'a pas paru d'abord qu'il agît beaucoup ſur elle; mais l'ayant étendue avec un peu d'eau, il s'en eſt élevé des vapeurs blanches, & elle a exhalé une odeur d'eſprit

Compte rendu par les Commiſſaires.

de ſel, mêlée d'une odeur nitreuſe très-ſenſible. Nous avons rediſſous le reſte de la maſſe ſaline dans l'eau diſtillée bouillante; il s'en eſt ſéparé une terre très-blanche, qui lorſqu'elle a été bien sèche, a peſé 8 grains : cette terre étoit calcaire, & s'eſt diſſoute dans l'eſprit de nitre. La diſſolution filtrée ayant été miſe à évaporer & à cryſtalliſer, il s'y eſt formé des cryſtaux de nitre qui ont fuſé ſur les charbons : le reſte de la liqueur n'a pas voulu cryſtalliſer ; il étoit compoſé d'un ſel marin à baſe terreuſe, auquel étoit joint peut-être un peu de nitre déliqueſcent.

5°. La diſſolution du réſidu des eaux de Sainte-Reine a formé de bonne heure une pellicule ſaline ; mais il ne s'eſt rien cryſtalliſé pendant la nuit que nous l'avons laiſſée au frais; le lendemain matin nous l'avons filtrée : il eſt reſté ſur le filtre une matière cryſtalline en grains irréguliers, que nous avons jugé être une ſélénite, laquelle ayant été deſſéchée a peſé 5 grains. Le reſte de la diſſolution ayant été remis à évaporer juſqu'à pellicule, & enſuite placé dans un lieu frais, a donné des cryſtaux ſoyeux en aiguilles, qui ont fuſé ſur les charbons, & qui par conſéquent étoient un véritable nitre. La petiteſſe de ces cryſtaux venoit ſans doute de ce qu'ils s'étoient formés dans un ſel déliqueſcent : après deux cryſtalliſations de même eſpèce, parmi leſquelles nous avons cru appercevoir quelques veſtiges de ſel marin, nous avons précipité, avec l'alkali fixe réſous, l'eau-mère qui ne cryſtalliſoit plus; il s'en eſt dégagé une terre blanche, & la diſſolution filtrée, miſe à cryſtalliſer, nous a donné des cryſtaux de la même eſpèce que les premiers.

6°. Enfin la diſſolution du réſidu des eaux de Briſtol, miſe à évaporer, comme toutes les autres, a fourni une pellicule ſaline compoſée d'une infinité de très-petites aiguilles ſoyeuſes; ce qui nous a déterminés à la filtrer : après l'avoir laiſſée inutilement toute la nuit dans un lieu frais, pour voir s'il s'y formeroit d'autres cryſtaux, nous en avons ſéparé par le filtre 12 grains ½ de ſélénite, qui avoit pris cette forme ſingulière. Ayant continué à évaporer la diſſolution, & l'ayant miſe à cryſtalliſer, nous en avons obtenu de très-beaux cryſtaux de ſel de Glauber très-pur : nous en avons encore retiré du ſel de Glauber par une ſeconde cryſtalliſation, & du ſel marin par une

une troiſième & quatrième : il n'eſt point reſté d'eau-mère.

Compte rendu par les Commiſſaires.

Nous ne pouvons nous diſpenſer de remarquer que les auteurs Anglois qui ont donné l'analyſe de cette eau, & que nous avons cités ci-deſſus d'après le Docteur Rutty, ont confondu ce ſel de Glauber avec le ſel d'Epſom, & qu'ils n'ont pas connu la ſélénite que ces eaux contiennent : en revanche ils y admettent du ſoufre que nous n'avons pas trouvé. Il eſt vrai que quelques-unes des bouteilles qu'on nous a fournies, ont exhalé une odeur très-fétide de foie de ſoufre lorſque nous les avons débouchées.

CONCLUSION.

Nous concluons de tout ce qui précède, que les eaux que l'on boit à Paris, ainſi que celles qu'on ſe propoſe d'y amener, ſont très-pures, & par conſéquent très-propres à fournir une boiſſon ſalubre : que parmi ces eaux, celles de la rivière de Seine ſont les plus légères & les plus pures, puiſqu'elles ne contiennent que 2 $\frac{41}{53}$ grains par livre, 5 $\frac{29}{53}$ grains par pinte de réſidu ſec, & que la plus grande partie de ce réſidu eſt une terre abſorbante de nature calcaire, jointe à une petite quantité de ſélénite & à une quantité encore plus petite de nitre & de ſel marin, ſalis à la vérité par une petite portion de matière végétale.

Qu'après les eaux de la Seine, celles de la rivière d'Yvette, qui font l'objet principal de notre travail, ſont les plus légères & les plus pures, ne contenant que 5 $\frac{32}{53}$ grains par livre, & 7 $\frac{11}{53}$ grains par pinte de réſidu ſec, dont la plus grande partie eſt une terre abſorbante de nature calcaire, & qui ne contiennent d'ailleurs que de la ſélénite, du ſel de Glauber, du ſel marin, du ſel marin à baſe terreuſe & une petite portion de matière extractive végétale. C'eſt à cette matière végétale qui ſe trouve auſſi dans les eaux de la Seine, & dans toutes celles des rivières, qu'eſt dû le petit goût marécageux qu'on leur trouve ; mais, comme nous l'avons obſervé ci-deſſus, elles perdent facilement ce goût, & le perdroient encore bien plus ſûrement dans un canal de ſept lieues, dans lequel elles ne ſeroient pas infectées par la pourriture des plantes & des feuilles des arbres qu'elles

Compte rendu par les Commiſſaires.

reçoivent dans leur lit actuel, & ſur-tout dans les biez des moulins où elles ſéjournent. Nous oſons donc décider que ces eaux, dont les habitans des bords de l'Yvette que nous avons interrogés, font journellement uſage, de préférence à l'eau des ſources qu'ils ont également à leur portée, fourniront une boiſſon très-agréable & très-ſalubre aux habitans de cette Capitale, ſi le projet eſt mis à exécution.

Qu'après ces eaux viennent immédiatement celles d'Arcueil, & enſuite celles de Ville-d'Avray, qui ſont celles qui en approchent le plus par leur légèreté & par la petite quantité de leurs réſidus; car la première ne contient que $3 \frac{25}{36}$ grains par livre & $7 \frac{7}{18}$ grains par pinte, & la deuxième $4 \frac{36}{49}$ grains par livre, & $9 \frac{23}{49}$ grains par pinte.

Le réſidu des eaux d'Arcueil eſt composé d'une terre abſorbante de nature calcaire, qui en fait la plus grande partie, d'un peu de ſélénite, de nitre & de ſel marin : celui des eaux de Ville-d'Avray contient un peu plus de terre abſorbante, moins de ſelénite, un véritable nitre, un ſel marin à baſe terreuſe, & peut-être une petite portion de nitre de même nature.

Enfin, que les eaux de Sainte-Reine & de Briſtol ſont de véritables eaux minérales, qui contiennent le double plus de matières étrangères en diſſolution, que celles de la Seine & de l'Yvette: le réſidu de la première étant de $6 \frac{11}{15}$ grains par livre, & de $13 \frac{7}{15}$ grains par pinte, & celui de la deuxième de $7 \frac{31}{49}$ grains par livre, & de $15 \frac{13}{49}$ grains par pinte: que la plus grande partie du réſidu des eaux de Sainte-Reine eſt ſalin & de nature nitreuſe : que les eaux de Briſtol contiennent peu de matière calcaire, un peu plus de ſélénite, & une quantité aſſez conſidérable de ſel marin & de ſel de Glauber.

Pour mieux faire connoître la proportion des différentes matières contenues dans ces eaux, nous avons cru devoir les préſenter dans la Table ſuivante.

Compte rendu par les Commissaires.

TABLE de la proportion des différentes matières contenues dans les Eaux que nous avons examinées.

NOMS DES EAUX.	RAPPORT des Résidus au total de l'Eau.		RAPPORT des parties contenues dans chaque résidu, au total de ces résidus.			
	Par livre.	Par pinte.	Sélénite.	Terre calc.	Sels.	NATURE DES SELS.
	grains.	grains.				
De la Seine . . .	$2\frac{41}{53}$.	$5\frac{29}{53}$.	$\frac{1}{4}$.	$\frac{85}{144}$.	$\frac{23}{144}$.	Nitre & sel marin, matière extractive végétale.
De l'Yvette . . .	$3\frac{32}{53}$.	$7\frac{11}{53}$.	$\frac{13}{72}$.	$\frac{49}{96}$.	$\frac{89}{288}$.	Sel de Glauber, sel marin, sel marin à base terreuse, mat. extractive végétale.
D'Arcueil	$3\frac{25}{36}$.	$7\frac{7}{18}$.	$\frac{11}{72}$.	$\frac{21}{36}$.	$\frac{19}{72}$.	Sélénite cristallisée, nitre & sel marin.
De Ville-d'Avray	$4\frac{36}{49}$.	$9\frac{23}{49}$.	$\frac{7}{72}$.	$\frac{5}{8}$.	$\frac{5}{18}$.	Nitre, sel marin à base terreuse, & nitre de même espèce.
De Sainte-Reine	$6\frac{11}{15}$.	$13\frac{7}{15}$.	$\frac{1}{9}$.	$\frac{23}{72}$.	$\frac{41}{72}$.	Sélénite cristallisée, nitre, & nitre à base terreuse.
De Bristol	$7\frac{31}{49}$.	$15\frac{13}{49}$.	$\frac{1}{4}$.	$\frac{51}{144}$.	$\frac{19}{48}$.	Sélénite cristallisée, sel de Glauber & sel marin.

Signé, MAJAULT, POISSONNIER, LA RIVIERE le jeune, ROUX, DARCET.

La Faculté de Médecine assemblée, après avoir entendu la lecture du rapport de Messieurs les Commissaires nommés pour faire l'examen de l'eau de la rivière d'Yvette, a unanimement adopté les conclusions que ces Messieurs avoient prises; & en conséquence a jugé que les eaux de la rivière d'Yvette pouvoient fournir une boisson salubre aux habitans de Paris, dans le cas où le projet proposé auroit son exécution. A Paris, le dix Novembre mil sept cent soixante-six. Signé, *BERCHER, Doyen.*

PROJET
D'AMENER A PARIS
LA RIVIÈRE D'YVETTE.

TROISIÉME MÉMOIRE.

III. Mémoire.

Année 1767.

LE jugement de la Faculté sur la qualité de l'eau de l'Yvette étant conforme à celui qu'en avoient porté Mrs Hellot & Macquer, il est à présent *démontré* pour toute personne qui raisonne, que cette eau est aussi salubre que celle de la Seine, & plus légère que celles d'Arcueil & de Ville-d'Avray ; que son goût de marais à la même cause, & qu'il est par conséquent le même que celui des eaux de toutes les autres moyennes & petites rivières qui composent les grandes : qu'il se passe en peu de tems, comme celui des eaux des autres rivières, après qu'on l'a séparé de la cause qui le lui donne, & qu'il n'a rien de malfaisant ; aussi ne reste-t-il plus guère de personnes qui doutent : s'il y en a, ce ne peut être que quelqu'un de ceux qui n'auront pas vu le compte qu'en ont rendu à la Faculté, les Commissaires qu'elle avoit nommés. Tout ce qu'il y a de Citoyens aimant le bien public, ſavent à quoi s'en tenir, & doivent laiſſer dire ceux que des intérêts contraires font parler autrement; car celui qui voudroit aujourd'hui ſoutenir que l'eau de l'Yvette n'eſt pas auſſi ſalubre que celle de la Seine, priſe au-deſſus de Paris, fût-il un des plus habiles Chymiſtes qu'il y ait, ne l'emporteroit pas ſur ſept Chymiſtes du premier ordre, qui affirment tous que l'eau de l'Yvette eſt des plus ſalubres; à plus forte raiſon, doit-on laiſſer dire ceux qui n'ont rien appris de ce qu'il faut pour examiner les eaux : s'ils en avoient en effet les plus ſimples élémens, ils ſeroient d'accord avec les ſept Savans déjà cités, parce que tout Chymiſte ne peut trouver dans une eau que ce qu'il y a. Il faudroit avoir bien de la confiance en ſes propres idées, ou être bien peu jaloux de ce qu'on avance, pour s'imaginer que les Miniſtres, les Magiſtrats, & tout ce qu'il y a de Citoyens éclairés, s'en rapporteroient à de ſemblables propos, préférablement au jugement de la Faculté, & des autres Savans qui ont examiné cette eau, & pour croire qu'on a ſeul raiſon, & que tous les autres ſe trompent, même les plus inſtruits ſur la matière en queſtion. Vis-à-vis de tels examinateurs, une ſemblable prétention ſeroit par trop abſurde.

Je vais à préſent prouver que l'eau de l'Yvette eſt la ſeule qu'on doive raiſonnablement propoſer d'amener dans les différens quartiers de Paris, & pour cela je vais paſſer en revue toutes les eaux ſur leſquelles on pourroit ſe former des vues pour en procurer à Paris, venant naturellement ou par leur propre pente. J'eſpère que d'après cet examen, les perſonnes les plus prévenues conviendront de l'impoſſibilité de ſonger à aucun autre projet que celui de l'Yvette.

Ceux qui n'ont aucune idée des pentes des rivières, quoiqu'avec beaucoup de jugement d'ailleurs, diſent : pourquoi ne pas détourner une portion de la Seine au-deſſus de Paris, pour l'amener, non à l'Eſtrapade, mais à une hauteur propre à l'envoyer dans une très-grande partie de la ville ? On va en montrer l'impoſſibilité.

D'APRÈS les nivellemens de M. Picard, faits avec le plus grand ſoin, on ſait que la Seine n'a qu'un pied de pente par 1000

III. MÉMOIRE.

toises, depuis Valvin jusqu'à Sèves : elle doit avoir quelque chose de plus au-dessus ; parce que communément la pente des rivières diminue à mesure qu'elles s'éloignent de leur source ; mais cette pente ne doit pas augmenter considérablement depuis Valvin jusqu'à Nogent.

S'il étoit possible qu'avec la moitié de cette pente, & dans un canal étroit & peu profond, eu égard à celui de la Seine, & tel que pourroit l'être un canal factice, l'eau pût y couler suffisamment vîte pour en fournir ce qu'il faut à Paris : (ce qui ne seroit pas) en quelqu'endroit qu'on crût pouvoir détourner une partie de l'eau de la Seine, on ne pourroit gagner que 6 pouces de pente par 1000 toises & pour l'amener seulement à la hauteur de 40 pieds, qui n'est que la moitié de la hauteur à laquelle l'élève la pompe du pont Notre-Dame, laquelle ne peut fournir elle-même les endroits élevés de Paris, il faudroit l'aller prendre à 80 mille toises ou 40 petites lieues au-dessus de Paris ; c'est-à-dire, bien au-dessus de Nogent ; ce qui ne peut être proposable en aucun cas ; par où l'on peut voir qu'on ne sauroit penser, pour abreuver & laver Paris, qu'aux eaux de quelque petite rivière faisant aller des moulins, dont les seules chûtes sont ce qu'on peut gagner de hauteur, pourvu encore qu'on ne l'amène pas par un chemin plus long que celui qu'elle suit naturellement.

Les eaux des rivières d'Étampes & de Malesherbes, seroient très-propres par leur abondance & leur qualité à fournir Paris ; mais si on consulte les nivellemens de M. Picard, on verra qu'il faudroit aller prendre la dernière à Maisse ou à Malesherbes pour pouvoir l'amener à la hauteur de celles d'Arcueil, & celle d'Étampes, à peu près à la même distance ; car si on ne les prenoit que vers Villeroy, comme quelques-uns l'ont proposé, à peine arriveroient-elles aux environs du milieu de la rue des Noyers, ou au bas de la fontaine Saint-Severin, rue Saint-Jacques, & la dépense, dans tous les cas, seroit bien autrement grande que pour amener celle de l'Yvette.

La rivière d'Orge seroit à peu-près dans le même cas pour la dépense, quoique l'éloignement en fût un peu moindre.

La rivière de Bièvres pourroit bien arriver à la même hauteur que l'Yvette : elle pourroit peut-être coûter quelque chose de moins ; mais son volume d'eau, là où il faudroit la prendre, ne seroit pas le quart de celui de l'Yvette, & par conséquent trop petit pour les besoins & pour mériter qu'on en fît la dépense, & l'on ruineroit toutes les Manufactures du fauxbourg Saint-Marcel.

La rivière d'Hières est abondante : on peut douter, par la vue du terrein qui la fournit, qu'elle soit d'aussi bonne qualité que celle de l'Yvette : l'aqueduc total qu'il y auroit à faire pour l'amener à une hauteur commode, seroit plus que double de celui de l'Yvette, & le pont-aqueduc qu'il faudroit pour passer la Marne ou la Seine & les plaines de droite & de gauche, coûteroit plus lui seul que tout le trajet de Vaugien à la rue Saint-Hyacinte.

Toutes les autres rivières qui tombent dans la Marne, telles que le Morin & l'Ourque, sont trop éloignées pour devoir y penser, à cause de la dépense qu'il y auroit à faire pour les amener.

Je n'ignore pas que du tems de M. Colbert on avoit projetté de former un canal de navigation depuis l'Ourque, prise auprès de la Seigneurie de Gêvres, jusqu'à la barrière Saint-Martin : il avoit même été commencé ; il y en a encore eu un autre proposé pour venir de l'Oise à la même porte Saint-Martin ; mais c'étoient des canaux de navigation qui ne devoient point avoir de pente, ou que fort peu, seulement pour fournir aux pertes. Si on avoit voulu que l'eau y coulât de manière à fournir Paris, il auroit fallu leur donner une pente suffisante, & alors elles ne seroient point arrivées à une hauteur propre à l'envoyer dans tous les quartiers de Paris.

De tout ce qui entre dans la Seine au-dessous de Paris, il n'y a que la rivière de Crou ou de Gonesse qui puisse mériter quelqu'attention ; mais elle est trop basse pour être amenée à Paris, à moins de la prendre dans son commencement, & là, elle est trop foible pour en valoir la peine, d'autant plus que la dépense qu'il y auroit à faire pour passer la plaine du Bourget à la Villette, par-tout plus basse que le départ & l'arrivée, seroit très-considérable.

III. MÉMOIRE.

Je ne parle pas des eaux de la vallée de Montmorenci, & à plus forte raison de celles de l'étang de ce nom : elles sont toutes encore plus basses, en petite quantité, & la plupart de très-mauvaise qualité, attendu qu'elles passent par des plâtrières, ainsi que celles de la rivière de Crou.

La rivière d'Eure, que l'on avoit entrepris, en la prenant à Pont-Goint, de conduire aux étangs de Trapes, plus élevés que l'Estrapade d'environ 295 pieds, & la possibilité vérifiée par M. de la Hire, pourroit bien à plus forte raison, être conduite à Paris, même en la prenant beaucoup moins loin ; mais sans entrer dans de plus grands détails, les raisons qui ont empêché qu'on n'ait continué ce projet pour Versailles, doivent empêcher qu'on l'entreprenne pour Paris.

Reste enfin un dernier canton à examiner, que quelques personnes ont cru pouvoir donner un assez beau volume d'eau à Paris.

Ceux qui connoissent les environs de cette ville, peuvent avoir remarqué un grand espace de terrein élevé entre Versailles & Ruel, Saint-Cloud & Marly, où sont les Clos-toutin, Beauregard, Bechevet, lequel produit beaucoup de petites sources qui sortent toutes dans une ligne à peu-près de niveau, 150 à 160 pieds sous le sommet, commençant par Louveciennes, passant par les Gressets, Belebat, la Celle, le Pavillon-l'hôpital, Saint-Cucufa, Busenval, Fouilleuse. Toutes ces sources, dont je connois très-bien la plus grande partie, seroient assez élevées pour pouvoir être amenées à Paris, prenant encore en passant celles du Val-de-Meudon, de Fleuri & de Vanvres, elles pourroient faire ensemble 200 à 250 pouces, peut-être quelque chose de plus, & toutes vraisemblablement de même qualité que celle de Ville-d'Avray, & par conséquent bonnes, mais non les meilleures, étant plus chargées de sélénite & moins legères que celle de rivière, & même que celle d'Arcueil (1) : l'aqueduc qu'il faudroit faire pour recueillir toutes ces

(1) En 1682, l'Académie examina, par ordre de M. Colbert, la plupart des eaux qui sortent de cette montagne, tant de celles dont on vient de parler, que de celles qui coulent des côtés de Versailles & de Ville-d'Avray, telles que celles du

ces eaux, auroit 12 à 15 mille toises de long pour amener un assez petit volume d'eau : il faudroit un pont-aqueduc à Sèves, qui seroit élevé, & le tout plus dispendieux que le volume d'eau ne mériteroit : voudroit-on d'ailleurs priver tout un pays, couvert de villages ou de maisons, de l'élément que la Providence leur a donné ? Passeroit-on aisément à travers les parcs & jardins de Saint-Cloud, de Bellevue & d'Issy ? Je ne crois pas, par toutes sortes de raisons, que personne de sens droit s'avise de le proposer.

Voilà pour ce qui concerne les eaux qui pourroient arriver par leur propre pente : voyons ce qu'on pourroit attendre des machines mûes par le courant de la rivière.

Ceux qui ne connoissent ni la force qu'il faut pour mouvoir les machines, ni les dangers qu'il y a à en établir sous les ponts, & les malheurs dont elles peuvent être cause, ni le mal qu'elles produisent lors des inondations, ni la gêne que cela fait à la navigation, qu'il seroit bien plus à propos de faciliter que de gêner, croient qu'il n'y a qu'à construire des pompes, comme celles de la Samaritaine & du pont Notre-Dame, sous quelques-uns des autres ponts existans dans Paris, ou en construire un exprès pour cela vers la Rapée. Ce seroient de bien foibles moyens, eu égard aux besoins de cette grande ville.

Pour le faire sentir, je pourrois me contenter de dire que ces machines produiroient peu, eu égard aux besoins, & qu'elles coûteroient beaucoup, eu égard au produit : que ce seroit des machines journellement sujettes à des réparations, comme le sont les deux existantes, & à être détruites par les inondations, les débacles, & autres accidens imprévus : qu'elles gêneroient beaucoup la navigation à cause des digues qu'il faudroit faire pour envoyer l'eau aux roues, lorsque la rivière est basse, qu'elles contribueroient nécessairement par elles & par leurs digues à augmenter les inondations au-dessus, & que tôt ou tard elles doivent nuire aux fondations des ponts ; mais si l'on desire quelque chose de plus positif : le voici.

Chemai, de Roquencourt, de Trianon, des Crapaux ; elles furent trouvées toutes de même qualité ou à peu-près.

II. MEMOIRE.

On ſent de reſte qu'on ne peut pas propoſer d'établir aucune machine ſur le bras de la Seine qui paſſe par l'Hôtel-Dieu, tant à cauſe de toutes les infections qui ſortent de cet hôpital, que parce qu'en été il n'y paſſe preſque point d'eau.

L'eau n'a aucune vîteſſe au pont Royal ni au pont Marie, à cauſe de la profondeur de la rivière en ces endroits. On ne pourroit donc rien établir ſous ces deux ponts. On ne peut mettre aucune autre roue au pont Notre-Dame, n'y ayant que deux arches libres. Ce qu'on mettroit au pont au Change nuiroit néceſſairement aux pompes du pont Notre-Dame, & ce qu'on mettroit de plus au pont Neuf nuiroit aux roues qui ſeroient au pont au Change : cela eſt ſenſible, & les chûtes à ces ponts ne ſont pas auſſi favorables pour des machines que celle du pont Notre-Dame. Suppoſons-les pourtant toutes également favorables, & que les machines inférieures ne nuiſiſſent point aux ſupérieures.

Il faudroit laiſſer à chaque pont au moins autant de paſſage libre qu'il y en a au pont Notre-Dame. On ne pourroit donc mettre qu'une roue au pont Neuf, à côté de celle qui y eſt déjà. On pourroit en mettre deux au pont au Change, & une ſeule au pont de la Tournelle ; ce qui feroit en tout quatre nouvelles roues qui embarraſſeroient horriblement tous ces ponts, gêneroient beaucoup le paſſage de l'eau & des glaces, les mettroient en danger, & les rendroient fort déſagréables à voir, & toutes les quatre enſemble ne donneroient jamais le double des deux actuelles du pont Notre-Dame, qui ne fourniſſent communément que 90 à 100 pouces d'eau ; ce qui ne feroit donc au plus que 200 pouces d'augmentation, qui ne dédommageroient pas des torts que cauſeroient les embarras que l'on auroit mis ſous ces ponts.

La conſtruction d'un pont exprès, vers la Rapée, comme cela a été propoſé, produiroit les mêmes inconvéniens, & donneroit moins d'eau que les machines établies dans Paris, la rivière ayant encore moins de courant là que dans la ville, parce que les ponts & tous les embarras des Ports tendent de proche en proche à ſoutenir l'eau plus haute au-deſſus de Paris, qu'elle ne feroit ſans tous ces obſtacles.

Il pourra bien ſe préſenter encore des perſonnes qui propoſent quelques-uns de ces moyens ; mais le Corps-de-Ville ſera toujours trop éclairé pour les adopter ; il connoît trop bien juſqu'à quel point la pompe du pont Notre-Dame eſt nuiſible, pour ne pas la démolir, plutôt que d'en établir de ſemblables, & la démolir à loiſir, ſans attendre qu'elle ſoit entraînée par une débacle ou par une inondation, qui pourroit cauſer un dommage encore plus grand au pont au Change, & peut-être aux autres.

Tout cela bien conſidéré, on ne peut pas attendre que Paris puiſſe jamais avoir l'eau qui lui eſt néceſſaire, par des machines mûes par le courant de la rivière.

On n'imaginera pas que perſonne s'aviſe de propoſer d'élever l'eau néceſſaire à Paris par la force des chevaux, non plus que par celle du vent.

Concluons donc qu'il ne reſte des moyens propres à bien fournir d'eau cette grande ville, que le projet de l'Yvette & les pompes à feu. Tout autre, quel qu'il ſoit, ne donneroit jamais le volume d'eau néceſſaire, & l'on ſe trouveroit tous les cinquante ou ſoixante ans dans la néceſſité de chercher de nouveaux moyens.

Je crois en avoir aſſez dit dans mon deuxième Mémoire, pour faire ſentir que les pompes à feu ſeroient incomparablement plus chères par la dépenſe de leur conſtruction, & par le fonds de leur entretien & de leur aliment, que le projet de l'Yvette, en ne demandant même aux pompes à feu, lors de leur état le plus parfait & le mieux établi, que ce que l'Yvette peut fournir dans ſon état le plus bas ou le plus défavorable, que je crois ne pas pouvoir l'être moins qu'en Août 1767, année où l'eau a manqué preſque par-tout ; & celle de l'Yvette étoit alors telle, ou à fort peu de choſe près, que je la trouvai en 1762, à en juger par les chômages des moulins. Elle fourniſſoit alors aux environs de 1100 pouces, & il reſtoit à prendre des ſources en chemin.

La demande que faiſoit la Compagnie qui ſe propoſoit de faire l'établiſſement des pompes à feu, qui, de ſon propre aveu, devoit être de dix huit-cents mille livres, ſans compter les acceſ-

III. MÉMOIRE.

foires, & en ne faifant d'abord monter la fourniture qu'à 600 pouces, parce qu'elle ne fe propofoit pas de fournir tout Paris, (projet formé par des hommes très en état de bien apprécier leur dépenfe journalière & annuelle), prouve feule que des machines à feu à Paris, feroient fans aucune comparaifon, plus chères que le projet de l'Yvette, puifque le produit réfultant de l'impofition pour les fix feules premières années que la Compagnie demandoit, afin de mettre fon projet en état de fervir le Public, feroit plus que fuffifant pour mettre celui de l'Yvette dans l'état le plus parfait, & ce feroit une affaire finie pour toujours, ou au moins pour bien des fiècles; au lieu que les pompes à feu ne feroient jamais que des machines, qui, outre l'énorme cherté dont elles feroient journellement, & les accidens auxquels elles font fujettes, entraîneroient avec elles un nombre d'embarras confidérables d'emplacemens fur la rivière, ou à côté, fur les ports & fur les quais, fi on les mettoit dans Paris, de priviléges que la Compagnie demandoit pour les ouvriers, néceffaires à l'établiffement; ce qui auroit fouvent occafionné des procès, & l'on n'auroit pu d'ailleurs augmenter dans la fuite le produit de ces machines que par une augmentation de dépenfe annuelle, proportionnée au produit qu'on voudroit avoir de plus, au lieu que le volume d'eau que l'Yvette peut actuellement donner dans fon plus bas état, pourroit fans beaucoup de frais être porté à 2000 pouces continuels, ainfi que je l'ai déjà dit dans mon premier Mémoire.

Ceux qui voudront prendre la peine de faire le calcul de la dépenfe journalière des pompes à feu, en obfervant de chercher les produits réciproques, eu égard aux hauteurs, n'ont qu'à voir dans *l'Encyclopédie*, au mot *feu*, la defcription très-clairement faite de la pompe à feu, établie au *Bois-de-boffu*, dans le *Hainaut Autrichien*, & calculer d'après les données des articles 3, 32 & 35, fans avoir égard aux produits de l'article 36, parce qu'il y a des erreurs de calcul, fachant d'ailleurs que le muid de Paris contient 288 pintes, que le pouce d'eau fournit trois muids par heure, que le muid de charbon de terre contient 47 à 48 pieds cubes, ce qui dépend un peu de la manière de le mefurer; ils trouveront qu'il en coûteroit près de 600 livres par jour en ſeul charbon de terre, pour fournir 1000 pouces d'eau à la hauteur où peut arriver celle de l'Yvette en mettant le charbon ſur le pied qu'il ſe vend à Paris, & en ſuppoſant encore qu'il n'arrivât aucun dérangement aux machines, & qu'elles fiſſent régulièrement quatorze impulſions par minute; ce qui n'eſt que pour le tems ou le moment que les étrangers ſe préſentent pour voir & examiner.

M. Jars, Correſpondant de l'Académie, né dans l'exploitation des mines, avec toutes les diſpoſitions néceſſaires, & envoyé par ordre du Gouvernement, dans toutes les parties de l'Europe, pour étudier à fond un art auſſi utile, qui a vu plus de pompes à feu que perſonne, & qui voit bien, ayant remarqué qu'on pouſſoit le feu lorſqu'il ſe préſentoit, ſoupçonna quelque ruſe, & depuis cette remarque, l'obſervation des impulſions a toujours été l'objet de ſa première attention en arrivant, & il dit que l'ordinaire eſt de huit à dix impulſions par minute, & c'eſt encore bien violent pour des piſtons qui ont des ſix à ſept pieds de marche: il ajoute qu'avec une telle vîteſſe, entretenue de quatorze impulſions, les machines n'y réſiſteroient pas.

Ajoutez à cette dépenſe journalière les gages ou appointemens de tous les hommes, néceſſaires à un ſemblable établiſſement, Chefs, Subalternes & Journaliers; les entretiens & réparations de toute eſpèce, frais de première conſtruction & de rétabliſſement, conduites de plus que pour l'Yvette, pour porter l'eau de la Garre où ſeroient les machines, à l'endroit où ſe feroit la première diſtribution en grand. Si on vouloit l'établir à la pointe de l'Iſle, il faudroit former un emplacement, ou en acheter un bien cher. Que l'on compte bien tout, ſans rien flatter, & on trouvera beaucoup plus que pour amener l'Yvette à l'endroit de la première diſtribution: le reſte eſt commun.

L'Yvette fournira le mieux poſſible; on ne peut pas ſe flatter de cela par les machines, ni l'attendre d'une attention continuelle des hommes.

Avec la ſeule première dépenſe, l'Yvette peut fournir 1500 à 2000 ou 2500 pouces d'eau, pendant ſix à ſept mois de

III. MÉMOIRE.

l'année : les pompes ne fourniroient que les 1000 pouces d'eau pour lesquels elles auroient été faites, & encore pas toujours. Pour peu de chose, on portera le produit de l'Yvette à 2000 pouces continuels : pour doubler le produit par les machines, il faudroit doubler la dépense.

Par l'Yvette, l'eau sera toujours belle & pure : par des pompes, elle seroit comme la rivière la fourniroit, trouble la moitié de l'année.

L'aqueduc de l'Yvette durera des quinze à vingt siècles, comme ceux des Romains : un incendie peut détruire les machines d'un jour à l'autre, indépendamment des rétablissemens, à mesure qu'elles s'usent.

Enfin, nombre de personnes disent que le soin de faire arriver de l'eau dans tous les quartiers de Paris, ne doit pas être confié à l'attention des hommes, lorsqu'on peut s'en rapporter à une rivière & à un aqueduc solidement construit.

J'admire l'invention des pompes à feu, autant, pour le moins, que peuvent le faire les Membres de la Compagnie qui a proposé d'en faire l'établissement à Paris. Je conviens avec eux qu'il n'y a certainement pas de moyen connu, plus propre à en donner à la ville de Londres ; mais le projet de l'Yvette vaut mieux pour Paris que des pompes à feu. Si quelqu'un pouvoit n'en être pas aussi persuadé, on n'a qu'à faire prononcer les Compagnies savantes, je m'en rapporterai toujours à elles : mais je rejette avec tous les honnêtes-gens, tout ce qui pourra être dit de contraire par des lettres anonymes, comme on l'a déjà fait, & auxquelles je ne répondrai jamais.

Je crois avoir suffisamment prouvé qu'aucun projet de machines ne peut être comparé, pour le bien du service des Citoyens, à celui d'amener l'Yvette à Paris : voici néanmoins un surcroît de preuves qui me paroît mériter la plus grande considération, & devoir faire rejetter, pour toujours, tout projet de machines mûes par la rivière, au cas qu'il s'en présente encore.

Le service de Paris, par les eaux machinales, a de très-grands inconvéniens : je viens de parler de quelques-uns. Je vais faire voir maintenant qu'elles ne fournissent pas, tout bien compté, la valeur de ſix à ſept mois par an, par pluſieurs raiſons que je détaillerai, dont la plus conſidérable eſt la durée des glaces & le dégât qu'elles occaſionnent.

Le tems perdu par la durée des glaces va rarement ſeul ; il eſt ordinairement ſuivi d'un autre, qui n'eſt guère moins long ni moins fâcheux, ni moins incommode, les réparations des conduites.

Dès que la rivière commence à charier, on lève les roues des machines du pont Notre-Dame, pour les mettre hors de l'eau. On met, du mieux que l'on peut, toutes les conduites en décharge, les ſinuoſités, pentes & contre-pentes des rues ſont cauſe qu'il reſte des longueurs conſidérables de conduite, qui ne peuvent ſe vider, tant de celles de la ville, que de celles des particuliers. Quand le froid eſt très-grand, la gelée pénètre juſqu'aux conduites, & les fait crever en cent & cent endroits.

Après le dégel, on remet les roues en marche & l'eau dans les conduites. A peine eſt-elle arrivée aux premières ou ſecondes fontaines, qu'on voit en nombre d'endroits l'eau ſortir entre les pavés : il faut arrêter les machines & vider de nouveau les conduites pour les réparer.

Ces premières fautes connues étant raccommodées, on remet l'eau dans les conduites pour reconnoître les fautes qui ſont au-delà des premières ou ſecondes fontaines, & ainſi en s'éloignant des machines. On eſt quelquefois des quatre, cinq & ſix ſemaines avant que l'eau arrive aux dernières fontaines, & toutes les fautes ne ſe manifeſtent pas la première fois qu'on y met l'eau.

On ſent aiſément que toutes ces réparations cauſent néceſſairement des embarras dans les rues, tant pour les paſſans que pour ceux dont les boutiques ou les portes ſont bouchées par les terres que l'on tire des fouilles ou tranchées des conduites.

De ce que les eaux, fournies par les machines, ſont très-ſouvent arrêtées, il réſulte un autre mal que celui de n'avoir point d'eau ; c'eſt que celle qui reſte dans les conduites, dépoſe ſon limon dès qu'elle eſt en repos ; ce qu'elle ne fait pas tant qu'elle eſt en mouvement : & comme l'eau de la Seine eſt trouble la moitié de l'année, au bout de quelque tems ces dé-

III. MÉMOIRE. pôts obstruent quelquefois les conduites, & beaucoup plutôt celles des particuliers, qui sont plus petites que les grandes. Cela arrive d'autant plutôt que les conduites ont été plus de fois raccommodées à cause des retrécissemens, inégalités & balèvres qui se forment à chaque fois que l'on raccommode les conduites; le mal est souvent avancé par les parties de soudure qui peuvent tomber dans les tuyaux, par les cendres ou morceaux de charbon & autres ordures que les ouvriers peuvent oublier ou laisser tomber dans leur intérieur : tout cela n'arrive que trop souvent.

Si quelqu'un vouloit prendre la peine de faire le total des chommages des machines actuelles, pour connoître le temps qu'elles fournissent aux fontaines, il faudroit commencer par mettre année commune deux mois & demi à trois mois de suite, depuis le milieu de Décembre jusqu'au commencement ou au milieu de Mars, soit par les eaux trop hautes, soit par les glaces, soit par les réparations des conduites, pendant lequel tems aucune fontaine fournie par les machines ne donne de l'eau; & après ce temps les mêmes machines ne fournissent pas de suite à leurs fontaines, au moins tout le temps que la rivière est basse : l'eau va pendant vingt-quatre heures dans un quartier, & ensuite pendant autant de temps dans un autre.

Dans le restant de l'année il faut hausser ou baisser les roues, suivant que la rivière croît ou qu'elle décroît. Un jour, c'est une manivelle qui casse, un autre jour c'est un chassis de piston ou une tringle, ou des pistons à regarnir; ce sont des alluchons à mettre aux rouets, ou des fuseaux aux lanternes, ou des aubes aux roues. Toutes les fois que la rivière est moyenne ou basse, ou qu'on est obligé de mettre une roue hors de l'eau, l'autre élève moins d'eau, parce qu'elle a moins de courant. Il y a presque tous les jours quelque raison pour mal fournir. C'est ainsi que servent ces machines; aussi y a-t-il à Paris, seize cents cinquante porteurs d'eau, & cent soixante-douze tonneaux qui prennent l'eau à la pointe de l'Isle Saint-Louis, au-dessus de Paris, à la Grève, ou au-dessous du pont Royal, & qui vont la vendre de maison en maison. Voilà comment est fournie d'eau la capitale du plus beau Royaume de l'Europe.

D'après

D'après cet exposé qui est exact, & d'après ce qui a été dit ci-devant en parlant des rivières d'Étampes, de Malesherbes & d'Orge, on n'aura pas de peine à croire que de toutes les villes d'un certain ordre, Paris est une de celles qui pourroit avoir le plus d'eau si on y faisoit seulement le quart de la dépense qu'on a faite pour en donner à Rome; c'est celle qui en a le plus grand besoin, & celle qui en a le moins.

Avec l'eau de l'Yvette il n'y aura aucun de ces inconvéniens à craindre. Les citoyens jouiroient de cette eau depuis le premier jour de l'année jusqu'au dernier, au mois de Janvier comme au mois de Juillet, & c'est ce que peu de personnes voient.

Il est de fait que tant que l'eau est fournie à l'écoulement d'un tuyau qui est enfermé en terre ou dans un bâtiment, elle n'y gèle jamais; au moins n'en a-t-on pas d'exemple dans ce pays-ci. Si je citois pour preuve les eaux d'Arcueil qui arrivent toute l'année à la demi-lune des Chartreux & au Luxembourg, on ne manqueroit pas de me répondre que ce sont des eaux de source, & qu'étant amenées dans un aqueduc voûté, elles arrivent à Paris dans le même état, ou à peu-près où elles sont en sortant de la source.

Je pourrois répondre que l'eau de l'Yvette coulera dans un aqueduc voûté au moins depuis Arcueil jusqu'à Paris, sans compter les parties couvertes de la même manière, qu'il y aura de Vaugien à Arcueil; la superficie de l'eau pourra bien geler dans les parties qui seront à découvert, comme il lui arrive dans son lit naturel, mais l'eau coulera sous la glace, comme elle le fait actuellement, & comme le fait l'eau de la Seine; très-certainement elle ne gélera pas dans l'aqueduc fermé d'Arcueil à Paris; mais je peux répondre par un fait qui est sans réplique, & que peu de personnes remarquent, quoique sous les yeux de presque tout le monde.

La très-grande partie d'eau salubre dont on fait usage à Versailles, lui vient des réservoirs de Marly; elle prend dans ces réservoirs tout le degré de froid que le temps qu'il fait peu lui donner; elle arrive toute l'année par une conduite de fer au réservoir de la butte de Picardie, où elle est de nouveau exposée à l'air libre; elle part de-là pour aller se distribuer dans toutes

III. MÉMOIRE. les fontaines de Verfailles tous les jours de l'année, & il n'y a jamais à refaire aux conduites. Il en feroit de même de l'eau de l'Yvette, fi elle étoit amenée aux fontaines de Paris; les citoyens jouiroient toute l'année d'une eau belle, pure & falubre.

Si, lorfqu'il gèle, cette eau couloit dans les rues, elle les auroit bien-tôt remplies de glace, mais rien n'eft fi aifé à éviter, l'eau fortiroit à l'ordinaire, par le tuyau qui fourniroit au Public; lors des gelées on leveroit une pierre ou tampon de puifard qui feroit à la chûte de l'eau, & elle tomberoit dans le puifard, ou fimplement dans une pierrée qui la porteroit au puifard, que l'on feroit de la même profondeur que les puits, ou que l'on conduiroit dans le puits le plus voifin.

Avant que l'eau de l'Yvette eût élevé la nappe d'eau des puits de Paris, feulement de fix pouces, les gelées les plus longues feroient finies; l'on pourroit au furplus en mettre la moitié ou davantage en décharge dans les champs, lorfque l'on craindroit les gelées; l'on pourroit encore en mettre davantage dans les conduites des particuliers, qui la feroient alors aller dans leurs puits; & lorfque le dégel viendroit bien décidément, remettant l'eau dans les ruiffeaux, les rues feroient nettes en moins d'un jour, au lieu qu'elles ne le font pas à préfent quelquefois en huit.

Aucune conduite, ni générale ni particulière, ne pourroit être endommagée que par vétufté ou par quelqu'accident fortuit, & on ne verroit plus les rues culbutées comme elles le font prefque tous les ans, & pendant long-tems.

Que l'on confidère encore la peine & la difficulté qu'il y a à donner de l'eau dans tout Paris, pendant les grands froids que nous voyons durer des deux mois entiers; les pauvres porteurs d'eau, plus chargés de glace que d'eau liquide, font obligés de monter & defcendre les efcaliers des quais couverts de glace par l'eau qui tombe de leurs feaux, expofés à tout inftant à être eftropiés ou tués.

Repréfentons-nous voir dans les rues les tonneaux avec lefquels on va prendre l'eau à la rivière. Ce font autant de rochers de glace ambulans, que les malheureux chevaux ne peuvent tirer qu'à grand peine ſur le pavé gelé & gliſſant ; & à la fin pour tirer le peu d'eau qui reſte liquide dans ce tonneau, il faut brûler une botte de paille ſous le robinet, pour parvenir à la dégeler.

Survient-il un incendie, & le tems des plus grands froids eſt celui où cet accident eſt le plus à craindre, ces tonneaux, principalement inſtitués pour cela, n'y ſont d'aucun ſecours. Si on les empliſſoit le ſoir, comme on fait dans tous les autres tems de l'année, ce ne ſeroit plus que des blocs de glace le lendemain matin. On a bien recours aux puits ; mais la plupart ſont ſi petits & ſi peu profonds, qu'ils ſont taris en moins d'un quart-d'heure qu'on tire de ſuite. Que l'on juge par-là de la triſte ſituation où ſe trouvent les perſonnes dont les maiſons brûlent, & le chagrin des ſurveillans Magiſtrats qui ſe portent par-tout, de ne pouvoir rendre les ſecours auſſi efficaces qu'ils le voudroient.

Je puis donc aſſurer qu'il n'y a de moyen propre à fournir d'eau la ville de Paris, d'une manière digne de ſa ſplendeur, que le projet de l'Yvette. Il eſt coûteux, cela eſt vrai, mais pas ſi énormément que quelques perſonnes ont cherché à l'inſinuer ; & d'ailleurs la capitale du Royaume n'en vaut-elle pas bien la peine? L'eau qui paſſe à Vaugien & au pont de Gif, s'en va dans la Seine. En la prenant, on n'en prive que les moulins qui ſont au-deſſous, dont il faut dédommager convenablement les propriétaires. On peut les remplacer par des moulins à vent, ſi on les juge néceſſaires pour le ſervice des habitans de la vallée ; mais il leur reſtera encore tous les moulins placés ſur les ruiſſeaux affluens, de Port-royal, de Châteaufort, & tous ceux d'au-deſſus de Vaugien, auſſi-bien que ceux des rivières d'Orge & de Bièvre, qui n'en ſont pas éloignées, & c'eſt beaucoup plus qu'il n'en faut pour le pays.

Quant à ce qu'ils peuvent moudre pour la halle de Paris, on trouveroit plus de deux cents moulins à quinze, vingt ou vingt-cinq lieues de Paris, qui chomment la moitié du tems, & d'où on apporte les blés en nature à Paris, qu'on apportera en farine.

Je viens de dire que l'eau qui paſſe à Vaugien & au pont de

III. Mémoire.

Gif, s'en va dans la Seine, & qu'en la prenant on n'en prive que les moulins d'au-dessous. A cela, quelques personnes ont dit qu'on en prive les prairies, & que cette vallée fournit beaucoup de foin à Paris ; que cette fourniture venant à diminuer, le foin manqueroit ou renchériroit.

Ceux qui font cette objection, ne connoissent pas la vallée de l'Yvette ; ils parlent sans avoir vu, comme beaucoup d'autres.

Les prairies de cette vallée, au moins au-dessous de Vaugien, ne sont arrosées que par un nombre infini de petites sources qui sortent dans le bas des côteaux, de droite & de gauche. Aucun propriétaire de pré ne détourne l'eau de la rivière ou des moulins, ou n'a le droit de le faire pour arroser les prés. Si cela arrive, c'est furtivement : c'est une assertion qu'on peut vérifier tant qu'on voudra, & j'ajoute encore que, si cela étoit, l'objection n'en seroit pas moins levée. Il resteroit encore assez d'eau pour arroser les prés, si c'étoit l'usage, ayant dit qu'on ne prendroit pas toute l'eau, mais qu'on en laisseroit pour tous les usages des habitans qui sont au-dessous de Vaugien. Il n'est sorte d'objections que ceux dont le projet contrarie les vues n'aient imaginées pour en détourner les Ministres & les Magistrats.

Quelques personnes ont dit, & on dira peut-être encore, comme on fait de tant d'autres projets plus ou moins utiles, qu'on exécute pourtant à la fin, que Paris s'est passé jusqu'à présent de l'eau de l'Yvette, & qu'on peut conséquemment continuer à s'en passer : qu'étant traversé par une grande rivière, il ne peut pas manquer d'eau.

Il est inutile de faire sentir le foible de la première réponse. On auroit pu la faire pour tout ce qui a été proposé de plus utile depuis bien des siècles, & de tout ce dont on jouit à présent avec satisfaction : des ponts, des chemins, des montagnes coupées pour les rendre plus aisées. Les villes de Marseille, de Carcassonne, de Montpellier, & tant d'autres, auroient fait des dépenses superflues pour se procurer les eaux qu'elles ont fait arriver dans leur sein à grands frais ; puisqu'elles s'en étoient passées jusqu'au moment où ces eaux sont arrivées, elles pouvoient s'en passer jusqu'à la fin des siècles.

Paris s'est passé de l'eau de l'Yvette, cela est vrai ; mais étoit-il il y a ſeulement cinquante ans, ce qu'il eſt aujourd'hui en grandeur & en richeſſes? Connoiſſoit-on la poſſibilité d'avoir un ſemblable volume d'eau que celui que peut fournir cette rivière? Si on l'avoit connu il y a ſeulement trente ou quarante ans, on peut préſumer que Paris en jouiroit aujourd'hui. Je vais rapporter en peu de mots ce qui a été fait précédemment pour donner de l'eau à Paris : ce ſera la réponſe à ceux qui ont dit que cette grande ville ne peut pas manquer d'eau, étant traverſée par la Seine, & fera voir que dans tous les ſiècles on a cherché à économiſer le tems & la peine des Citoyens.

Quand quelqu'un dit qu'une ville qui eſt traverſée par une grande rivière, ne peut pas manquer d'eau, on eſt d'abord diſpoſé à croire que cela eſt vrai, & peu de perſonnes y répondent, parce que la propoſition eſt vraie, priſe à la rigueur; mais quand on l'examine de plus près, on voit qu'elle ne l'eſt pas, & que l'on manque d'eau toutes les fois qu'il faut l'aller chercher un peu loin. Alors on l'économiſe, & on s'en paſſe tout-à-fait pour une infinité de choſes où la propreté & ſouvent la ſanté, demanderoient qu'on en uſât.

Tant que Paris n'a occupé que la Cité ou le long des bords de la Seine, de droite & de gauche, cette aſſertion étoit vraie; mais elle ne l'étoit plus dès qu'il y a eu des habitans éloignés de la rivière de 100 ou 150 toiſes; auſſi conſtruiſit-on, dès le règne de Philippe-Auguſte, les fontaines des Innocents, de la Halle & de Maubuée, & on y amena les eaux de Belleville & du pré Saint-Gervais, quoique l'eſpace enfermé par l'enceinte que ce Roi fit conſtruire renfermât plus de champ vague que de terrein couvert de maiſons.

L'on préféra alors à donner au public les eaux de Belleville & du pré Saint-Gervais à en élever de la rivière, quoique l'invention des pompes fût connue long-tems auparavant (2), ſans doute parce que cette eau eſt trouble la moitié de l'année, & encore plus parce qu'elle recevoit tous les égoûts & immondices de la ville : elle en recevoit cependant beaucoup moins

(2) Vitruve attribue la première invention des pompes à Créſibius d'Alexandrie, qui vivoit cent cinquante ans avant Jeſus-Chriſt.

III. MÉMOIRE.

qu'aujourd'hui, & d'autant moins que la rivière de Bièvre, à présent des Gobelins, étoit alors pure, étant éloignée de Paris, tandis qu'elle apporte aujourd'hui dans la Seine, & immédiatement avant d'entrer dans cette ville, des immondices de toute espèce, sans en excepter aucune.

Henri IV, au nom duquel tout François est attendri, parce qu'on ne peut se rappeller sa mémoire sans déplorer son sort ou plutôt celui de ses Sujets, considérant le peu d'eau qu'il y avoit dans Paris, & de laquelle une bonne partie étoit employée dans les maisons royales, fit construire vers 1606 à 1608, la pompe de la Samaritaine, pour l'usage de ses maisons & jardins, & laisser au peuple ce que Sa Majesté en prenoit à la croix du Trahoir, venant du pré Saint-Gervais. Il en donna de plus à une fontaine placée au quai de l'École, ou étoit le réservoir de la Samaritaine.

Ce fut dans ce même-tems, ou peu après, que M. de Sully, ce grand Ministre, dont toutes les vues tendoient au bien de l'état & à la véritable grandeur de son maître, songea au rétablissement de l'ancien aqueduc des Romains, pour donner de l'eau à la partie méridionale de Paris, qui n'en avoit point. On travailloit à la recherche des eaux de Rungis, lorsqu'un monstre à jamais détestable, enleva à la France un Roi qui ne respiroit que pour le bonheur de ses peuples.

Marie de Médicis fit reprendre ces travaux en 1613, & ils ne furent achevés par la mésintelligence des Entrepreneurs qu'en 1624; mais au lieu de réparer l'ancien, on en fit un tout neuf, incomparablement plus beau & mieux fait que celui des Romains, tant pour la solidité du monument, que par sa disposition à conserver l'eau dans toute sa pureté. Cet aqueduc est voûté depuis Rungis jusqu'à la porte Saint-Michel, au lieu que celui des Romains étoit à découvert. Il est vrai que les environs de Paris & d'Arcueil étoient alors moins fréquentés qu'à présent.

Ce dernier aqueduc de Marie de Médicis a 6774 toises de long, & coûta, dit M. Bonami, Historiographe de la ville,* près d'un million, dans un tems où l'argent n'étoit qu'à 27 liv.

* *Acad. des Inscrip. tom. XXX. p. 744.*

le marc (3). On n'eut pas regret à cette dépenſe, qui ſeroit aujourd'hui de deux millions ou environ, pour amener 60 à 70 pouces d'eau. Combien plus devroit-on dépenſer aujourd'hui pour amener 1000 à 1200 pouces d'eau, & 2000 ſi l'on vouloit ? L'aqueduc de Rungis, dit d'Arcueil, donna de l'eau au Luxembourg, à la partie méridionale de Paris, qui n'en avoit point, comme il vient d'être dit, & à la fontaine de la croix du Trahoir.

Il s'en falloit encore bien que Paris eût l'eau dont il avoit beſoin, ne connoiſſant pas d'autres moyens pour en avoir qui arrivât par ſa propre pente & aſſez haut, comme celle d'Arcueil, on convertit en pompes, en 1669, quarante-cinq ans après avoir amené l'eau de Rungis, deux moulins pendans (4) qu'il y avoit au pont Notre-Dame. Ces pompes doublèrent la quantité d'eau qu'il y avoit dans les fontaines de Paris, & ce n'étoit pas encore aſſez dans l'état où étoit déjà cette ville ; mais on ne connoiſſoit rien de mieux.

Ce ſecours eſt devenu bien moins ſuffiſant depuis cent ans ou environ que ces pompes ſont faites, par les agrandiſſemens

(3) Depuis 1610 juſqu'à 1625, tems pendant lequel ce monument a été conſtruit, le prix moyen du ſetier de blé étoit de 9 liv. 4 ſols, moitié de ce qu'il étoit il y a deux ans, de ce qu'il avoit été long-tems, & où il pourra revenir ; ſi ce n'eſt que vers la fin de 1617 & en 1618, le ſetier de blé valoit 10, 11 & 12 l. Tout le monde ſait que c'eſt le meilleur moyen pour comparer la cherté des travaux faits en différens tems. L'aqueduc qui amène l'eau d'Arcueil, coûteroit donc aujourd'hui aux environ de deux millions. Celui de l'Yvette qui doit avoir deux fois & demi la longueur de celui d'Arcueil, coûteroit donc aux environ de 5 à ſix millions ; ce qui s'accorde avec deux autres évaluations rapportées dans mon premier Mémoire : mais ſans s'en tenir à ces eſtimations vagues ni à celles de quelques perſonnes qui en ſavent peut-être encore moins que moi, le plus sûr, & ce à quoi tout le monde auroit confiance, ſeroit de prier l'Académie Royale d'Architecture, de vouloir bien nommer des Commiſſaires pour en faire le devis autant approchant qu'ils le pourroient, elle s'y prêteroit sûrement avec zèle. On doit ſe méfier de toute autre eſtimation.

(4) On nomme *Moulins pendans* ceux dont on hauſſe & baiſſe la roue pour la mettre à la hauteur de l'eau, à meſure que la rivière croît ou qu'elle décroît ; tels ſont ceux du pont de Charenton & autres ſemblables.

considérables que Paris a pris de toutes parts, tant à la fin de l'autre siècle, que dans celui-ci. Feu M. Turgot ne desiroit rien tant que de pouvoir donner de l'eau à Paris : mais il vouloit des moyens solides & dignes de la Capitale du Royaume, & on ne lui présentoit que des machines.

Paris ne manque pas absolument d'eau, puisqu'il subsiste & qu'il s'agrandit tous les jours : mais quelle eau ont les Citoyens, & comment l'ont-ils ? L'eau de la Seine est souillée d'une part, & immédiatement à son entrée dans Paris, par l'infecte rivière des Gobelins : elle l'est de l'autre par tous les égoûts du fauxbourg Saint-Antoine & des fossés de la Bastille, & ensuite par tous ceux qu'elle reçoit dans la ville, de la place Maubert, de l'Hôtel-Dieu & d'ailleurs, qui rendent noire & hideuse toute l'eau des bords, laquelle se communique peu-à-peu avec celle du milieu, & c'est celle des bords, ou peu s'en faut, que puisent les porteurs-d'eau, & sur-tout les tonneaux qu'on emplit à la Grève & au-dessous du pont-Royal.

On a si bien reconnu, dans tous les tems, que l'eau des bords de la Seine où arrivent tous les égoûts, ne peut pas être salubre, ou qu'elle est au moins fort dégoûtante, que plusieurs Magistrats, dont la ville révère encore les noms, ont fait établir des fontaines dans les quartiers les plus voisins de la rivière. Telles sont celles de la place Maubert, de Saint-Severin, de la cour du Palais & de l'Apport-Paris. Telles sont encore, mais plus éloignées, celles de la place du Palais Royal, de la croix du Trahoir, des Innocens, & celle de Sainte-Catherine. Il y en a encore eu cinq autres que l'on a supprimées, faute d'eau, pour envoyer le peu qu'on en avoit, dans les quartiers plus éloignés. De ces cinq il y en avoit une contre les murs de l'hôtel de Conti, une au parvis Notre-Dame, une à la place des Barnabites, une à la Grève, & celle que M. le Duc de Sully avoit fait mettre au quai de l'École, là où étoit le réservoir de la Samaritaine, comme il a déjà été dit.

L'eau de la Seine est la moitié de l'année comme de la purée, & en aucun tems elle n'est bien claire, qu'après avoir reposé long-tems dans des réservoirs ou dans des vases, ou avoir passé par des artifices pour la clarifier. Enfin, quelle eau ont les

les habitans des quartiers éloignés ; c'eſt - à - dire, les neuf dixièmes de Paris ? Celle qu'on leur amène dans des tonneaux traînés & balottés dans les rues, depuis les bords de la rivière où ils la prennent, juſqu'aux extrêmités de Paris ; eau qu'il faut, par conſéquent, payer cher, à cauſe de l'éloignement, toute dégoûtante qu'elle eſt, ſi ce n'eſt celle des tonneaux qui la prennent à la pointe de l'île Saint-Louis, qui eſt, ſans contredit, la plus pure qu'on puiſe dans la rivière, celle des égoûts ni celle de la rivière des Gobelins n'étant pas encore arrivées au milieu du courant : tonneaux qu'on eſt pourtant heureux d'avoir, en attendant mieux, montés & établis comme ils le ſont, parce qu'ils diſtribuent de l'eau non mélangée avec les égouts, & qu'ils ſont toujours prêts à marcher aux incendies, la nuit comme le jour, l'Entrepreneur étant obligé de les emplir tous les ſoirs avant de ſe retirer. Ce ſage établiſſement eſt dû à M. de Sartine, Lieutenant-Général de Police. * On ſait tout ce que cet éclairé Magiſtrat a mis d'ordre & d'intelligence dans cette partie importante du détail immenſe confié à ſes ſoins : il n'y manque que ce qu'il ne peut y mettre ſeul, c'eſt une plus grande abondance d'eau, & on peut l'avoir quand on voudra : l'eau de l'Yvette eſt toute élevée, il ne lui manque qu'un chemin à faire, une fois pour toutes, pour la faire arriver, tant que Paris ſubſiſtera, à l'endroit le plus commode, pour de-là être diſtribuée dans tous ſes quartiers ; au lieu d'en élever par des machines, qui chargeroient à perpétuité la Ville & les habitans d'une dépenſe conſidérable : ſi c'étoit par des pompes à feu, outre la dépenſe énorme dont elles ſeroient, elles conſommeroient une matière, déjà devenue très-chère, dont les arts les plus néceſſaires ont un beſoin indiſpenſable ; matière qui emploieroit pour l'extraire, l'amener & employer, des forces beaucoup plus utiles ailleurs.

* Aujourd'hui Miniſtre & Secretaire d'Etat au Département de la Marine.

Je dois ajouter ici ce que M. du Hamel, de cette Académie, a vu étant à Londres, en 1734, qu'on y avoit alors abandonné l'uſage des pompes à feu, à cauſe de l'incommodité que la fumée du charbon de terre répandoit dans la ville, du côté où le vent la portoit. On y eſt pourtant revenu, faute de meilleurs moyens, qu'on ne trouvera vraiſemblablement pas dans aucune

III. MÉMOIRE. autre machine : mais une eau salubre qui est toute élevée, & qui peut arriver par sa seule pente & à meilleur marché, présente certainement un moyen plus sûr.

Quand on se représente l'étendue de Paris, contenant une lieue quarrée de terrein, tout couvert de maisons, dont la très-grande partie ont des quatre à cinq étages, & beaucoup six & sept, & dans la moitié de ces maisons plusieurs ménages à chaque étage, on n'est pas étonné que ces maisons renferment sept cents mille ames & plus ; mais on l'est beaucoup quand on considère que ce nombre prodigieux d'habitans répandus dans cette grande étendue de terrein, n'est fourni d'eau que par des tonneaux traînés sur des charrettes, ou par des hommes qui la portent sur leurs épaules, depuis la rivière jusqu'aux différens quartiers de la ville : c'est ce que ne peuvent sans doute croire ceux qui ne l'ont pas vu, & que ne pourront se le représenter ceux qui viendront cent ans après que l'Yvette aura été amenée ; car le projet sera exécuté tôt ou tard, n'y en ayant pas d'autres capables de fournir à Paris, à moins de dépenses énormes. Il n'est pas possible d'imaginer que tant de Citoyens, & tout ce qu'il y a de plus considérable dans le Royaume, connoissant la possibilité d'avoir de l'eau, & sachant que la Faculté la reconnoît pour être des plus salubres qu'il y ait, & l'atteste, veuillent se passer éternellement, & dans l'endroit qu'ils habitent le plus, d'une jouissance aussi solide & aussi essentielle, tandis qu'on se procure toutes les autres, bien moins urgentes que celle-ci : ce seroit trop mal augurer du jugement humain, surtout quand on considérera que ce projet réunit tous les avantages qu'on peut desirer ; salubrité, abondance, solidité pour la durée, élévation plus que suffisante pour l'amener, jouissance non interrompue comme l'est celle de l'eau fournie par les machines ; sûreté pour ne jamais manquer, comme le fait de tems à autre l'eau d'Arcueil. On a vu plus d'une fois le Luxembourg, tout le quartier de l'Université, les fauxbourg de Saint-Jacques & Saint-Marcel manquer d'eau pendant des années entières : qu'on se mette pour un moment à la place de tout ce peuple, obligé d'aller chercher l'eau à la rivière, ou de n'employer que de l'eau de puits.

Quand les Citoyens, auxquels l'eau manque le plus, ceux qui n'ont que la plus impure & la plus dégoûtante de Paris, qu'ils paient néanmoins fort chère, & auxquels il en faut davantage, considéreront, comme beaucoup l'ont déjà fait, ce qu'il leur en coûte pour être fournis de cette eau (5), qu'ils seront bien persuadés de tous les avantages dont on vient de parler, & combien il leur en coûteroit moins pour être servis, à cet égard, le mieux possible; le très-grand nombre se dira sûrement, si tous ne le font pas: nous payons nos commodités à la campagne, nous devons les payer à Paris. Les habitans de la campagne font un puits commun, ou amènent une source à leurs dépens ou par leur industrie, pourquoi les habitans de la Capitale n'en feroient-ils pas autant?

Ceci s'adresse principalement, comme on peut le voir, aux habitans des fauxbourg Saint-Germain & Saint-Honoré, qui composent presque tout ce qu'il y a de plus grand & de plus distingué en France, & qui n'ont d'autre eau que celle qu'on puise dans la Seine, à sa sortie de Paris, qui doit être d'autant plus impure, sur-tout pour le fauxbourg Saint-Germain, que c'est de ce côté qu'entrent dans la Seine tous les égoûts de la partie méridionale de Paris, toutes les immondices & infections qui sortent d'un Hôtel-Dieu, où il y a continuellement trois ou quatre mille malades ou gens pour les servir, & par-dessus tout cela la rivière des Gobelins. C'est-là l'eau que boivent les Grands du Royaume, tant qu'ils sont à Paris, & encore il ne faut pas qu'ils la prodiguent, car elle leur est amenée dans des tonneaux, qui vont de rue en rue, mesurant & distribuant petitement de porte en porte, à droite & à gauche, tant de mesures à cet hôtel-ci, tant à celui-là, tant au suivant. Peut-on appeller cela avoir de l'eau, pour la capitale du plus beau Royaume de l'Europe, & qui plus est, qu'il faille la voiturer

(5) Il y a peu de maisons d'un certain ordre dans les quartiers éloignés de la rivière, où l'on ne dépense pour des 30, 35 ou 40 livres d'eau par mois, & dans plusieurs autres davantage, au lieu qu'il ne leur en coûteroit que 6, 8 ou 10 livres par mois, s'ils avoient une fontaine bien fournie dans leur voisinage, & beaucoup moins s'ils en acquéroient 20 ou 30 lignes.

III. MÉMOIRE.

de la ſorte pour les incendies ? Il faut toute la vigilance & toute l'activité des Magiſtrats qui y volent au premier ſignal, pour qu'ils ne faſſent pas plus de ravages.

Croira-t-on, ayant l'eau de la ſorte, qu'on la prodigue dans une cuiſine, à laver tout ce qui doit l'être, ou qu'on tire toujours d'un puits toute l'eau néceſſaire pour laver tout ce qui en a beſoin ? Je crois qu'il y a des gens qui n'épargnent ni ſoins ni peines pour bien remplir leurs devoirs ; mais tout le monde n'eſt pas auſſi zélé, & quand on le ſeroit, cette eau de puits, qui ne peut diſſoudre le ſavon, lave-t-elle auſſi bien tout ce qui eſt à laver, que de l'eau bien diſſolvante ? Il ne faut pas être grand Phyſicien pour ſentir que cela ne peut pas être : quelqu'un voudroit-il ſe baigner dans l'eau de puits de Paris ?

Quand je dis que ceci s'adreſſe principalement aux habitans des fauxbourgs Saint-Germain & Saint-Honoré ; ce n'eſt pas que je veuille dire que c'eſt à eux à payer pour les autres, ni plus que les autres ; mais ils ſont les plus puiſſans, ceux qui en ont le plus grand beſoin, ceux qui ſeront plus aiſément écoutés & qui détermineront plutôt. C'eſt à eux, qui le peuvent, à plaider leur cauſe, en repréſentant leurs beſoins, & en offrant de payer au prorata de tout le monde. En plaidant leur cauſe, ils plaideront celle du public ou de tout Paris : perſonne ayant vu l'examen de la Faculté & ſachant raiſonner, ne leur dira plus *l'eau de l'Yvette n'eſt pas bonne.* Il y a nombre de ces Citoyens puiſſans, qui, pleins d'humanité, agiroient avec chaleur & empreſſement pour le ſeul dernier motif ; à plus forte raiſon le feront-ils, la cauſe étant commune.

On ſent aiſément, quand on y réfléchit, que la Ville ne peut pas faire cette entrepriſe avec ſes ſeuls revenus, qui ont tous leur deſtination depuis long-tems ; & quand ſes revenus ſeroient ſuffiſans, ſur quels fondemens prétendroit-on que c'eſt à elle à faire amener de l'eau ſalubre dans tous les quartiers, &, pour ainſi dire, à la porte de chaque maiſon, ſans une cotiſation ? C'eſt comme ſi on diſoit que c'eſt à elle à payer les porteurs-d'eau & les tonneaux qui la portent chez les particuliers, ou à payer les puits que les propriétaires font faire dans leurs maiſons.

Je ſens bien que beaucoup de perſonnes aimeroient mieux que

la Ville en fit les frais sur ses revenus, ou qu'il se présentât quelque généreux imitateur du Chevalier Hughes Middleton (6) ; mais les hommes justes, dont le nombre est plus grand que les gens de mauvaise humeur ne pensent, diront que l'eau doit être fournie à Paris, comme dans un village. Chacun paie le puits qu'il fait faire dans sa maison, & on prend si peu garde à cette dépense, ou on la trouve si nécessaire, quoique pour avoir de la mauvaise eau, que les maisons les plus voisines de la rivière en ont. On ne peut pas en être plus près que le sont les maisons des quais : toutes, ou peu s'en faut, ont des puits, & beaucoup en ont deux, parce qu'on a besoin d'avoir de l'eau à sa portée, pour cent choses que l'on fait tous les jours. Ce qui prouve encore qu'on manque d'eau toutes les fois qu'il faut l'aller chercher un peu loin.

Les puits que l'on a faits jusqu'à-présent dans Paris, vus en gros (7), & pour n'avoir que de la mauvaise eau, ont coûté

(6) L'eau de la nouvelle rivière, dont les habitans de Londres jouissent, outre l'eau de la Tamise, est due aux soins, à l'habileté & à la générosité du Chevalier Hughes Middleton : il commença cet ouvrage de ses propres deniers en 1608, & le finit au bout de cinq ans, en y employant chaque jour des centaines d'ouvriers : la rivière qui fournit cette eau prend sa source dans la Province de Harfort, fait soixante milles de chemin avant que d'arriver à Londres & passe sous huit cents ponts.

(7) Je tiens d'une personne des plus en état de le savoir, qu'il y a dans Paris, vingt-cinq mille maisons payant *Vingtième*, & l'on estime qu'il y en a aux environs de cinq mille appartenantes à des gens de main-morte, qui ne paient pas, & en tout, m'a-t-on assuré plus de trente mille. Chaque maison n'a pas un puits ; quelques-unes n'en ont point ; d'autres ont un puits mitoyen : le très-grand nombre ont leur puits particulier, beaucoup en ont deux ou trois, ou davantage ; mais ceux-ci ne remplacent pas pour les maisons qui n'en ont point. Plusieurs Entrepreneurs qui connoissent bien Paris, estiment qu'il peut y avoir un huitième moins de puits que de maisons ; d'autres disent un sixième : tenons-nous en à ce dire, comme le moins favorable : il y a donc aux environs de vingt cinq mille puits dans Paris. Les mêmes Entrepreneurs disent que ces puits, les uns portant les autres, doivent être estimés avoir coûté mille à douze cents livres de notre tems, ou la valeur, en quelque tems qu'on les ait faits : ne disons que mille livres ; les puits de Paris ont donc coûté

III. MÉMOIRE.

aux propriétaires plus de deux fois ce qu'il en coûteroit pour faire arriver l'eau de l'Yvette dans tous les quartiers de Paris.

Il falloit avoir de l'eau, dira-t-on, bonne ou mauvaiſe, & la dépenſe des puits eſt faite. Cela eſt vrai ; mais je ne connois aucun propriétaire de maiſon, & chacun peut le demander à ceux qu'il connoît, qui n'en fiſſent encore autant, ſi on pouvoit leur prouver qu'à même profondeur ils trouveroient une ſource ou une nappe d'eau ſalubre, comme celle d'Arcueil ou de Ville-d'Avray : il n'en coûteroit pas la moitié à chaque propriétaire, pour faire venir l'Yvette, & moins pour les petites maiſons que pour les grandes ; ce qu'ils retrouveroient bientôt par les loyers, comme il ſeroit juſte, puiſqu'il en coûteroit moins aux locataires, pour avoir l'eau qu'on n'iroit prendre qu'à deux pas, que pour l'aller prendre à la rivière, & rien du tout pour ceux qui voudroient prendre la peine de l'aller chercher, comme le feroient beaucoup de perſonnes ; ce qu'elles ne peuvent pas faire à préſent.

Il eſt tout auſſi juſte que l'eau néceſſaire aux habitans de Paris, ſoit amenée à leurs dépens, qu'il l'eſt qu'un puits commun dans un village ſoit fait aux dépens des habitans du village, ou qu'il l'eſt qu'un particulier paie ce qu'il fait faire chez lui pour ſon ſeul uſage. Une déclaration de François I y eſt conforme. Voici comment le dit M. de Freminville *.

* Pratique de la rénovation des terriers, tom. IV, pag. 518.

vingt-cinq millions aux propriétaires, & cela pour n'avoir que de la mauvaiſe eau. L'eau de l'Yvette ne doit pas coûter la moitié de cette ſomme, tant pour l'amener que pour la diſtribuer ; ainſi en admettant le nombre de 30000 maiſons, cela ne feroit qu'aux environ de 400 livres par maiſon, l'une portant l'autre, les unes 50 liv. d'autres 100 liv. d'autres 500 liv. 1000 liv. . . . Peut-on ſuppoſer qu'aucun propriétaire ſe refuſât à payer, une fois pour toutes, un auſſi modique contingent ? Bien des perſonnes le paieroient pour la ſeule ſatisfaction de voir les rues toujours propres ; mais il y a des avantages bien plus réels ; les deux principaux ſont d'avoir dans Paris beaucoup plus de fontaines, & preſque dans toutes les rues, abondamment fournies d'eau belle & ſalubre. Cette dépenſe ſeroit bientôt rentrée par les loyers qu'on tireroit de plus, ou par ce qu'on paieroit de moins aux porteurs-d'eau qu'il faudroit dans Paris : ceux qui en acquerroient en particulier, l'auroient encore à bien meilleur marché : on trouveroit de plus un ſecours toujours prêt contre les incendies.

» François I, qui pourvoyoit à tout, nous apprend, par sa » Déclaration de 1540, pour la Normandie, qu'ayant visité » plusieurs fois cette Province, il avoit reconnu lui-même que » ces habitans prenoient peu de soin des eaux, soit de fontaines, » pluviales & de puits, qu'ils négligeoient de construire en » creusant les terres pour y trouver l'eau nécessaire ; pour quoi » il ordonne qu'il soit construit des puits publics en tous les » lieux, bourgades & villages, pour les frais desquels il sera » levé les sommes nécessaires sur les habitans des lieux, où tous » les habitans, privilégiés & non-privilégiés, contribueront. » Cette Ordonnance est digne d'un grand Roi, qui pourvoyoit » par lui-même aux besoins les plus nécessaires de ses Sujets ».

Les hommes ont besoin d'eau salubre en tout tems & en tous lieux : outre qu'il en faut pour la boisson, on ne connoît point d'alimens factices dans la préparation desquels il n'entre de l'eau. La moitié ou davantage de ce que les hommes font, ne s'opère que par l'eau, médiatement ou immédiatement. Plus on peut avoir aisément de l'eau belle & salubre, plus on est naturellement porté à la propreté en tout, tant pour le dedans que pour le dehors, & cela est nécessaire pour la santé.

Plus nous avons l'eau près de nous, moins il nous en coûte de tems, de peine ou d'argent pour en user ; aussi voyons-nous que tout homme qui entend ses intérêts, qui a, ou qui fait une habitation à la campagne, s'il n'a point de sources dans le voisinage, & assez près, fait la dépense d'un puits, qui est souvent fort cher, & même on en fait plusieurs pour s'épargner du chemin : s'il y a une source qu'il puisse amener dans sa maison, il le fait, si ses facultés le lui permettent. Si elle ne peut pas y arriver, mais qu'à peu de frais il puisse l'en approcher de beaucoup, il le fait encore, parce que pour une fois que l'on fait un chemin à l'eau, on s'épargne pour toujours les pas qu'il faudroit faire pour l'aller chercher loin, & souvent plusieurs fois par jour.

Si je disois que feu M. le Duc de la Rochefoucault a fait conduire à son château de la Rocheguyon, quoique situé presque au bord de la Seine, les eaux d'une source qui est à deux mille deux cents toiſes de-là, & pour laquelle il a fallu couper une montagne de douze à quinze pieds de profondeur réduite, dans une traverſée de plus de trois cents cinquante toiſes, percer pluſieurs buttes ou croupes ſaillantes, dont la côte eſt crénelée, & faire un pont-aqueduc pour traverſer une large cavée, on me répondroit, & avec raiſon, que M. le Duc de la Rochefoucault étoit un grand Seigneur qui auroit pu faire encore davantage s'il avoit voulu. Cela eſt vrai, mais il étoit auſſi prudent & auſſi ſage que grand Seigneur; & c'eſt-là ce qui fait la vraie richeſſe.

On croira aiſément que cette dépenſe a été conſidérable, & M. le Duc de la Rochefoucault ne l'eût pas faite s'il n'y avoit trouvé un avantage bien réel pour tous les ſervices d'une grande maiſon, pour s'aſſurer un ſecours prompt en cas de beſoin, & autant que tout cela pour ſe procurer un moyen de ſatisfaire ſon penchant à faire le bien, en donnant aux habitans du bourg deux fontaines, abondamment fournies d'une eau pure & ſalubre, par le trop plein d'un réſervoir, très-digne d'être vu, taillé dans la maſſe de la montagne, dans lequel il y a toujours deux mille muids d'eau en réſerve, prêts à ſecourir le château & le bourg, s'il en étoit beſoin; & ce n'eſt pas le ſeul acte de bienfaiſance de ce grand Seigneur (8); mais que dira-t-on des payſans de deux Provinces dont je vais parler, & ſans doute de beaucoup d'autres qui ont le bon jugement de ſe procurer les mêmes avantages, & qui ſentent tout ce qu'ils y gagnent, pour n'avoir pas regret à ce qu'il leur en coûte.?

Je tiens de M. Guettard, de cette Académie, & de M. Lavoiſier,

(8) M. le Duc de la Rochefoucault avoit fait établir dans ſes terres d'Angoumois des pépinières de mûriers, entretenues avec le plus grand ſoin, pour l'uſage gratuit, non-ſeulement de ſes vaſſaux, mais pour toute perſonne connue qui ſe préſentoit pour en avoir, afin d'en établir la culture dans le pays: l'établiſſement a ſubſiſté tout le tems qui a été néceſſaire: c'eſt par des actes de cette eſpèce qu'un grand Seigneur s'honore, & ſe fait révérer beaucoup plus que par ſa naiſſance, quelqu'illuſtre qu'elle ſoit; mais de tout tems la bienfaiſance a été du patrimoine de cette maiſon. Tout le monde a ſu l'acte d'humanité de M. l'Archevêque de Rouen, à ſon arrivée à ſa terre de Gaillon, envers des cultivateurs qui n'étoient pas ſes fermiers.

Lavoiſier, qui viennent de parcourir enſemble l'Alſace & la Lorraine, qu'ils n'y ont pas vu, non-ſeulement une ville ni un bourg, mais pas un village ni un hameau où l'on n'ait amené de l'eau de près ou de loin, par le moyen de tuyaux de bois. Ils aſſurent qu'il n'y a pas même un payſan, habitant les champs ou les montagnes, qui n'ait amené de l'eau dans ſa cabanne, ou au moins dans le voiſinage, laquelle vient ſouvent de fort loin.

Si de pauvres payſans ſe procurent cet avantage, que ne doivent pas faire des Citoyens aiſés, qui ont de quoi fournir à tous les objets de luxe qui paſſent, & qu'il faut renouveller, qui ſont, pour la plupart, fort chers, & toujours de moindre valeur que l'argent qu'on y met ? Au lieu que l'objet en queſtion, bien plus important que ceux-là, & d'une bien plus grande valeur que l'argent qu'on y emploieroit, ſerviroit à jamais, & ſeroit toujours de mode.

Les propriètaires des maiſons de Paris faiſant venir l'eau de l'Yvette dans toutes les rues, ou au moins dans la plus grande partie, & par conſéquent près de la maiſon de chacun, ou dans la maiſon même, feroient en commun pour leur habitation de la ville, ce qu'un particulier fait pour lui ſeul à la campagne, quand il approche une ſource de ſa maiſon, ou qu'il l'amène dans ſa maiſon-même.

Par le moyen de l'Yvette, Paris auroit beaucoup plus d'eau que de fontaines pour la diſtribuer, au lieu qu'il a beaucoup plus de fontaines que d'eau à y faire couler. D'une plus grande abondance d'eau chez les particuliers & dans les fontaines publiques, réſulteroit la propreté des rues, comme il a déjà été dit, & conſéquemment la ſalubrité de l'air ; & du plus de propreté des rues, ou d'immondices entraînées par l'eau, réſulteroit une économie pour l'enlèvement des boues, qui tourneroit à profit pour quelqu'autre objet de la Police.

Qu'il me ſoit permis de rapporter ici une réflexion que j'ai entendu faire par un zélé partiſan du projet de l'Yvette, qui payeroit avec grand plaiſir, ſa part & au-delà, pour contribuer à ſon exécution.

Si la place où l'on a bâti Paris avoit été cherchée exprès, &

III. MÉMOIRE. choisie telle que, traversé comme il est, par une grande rivière, il y en eût encore une autre qui arrivât naturellement, ou sans qu'on s'en fût mêlé, à la porte Saint-Michel, à une hauteur suffisante pour envoyer de-là ses eaux dans tous les quartiers de la ville, distribution qui seroit faite il y a long-tems, tout homme de bon sens qui considéreroit cela, ne pourroit s'empêcher de louer l'heureux choix, supposé fait pour cette grande ville, voyant une rivière navigable en bas, pour la commodité du commerce & des approvisionnemens, & une petite en haut pour l'usage journalier des habitans, pour servir à la propreté & à la fraîcheur des cuisines, offices, salles à manger, bains, lavoirs & abreuvoirs publics, à la propreté des cours, des rues & des égouts, & fournir un secours prompt contre le malheur des incendies.

Cet homme de bon sens auroit raison. Eh bien! le projet de l'Yvette offre cet avantage, qu'on admireroit si la Nature l'avoit donné, & il ne tient qu'aux Citoyens de se le procurer pour fort peu de chose de la part de chacun, eu égard à l'avantage qu'ils en retireroient; & j'ose dire affirmativement, qu'on n'en aura bien que par l'Yvette.

N'est-il pas juste, disent les vrais Citoyens, que les habitans de la Capitale fassent quelque chose pour leur propre jouissance, comme le font les habitans d'un village, comme l'ont fait ceux de Coulanges-la-vineuse, comme viennent de le faire ceux de Nanterre, quoique moins éloignés de la rivière que la moitié des habitans de Paris, & tant d'autres qu'il seroit trop long de citer. Il en coûte plus, toute proportion gardée, aux habitans d'un village ou d'un hameau de la Beauce, pour faire un puits commun, & souvent ils en font deux ou davantage, qu'il n'en coûteroit aux habitans de Paris, pour faire venir l'Yvette dans toutes les rues. N'est-il pas raisonnable que nous payions ce qui seroit fait pour notre avantage, pour notre bien; & quel plus grand bien peut-on nous faire, que de nous assurer une abondance considérable d'eau belle, pure & salubre: au moins faut-il se procurer le nécessaire quand on se donne autant de superflu.

Si la Ville avoit de l'eau à donner dans tous les quartiers, &

à fournir dans beaucoup de fontaines, je connois des Citoyens qui feroient plus que payer leur contingent; ils feroient construire, à leurs dépens, des fontaines dans leurs quartiers. Combien s'en trouveroit-il qui en feroient autant? en leur promettant seulement, ce qui seroit bien juste, que le monument porteroit leur nom, comme le porte le Puits-certain, que Robert Certain, Curé de Saint-Hilaire, fit faire à ses dépens, pour le service de son quartier, & la fontaine de Marle, rue Salle-au-Comte, que le Chancelier de Marle fit bâtir sur le terrein de son hôtel.

On nous vante toujours les bienfaiteurs Anglois, & on ne dit jamais rien des François: nous avons néanmoins les nôtres, & peut-être en aussi grand nombre. Tout le quartier de l'Université est couvert de monumens de bienfaisance: nous avons eu des Gerard de Poissy (9), des Cardinaux de Richelieu & de Mazarin (10), des Maréchal de la Feuillade (11), des Rouillé de Meslai (12), des la Peyronie (13), des Godinots (14), des

(9) Gerard de Poissy donna, de son propre mouvement, onze mille marcs d'argent, pour contribuer à faire paver les rues de Paris.

(10) Le Cardinal de Mazarin donna en 1661, en argent, ou en effets sur la Ville, la valeur de plus de trois millions de fonds pour fonder le Collége des Quatre-Nations, dans un tems où le marc d'argent ne valoit que vingt huit à vingt-neuf livres: il en coûta peut-être autant au Cardinal de Richelieu, pour les Colléges de Sorbonne & du Plessis, s'il ne lui en coûta pas davantage.

(11) Le Maréchal de la Feuillade a fait faire la Place des Victoires à ses dépens.

(12) M. Rouillé de Meslai donna à l'Académie des Sciences cent vingt-cinq mille livres de fonds, en contrats sur la Ville, pour les Prix qu'elle distribue tous les ans, pour l'avancement des Sciences.

(13) M. de la Peyronie, premier Chirurgien du Roi, a donné onze à douze cents mille livres aux Ecoles de Chirurgie de Paris & de Montpellier, pour l'avancement d'un art aussi utile à l'humanité.

(14) M. Godinot, Chanoine de Reims, a fait faire une machine qui donne de l'eau dans tous les quartiers de la ville, les conduites & les fontaines.

III. MÉMOIRE.

Graffins (15), des d'Onzenbrai (16), des de Dieft (17), & tant d'autres que j'ignore.

Combien n'a-t-il pas fallu de bienfaits pour mettre les Hôpitaux dans l'état où ils font, & combien n'en faut-il pas encore pour fubvenir à tous leurs befoins? Je n'examine pas fi les fondations des Couvens font utiles ou nuifibles, mais toujours ceux qui y ont contribué, ont-ils eu intention de faire le bien : chaque pays a des ames & des cœurs droits, portés à l'humanité & au bien général.

Il y a encore des perfonnes qui font le bien par la fatisfaction qu'elles trouvent à le faire : nous en connoiffons tous ; mais leur modeftie fouffriroit fi je les défignois. Il y a plus d'hommes vertueux que les autres ne croyent. Si on en pouvoit douter, il n'y a qu'à le demander aux Curés de Paris : tous ceux qui pourroient être faftueux ne le font pas.

Si l'Yvette étoit amenée à Paris par le concours des Propriétaires, la Ville pourroit donner l'eau à ceux qui voudroient en acquérir pour la moitié du prix qu'elle a été vendue jufqu'à préfent. Par-là, beaucoup de monde en acquerroit, d'autant qu'elle coûteroit moins en conduite, les fontaines étant beaucoup plus fréquentes, parce qu'elle feroit toujours belle & pure, & parce qu'on feroit affuré de l'avoir toute l'année, la rivière haute ou baffe, n'y faifant rien, non plus que les réparations des machines, ni les glaces.

Je viens de dire que beaucoup plus de Propriétaires acquerroient de l'eau, fi on la donnoit à cent livres la ligne, moitié

(15) M. Graffin, Directeur général des Monnoies de France, a fait rétablir, à fes dépens, la moitié ou les trois-quarts de la ville d'Arci-fur-Aube, qui avoit été entièrement détruite par un incendie, pendant qu'il en étoit Seigneur.

(16) M. d'Onzenbrai a donné à l'Académie fon cabinet d'Hiftoire Naturelle, un des plus complets du Royaume.

(17) M. de Dieft, Médecin de la Faculté de Paris, a donné foixante mille livres de fonds aux Ecoles de Médecine, dont la rente eft employée à fournir aux frais de réception d'un étudiant en Médecine, par licence; avantage qui doit être remporté au concours.

de ce qu'elle a été vendue jufqu'à-préfent ; mais chacun en prendroit encore davantage, parce que ce font de ces dépenfes qu'on ne fait qu'une fois, bien différentes de prefque toutes les autres, qu'il faut recommencer tous les jours ou très-fouvent, & beaucoup qui font incomparablement moins effentielles & néceffaires que celles-ci : on s'y livreroit d'autant plus aifément, que le furplus de la dépenfe en conduite & en réfervoir, eft pour vingt lignes comme pour quarante ou cinquante lignes. Que deux ou trois mille francs dépenfés une feule fois, font peu de chofe pour les perfonnes qui peuvent fe procurer de l'eau dans leur maifon, & que vingt ou trente lignes d'eau en fus de ce que l'on a cru néceffaire & fuffifant, donnent une abondance confidérable d'une denrée dont on n'a jamais affez ! car je ne connois perfonne ayant de l'eau à fa campagne, qui n'en cherche encore. On met bien fouvent mille écus d'augmentation pour avoir un ameublement un peu plus beau, qui ne fert pas mieux qu'un autre, qui fe ternit, s'ufe & fe paffe plus vîte. Beaucoup de perfonnes fentiront que telle ou telle fomme, employée à acquérir une eau qui ne pourra plus manquer, augmente d'autant la valeur de leur maifon.

Nombre de perfonnes riches feroient à Paris comme à la campagne ; elles conftruiroient dans leurs maifons, au moins pour l'hiver, des lavoirs pour leur linge, avec des réfervoirs pour les fournir. Quel bien tout cela ne feroit-il pas pour la propreté des rues ? Quels abondans & prompt fecours, en cas de befoin, ne retireroit-on pas de tous ces réfervoirs particuliers, même fans le demander ? Il n'y a perfonne qui ne fe fît un devoir de faire lâcher fon eau, au premier fignal, ou l'offrir pour lâcher à l'heure qu'on voudroit, lorfque le ruiffeau pourroit la conduire là où feroit le mal.

Les fonds provenans de ces conceffions d'eau, étant employés en conftructions de nouvelles fontaines, ou de lavoirs & abreuvoirs publics dans tous les quartiers éloignés de la rivière, toutes les commodités en feroient d'autant plus augmentées avec la feule première dépenfe faite pour faire venir l'Yvette ; l'eau des lavoirs & abreuvoirs étant lâchée tous les foirs, nétoyeroit d'autant mieux les rues & les égouts, & les con-

III. MÉMOIRE.

tribuans verroient tous leurs fonds employés à leur destination.

QUAND l'Yvette sera arrivée à Paris, on aura de l'eau salubre dans tous les quartiers, & à portée de tout le monde : on en aura abondamment ; on l'aura l'hiver, & pendant les plus grands froids comme dans les plus grandes chaleurs, tant pour les usages journaliers, que pour avoir un secours toujours assuré contre les incendies ; ce qu'on ne peut point avoir par les machines lorsqu'il gèle. Quel avantage pour les propriétaires & locataires, de voir d'autant en sûreté leurs maisons, leurs meubles, leurs papiers & autres effets, & souvent toute leur fortune, les dépôts royaux, publics & particuliers !

Les rues, au moins les grandes & les moyennes, seront toujours propres & fraîches, excepté pendant les gelées, que l'eau de trop ira dans les puits.

On sera assuré que les infections qui coulent des boucheries ou d'ailleurs, ne croupiront pas & ne fermenteront pas des étés entiers dans les égouts couverts, comme elles le font à présent ; ce qui infecte l'air qu'on respire, comme on peut s'en appercevoir lorsqu'on passe auprès de leurs ouvertures.

Il résultera de l'arrivée de l'eau de l'Yvette, que l'on pourra débarrasser le pont-Neuf & le pont Notre-Dame, des machines & des digues qu'on y a construites ; établissement très-incommode à la navigation, & très-fâcheux lors des inondations qu'ils rendent plus grandes, & les débacles plus funestes.

Les maisons royales étant abondamment fournies d'eau, les bâtimens de Sa Majesté seront débarrassés à jamais, aussi-bien que la Ville, de l'entretien des machines qui sont sous les ponts Neuf & de Notre-Dame, qui, en les embarrassant, empêchent qu'on ne jouisse de la beauté de ces ponts.

Cette eau ne sera pas sujette à manquer, comme celle d'Arcueil. Cette dernière vient de sources hautes, & celle de l'Yvette de sources basses, eu égard au terrein d'où elles sortent.

Cette eau sera toute l'année, belle & pure, ne pouvant

recevoir aucune eau pluviale dans les ſept lieues qu'elle aura à de Vaugien à Paris.

Depuis le mois de Décembre juſqu'en Avril, on ne boit par la Seine que de l'eau mêlée de la fonte des neiges de la Bourgogne, avec les autres eaux ordinaires. Comme il neige fort peu dans ce pays-ci, & que le peu qui tombe eſt preſque toujours paſſé en moins de douze à quinze jours, on n'aura que pendant ce tems la fonte des neiges, mêlée avec les eaux des ſources, qui forment le fonds de l'Yvette.

De la propreté des rues, réſultera qu'on reſpirera en tout tems, un air ſain & pur, au lieu de l'air puant & plein de tout ce qui s'exhale des boues, qui doit faire ſur nos poumons quelqu'effet fâcheux, comme il fait ſur le linge blanc, ſur les cartes & eſtampes, ſur l'or & l'argent.

L'eau coulant dans les rues, & entraînant avec elle une grande partie des boues & immondices, il devra en coûter quelque choſe de moins pour les faire enlever.

Les rues ne ſeront plus embarraſſées par les voitures qui mènent les tonneaux, & le ſeront moins par les tomberaux des boues.

Il faudra incomparablement moins de porteurs-d'eau, & ce ſeront autant de bras reſtitués à la culture des terres.

Les perſonnes qui voudront avoir de l'eau chez elles, l'auront à beaucoup meilleur marché, & elle ſera toujours bien fournie.

Conſéquemment l'uſage des bains, ſi néceſſaires pour la propreté & pour la ſanté, ſera d'autant plus aiſé ; & il en coûtera moins pour les avoir chez ſoi.

VOILA les principaux avantages qui réſulteront de l'arrivée de l'eau de l'Yvette à Paris : la privation de chacun de ces avantages prouve le beſoin que cette ville a d'avoir de l'eau : j'en trouverois encore pluſieurs autres, ſi je ne craignois de devenir minutieux :

il en eſt néanmoins un dont je n'ai encore rien dit, & qui vaut pourtant bien la peine qu'on le compte; il concerne les chevaux, ces animaux, ſi précieux par les ſervices qu'ils nous rendent: la ſenſibilité & notre intérêt demandent qu'on penſe à eux, tant pour leur éviter des maladies, que pour prolonger leur vie & leur ſervice, s'il y a lieu.

On a la fâcheuſe habitude, dans les neuf dixièmes des maiſons de Paris, d'abreuver les chevaux avec l'eau de puits; car on ne voit guère que les rouliers mener leurs chevaux boire & ſe laver à la rivière. On croit qu'en tirant l'eau d'un puits, deux ou trois heures avant de la leur donner, elle devient beaucoup meilleure ou moins mauvaiſe. Peut-on penſer ſérieuſement que leurs viſcères ſoient beaucoup moins ſenſibles que les nôtres? Ils boivent l'eau qu'on leur donne, parce qu'il n'en ont point d'autre, ainſi que bien des hommes dans les fauxbourgs & dans les marais. J'étois bien perſuadé que la mauvaiſe eau devoit être pour eux, comme pour nous; mon opinion toute ſeule n'auroit pas été d'un grand poids: j'en ai écrit à M. Bourgelat, Chef & créateur de l'École Vétérinaire, Correſpondant de cette Académie, & le Juge Souverain de ces matières, pour le prier de me marquer ſon ſentiment; voici un extrait de ſa réponſe.

» Nous ne ſommes plus, Monſieur, dans le tems où l'on » penſoit, même d'après de grands hommes, que les chevaux » préfèrent, pour leur boiſſon, l'eau la moins limpide, & que » celle qui ſe trouve chargée de beaucoup de particules hétéro» gènes les engraiſſe, parce que dès-lors leurs veines ſe rem» pliſſent davantage. Plus éclairés ſur le méchaniſme des corps » animés, nous avons banni de l'art Vétérinaire ces anciennes » erreurs. Comment des corpuſcules terreſtres & groſſiers » pourroient-ils aider à fournir un chyle balzamique & propre à » une aſſimilation, d'où réſulteroit une homogénéité véritable? » Nous ſavons que non-ſeulement le fluide aqueux diſſout les » humeurs viſqueuſes, entretient la fluidité du ſang, débarraſſe » tous les conduits, & facilite merveilleuſement la plus impor» tante des excrétions, je veux dire, la tranſpiration inſenſible; » mais qu'il eſt encore le véhicule qui porte le ſuc nouricier

jusques

» jusques dans les pores les plus ténus & les plus déliés. Il suit, » Monsieur, de cette vérité, que les seules eaux bienfaisantes » sont celles qui, légères, pures, simples & claires, passeront » avec facilité dans tous les vaisseaux excrétoires, & que celles » qui sont crues, pesantes, croupissantes, inactives, terrestres » & imprégnées de parties grossières, formeront une boisson » très-nuisible, attendu la peine qu'elles auront à se frayer une » route à travers les canaux, à l'extrémité desquels elles ne » parviendront jamais qu'elles n'y causent des obstructions. » J'avoue, Monsieur, que celles-ci, eu égard à la construction » du cheval, à la force de ses organes digestifs, au genre des » alimens dont il se nourrit, ne lui sont point aussi pernicieuses » qu'à l'homme. On ne doit pas néanmoins se dispenser de » faire attention aux différentes qualités de celle dont on l'a- » breuve. Les eaux trop vives suscitent en lui des avives, des » fortes tranchées: les eaux de neige provoquent ordinairement » une toux violente, un engorgement considérable dans les » glandes; elles excitent un flux plus ou moins copieux, par » les naseaux, d'une humeur plus ou moins épaisse & plus ou » moins foncée: les eaux de certains puits, tels que celui de la » maison que j'habite, ont donné à mes chevaux des tranchées, » & elles ont produit en eux une toux assez opiniâtre, un engor- » gement & un écoulement, semblable à ceux dont je viens de » faire mention. Je ne doute pas que les eaux d'une très-grande » quantité de puits de Paris ne soient de nature pareille, & je » ne serois pas éloigné de croire que si celles des autres puits ne » se montrent pas d'abord insalubres par des effets aussi marqués » & aussi prompts, & sont assez avidement bues par les che- » vaux qui y sont habitués, elles n'en sont pas moins une source » féconde de maladies, & principalement de celles dont l'ori- » gine est dans l'embarras & dans le défaut des sécrétions. Je » fais à présent abreuver mes chevaux de la même eau dont je » m'abreuve moi-même.

» Au surplus, Monsieur, j'ai lu avec beaucoup d'empresse- » ment votre Mémoire, suivi de la savante analyse des eaux de » l'Yvette. Un bon Citoyen voit toujours ses projets traversés » par la jalousie, par l'intérêt, & par toutes les passions qui

III. MÉMOIRE.

» agitent les hommes; mais un Gouvernement sage & éclairé » en reconnoît toujours l'utilité, & en ordonne tôt ou tard » l'exécution ».

SAUVAL dit, qu'avant Philippe-Auguste, on n'avoit osé entreprendre de paver Paris, à cause de la dépense : on y fut contraint par la nécessité, & on le fit. Cette ville, dit-il, est à présent la mieux pavée qu'il y ait au monde. Paris a aujourd'hui autant besoin d'eau qu'il avoit alors besoin d'être pavé. Il pourra bien arriver qu'on balance autant pour y amener l'Yvette, qu'on a fait pour le paver. Le besoin (déjà très-grand) y contraindra de plus en plus, & les propriétaires la feront venir à la fin, comme leurs prédécesseurs firent paver les rues : ce sera alors une des villes du Royaume les mieux fournies d'eau, comme elle le seroit il y a long-tems si on en avoit connu le moyen. Il en coûtera autant, dans quelque tems qu'on le fasse, qu'il en coûteroit aujourd'hui, s'il n'en coûte pas davantage, & tout le tems qu'on aura laissé écouler, sera autant de jouissance perdue.

CONCLUSION DE TOUT L'OUVRAGE.

ON ne peut nier que Paris manque d'eau dans tous ses quartiers : le projet des pompes à feu, proposé tant de fois, & autant de fois rejetté, celui que l'on a tenté pour fournir aux Citoyens de l'eau propre & salubre qu'on devoit prendre au Port-à-l'Anglois, celui d'apporter dans cette grande ville & dans des bouteilles cachetées, de l'eau de Ville-d'Avray, le nombre des tonneaux qui distribuent de l'eau, prise à la pointe de l'Isle Saint-Louis, & le nombre beaucoup plus grand de ceux qui la prennent sur les bords de la rivière, tant au-dessus de Paris qu'au-dessous, pour la porter dans les quartiers éloignés, en feroient des preuves, si on pouvoit se faire illusion sur cet article important de la Police de cette grande ville.

Il faut donc convenir de l'utilité d'un projet qui en donneroit abondamment dans un nombre de fontaines publiques, proportionné à la grandeur de la ville, coulant jour & nuit, & toujours prête à fournir, sans compte & sans mesure, aux besoins des habitans, aux incendies, au nétoyement des rues,

& au désencombrement des égouts couverts, qui infectent pendant l'été tous les environs de leurs ouvertures; articles de la plus grande conséquence pour la salubrité de l'air & pour la santé: non-seulement un tel projet est utile, mais nécessaire, & devient comme indispensable par les agrandissemens que Paris prend de toutes parts.

Trois conditions sont absolument nécessaires pour fournir d'eau une grande ville; que l'eau soit de bonne qualité, qu'elle soit abondante & toujours au-dessus des besoins, qu'elle soit assurée à jamais sans autre soin, s'il est possible, que celui des conduites qui sont inévitables dans tous les cas: le projet de l'Yvette remplira ces trois conditions, quand on le voudra.

La Faculté de Médecine a constaté, d'après la Commission la plus authentique & la plus éclairée, la salubrité de l'eau de l'Yvette, & a assuré que son goût de marais n'est que celui de toutes les autres petites rivières qui composent les grandes; qu'il a la même cause, les herbes & les feuilles des arbres; qu'il se passe comme celui des autres, & aussi promptement.

L'Académie Royale des Sciences vérifiera, quand on l'en priera, & elle desire être bientôt chargée de ce soin, si la quantité d'eau est telle que je l'ai avancé, & s'il y a toute la pente nécessaire pour l'amener au milieu de la rue Saint-Hyacinte.

On ne sauroit douter que l'Académie Royale d'Architecture ne se portât à la perfection de ce projet avec autant de zèle & de patriotisme que les deux précédentes Compagnies, si on la prioit de vouloir bien se charger de faire faire sous ses ordres & conduite, tous les ouvrages relatifs à ce monument, que j'ose dire autant digne de ses soins qu'aucun puisse l'être, puisque ce seroit pour le service des Citoyens présens & à venir de l'une des plus grandes villes du monde.

Il seroit à desirer que tous les projets qu'on a dessein d'exécuter, pussent être soumis, & le fussent en effet à des Juges aussi éclairés.

Avec ces garanties, le Gouvernement pourroit être aussi sûr d'être applaudi dans son entreprise, que les Citoyens d'avoir de bonne eau, d'en avoir abondamment, & de l'avoir assurée pour une longue suite de siècles.

III. MÉMOIRE. J'ose dire que le projet de l'Yvette est un des plus beaux, des plus utiles & des plus intéressans qu'on puisse proposer pour la ville de Paris : en disant cela, aucun motif d'intérêt ne me fait agir, je n'ai en vue que l'avantage des Citoyens ; je ne veux être ni l'Architecte ni l'Entrepreneur de ce grand ouvrage, ni associé à l'entreprise qu'on en pourroit faire, quand même on devroit le commencer le plutôt possible : s'il pouvoit être fait ou commencé de mes jours, ce seroit avec la plus grande satisfaction que j'emploierois tous les soins dont je peux être capable, à en établir la route & les pentes ; mais cela ne doit être fait que quand on sera déterminé à y travailler : le faire long-tems auparavant, seroit de la peine & de la dépense perdues.

Quelques personnes diront peut - être que j'ai trop exalté ce projet ; je les prie de se mettre bien au fait de toutes ses particularités, s'ils connoissent suffisamment Paris & ses environs, de vouloir bien en examiner le tout depuis un bout jusqu'à l'autre, de considérer ce qui a été fait pour tant d'autres villes anciennes & de nos jours, le besoin qu'en a la ville de Paris, l'abondance de l'eau qu'on propose d'y amener, même dans les saisons les moins favorables, sa bonne qualité, la facilité qu'il y a de la faire arriver à Paris, l'endroit avantageux où elle arrivera pour la distribuer dans tous les quartiers de cette grande ville, la beauté dont sera cette eau à son arrivée à Paris, l'utilité qu'en retireront les Citoyens pour tous les usages de la vie, la propreté des rues & la salubrité de l'air : quand elles connoîtront tout cela comme moi, elles en diront plus que moi, & pourront le dire avec autant de force qu'elles voudront, comme je le ferois si le projet venoit d'un autre, parce que tel est l'empire de la vérité chez ceux qui ne desirent que le bien public.

J'ai créé le projet de l'*Yvette*, je l'ai mis dans son plus grand jour ; il ne me reste à desirer, pour être au comble de mes vœux, que de voir un jour les eaux de cette rivière arriver à la porte *Saint-Michel*.

Mais, dans la crainte que je meure sans avoir cette satisfaction, je prie les Magistrats & les Ministres qui se trouveront dans des circonstances plus favorables que celles d'aujourd'hui, de ne rien conclure contre la possibilité du projet, ni contre la bonne qualité de l'eau que je propose d'amener.

Je les prie aussi, pour qu'il ne leur reste aucun doute, de faire examiner tout ce que j'ai dit par les personnes les plus capables, & s'ils veulent encore mieux faire, qu'ils se mettent eux-mêmes bien au fait de tout le projet, qu'ils prennent la peine de faire un voyage à Gif, passant par Antoni, Massi, Palaiseau, Orsay & Bures; ils verront, chemin faisant, la route que doit tenir le canal & la montagne à percer avant d'entrer dans Palaiseau: la vue du local, la facilité qu'il présente, la beauté de l'eau & son volume, augmenteront leur desir de procurer un aussi grand bien à la ville confiée à leur administration, & les porteront à chercher ou à imaginer les moyens suffisans pour y parvenir.

Je les prie enfin de croire, que mon projet seroit à l'abri de toute attaque, si des intérêts particuliers de tout genre ne l'emportoient sur l'intérêt public; mais tel est le sort de presque tout ce qu'on propose: le bien est le plus difficile à faire.

MÉMOIRE

SUR les moyens de conduire à Paris une partie des rivières de l'Yvette & de la Bièvre, par M. PERRONET, Chevalier de l'Ordre du Roi, son premier Ingénieur pour les Ponts & Chaussées, de l'Académie royale des Sciences & de celle d'Architecture.

15 Nov. 1775. NOUS devons au zèle patriotique de feu M. DEPARCIEUX, à ses connoissances & à son goût particulier pour l'Hydraulique, le projet d'une des plus belles entreprises qui aient été conçues de notre tems, & qui lui a mérité les éloges du Public & sa reconnoissance.

Cet Académicien ayant considéré que les machines établies sur la Seine, & les sources qui donnent de l'eau aux habitans de Paris, n'en pouvoient fournir qu'une quantité très-insuffisante pour leurs besoins, crut ne pouvoir employer plus utilement ses talens & une partie de ses veilles, qu'à la recherche des moyens de procurer à cette grande ville, l'avantage le plus précieux qu'elle puisse devoir à l'industrie d'un Citoyen.

Il examina, avec la plus grande attention, les rivières & les sources les plus élevées qui sont aux environs de Paris, dans l'intention d'en trouver d'assez abondantes, que l'on pût faire arriver à la même hauteur, à laquelle s'élève le bouillon d'eau d'Arcueil, dans le Château-d'eau qui eſt ſitué près de l'Obſervatoire.

Le réſultat de ſes recherches, fut que la rivière d'Yvette, en la prenant un peu au-deſſus de Vaugien, à 14800 toiſes du carrefour de la rue neuve Notre-Dame & du marché Palu, d'où part la meſure des bornes milliaires, étoit la ſeule rivière qui lui eût paru être aſſez élevée pour cela. Il a trouvé qu'avec les ruiſſeaux & les ſources que l'on pouvoit y réunir, cette rivière fourniroit au moins 1000 pouces lors des baſſes eaux, & même juſqu'à 2000 pouces dans d'autres tems de l'année, au moyen de pluſieurs réſervoirs & retenues d'eau qu'il propoſoit de former en différens endroits de ſon cours.

Cette eau ayant été analyſée avec le plus grand ſoin par feu M. Hellot & M. Macquer, tous deux de cette Académie, & par cinq Commiſſaires de la Faculté de Médecine de Paris, le réſultat de leurs opérations a été qu'elle étoit auſſi ſalubre que l'eſt l'eau de la Seine, priſe au-deſſus de Paris. La différence ſur le poids & ſur quelques réſultats chymiques, ayant paru trop peu ſenſible à ces Meſſieurs, pour les empêcher d'aſſimiler entièrement les qualités de ces différentes eaux.

Ces Meſſieurs ont auſſi obſervé que la ſaveur d'eau de marais, que quelques perſonnes ont reprochée à l'eau de l'Yvette, étoit accidentelle, étrangère, non inhérente, & qu'elle ſe diſſipoit entièrement par la ſimple expoſition à l'air.

M. Deparcieux a rendu un compte très-détaillé de ſon projet & de ſes opérations, dans deux Mémoires qu'il a lûs aux rentrées publiques de cette Académie, les 13 Novembre 1762 & 12 du même mois 1766, & par un troiſième Mémoire, lû en 1767 dans nos aſſemblées particulières. Ces trois Mémoires que l'on trouvera raſſemblés dans ce volume me diſpenſent d'entrer ici dans un plus grand détail à ce ſujet.

Je vais préſentement rendre compte de ce qui s'eſt paſſé depuis la mort de M. Deparcieux, concernant ce même projet.

M. Maynon d'Invau, peu de tems après ſa nomination au Contrôle général, crut auſſi ne pouvoir rendre un plus grand ſervice à la ville de Paris, que de lui procurer l'eau qui manque aux fontaines & dans les maiſons, pour les plus preſſans beſoins de ſes habitans. Animé de zèle pour le bien public, ce Miniſtre propoſa au feu Roi de faire terminer le projet de M. Deparcieux, & de le faire exécuter enſuite, s'il devoit en réſulter tout l'avantage que cet Académicien avoit eu l'intention de procurer.

M. d'Invau propoſa également à Sa Majeſté d'employer les Ingénieurs des Ponts & Chauſſées, ſous les ordres de M. Trudaine, pour achever ce projet. Je fus nommé pour cet effet, par Arrêt du Conſeil d'Etat du 30 Juillet 1769, avec M. Chezy, que j'avois demandé pour me ſeconder.

Nous nous ſommes occupés avec ſoin de ce travail; il vient d'être achevé, & nous allons expliquer ſommairement en quoi il conſiſte.

Les plans topographiques du cours de l'Yvette & d'une partie de la Bièvre, depuis Paris juſqu'à Chevreuſe, d'une part, & au village de Bièvre de l'autre, ont été premièrement levés.

La quantité d'eau que pouvoit fournir l'Yvette a été jaugée, en la prenant au-deſſus de Saint-Remi, à 819 toiſes du déverſoir de l'ancien moulin d'Étau, près Vaugien, où M. Deparcieux ſe propoſoit de faire ſa priſe d'eau. Nous avons compris dans cette jauge ce que pourroit fournir une retenue ou réſervoir d'eau de 40 arpens, que nous croyons convenable de faire ſur 6 pieds de hauteur au-deſſus du niveau de la priſe d'eau, ainſi que le produit des ruiſſeaux de Courbetin, de Port-royal, de Goutte-d'or & de Bures. Nous avons reconnu que le tout donneroit au moins 1000 pouces dans les tems de ſéchereſſe, & que cette quantité pourroit même monter au double dans un autre tems, ainſi que l'a annoncé M. Deparcieux, au moyen auſſi de la retenue d'eau dont nous venons de parler, & de celles qu'il propoſoit de former en d'autres endroits.

Nous avons également reconnu qu'il ſeroit poſſible de réunir à ces eaux 450 pouces de celle de la rivière de Bièvre, en y joignant les ruiſſeaux des Mathurins & de Vauhalan, & cela au moyen d'une branche d'aqueduc de 2809 toiſes, qui partiroit de Bièvre, & arriveroit dans celui de l'Yvette, un

peu

peu au-delà de Maſſy, le tout faiſant environ 1500 pouces en tems de ſéchereſſe.

A l'égard de l'eau de la Bièvre, elle a été analyſée par Mrs. Macquer & Cadet : il réſulte du rapport de ces Académiciens, en date du 22 Novembre 1769, qu'elle eſt d'auſſi bonne qualité que le ſont les eaux de la Seine & de l'Yvette.

Nous obſerverons auſſi que la rivière de Bièvre nous a paru aſſez abondante pour, qu'indépendamment de cette priſe d'eau, qui ſeroit très-utile aux habitans de Paris, il doive en reſter encore aſſez pour l'uſage de la Manufacture des Gobelins ; mais dans le cas où elle en manqueroit, on pourroit lui donner, par une conduite particulière, toute celle dont elle auroit bſoin : on en uſeroit de même pour les établiſſemens les plus utiles du fauxbourg Saint-Marceau, qui ſe ſervent actuellement de l'eau de la Bièvre.

A l'égard des moulins qui pourront ſouffrir de la diminution du volume de l'eau ſur les rivières d'Yvette & de Bièvre, il ſera juſte que les propriétaires en ſoient dédommagés, & nous y avons eu égard dans le prix de notre eſtimation, ainſi que pour les bâtimens & terreins, qui ſeront pris pour l'emplacement des aqueducs & canaux.

Le nivellement de ces rivières a été fait & vérifié pluſieurs fois, avec un niveau à bulle d'air, de la bonté & de l'exactitude duquel l'un de nous a déjà rendu compte à l'Académie, ainſi qu'on peut le voir dans le cinquième volume des Mémoires des Savans étrangers.

Il réſulte de ces nivellemens que la pente totale, depuis le même endroit où M. Deparcieux devoit faire ſa priſe d'eau, c'eſt-à-dire, au déverſoir de l'ancien moulin d'Étau, juſqu'au bouillon du Château d'Arcueil, eſt de 45 pieds, 7 pouces 7 lignes, & de 34 pieds 2 pouces juſqu'au ſol de l'Obſervatoire ; meſuré près & au-delà du ſeuil de la principale entrée, ſituée du côté du Nord : ce déverſoir eſt de 6 pieds 4 pouces plus bas que le fond du réſervoir, auquel nous nous propoſons d'établir la priſe d'eau, & cela pour faciliter le moyen de porter une partie de l'eau à l'Eſtrapade, ainſi que nous le dirons ci-après.

Ce bouillon d'eau d'Arcueil est de 97 pieds 8 pouces 1 ligne plus élevé (1), que les plus basses eaux de la Seine, prises vis-à-vis les Invalides ; de 16 pieds 8 pouces 1 ligne aussi plus élevé que l'arrivée de l'eau dans la cuvette de distribution, du haut des pompes du pont Notre-Dame, ou de 51 pieds 8 pouces 1 ligne au-dessus du pavé du même pont, mesuré à l'entrée du bâtiment des pompes ; enfin, de 11 pieds 5 pouces 7 lignes plus bas que le sol de l'Observatoire, mentionné ci-devant.

A l'égard de la prise d'eau de la rivière de Bièvre, elle sera faite à 48 pieds 9 lignes au-dessus du même bouillon d'eau d'Arcueil, à mesurer du fond du canal, & à 7900 toises du carrefour de la rue Neuve Notre-Dame & du marché Palu, mentionné ci-devant.

L'aqueduc de l'Yvette doit avoir 17352 toises de longueur, dont 15141 toises seront faites à découvert, & 2211 toises en quinze parties, passeront sous terre, comme cela s'est pratiqué pour conduire à Versailles l'eau de l'étang de Trapes, par un aqueduc de 750 toises de longueur, qui passe à 84 pieds sous le sommet de la butte de Sataury.

Nous proposons de donner à l'aqueduc de la partie supérieure de l'Yvette 4 pieds de largeur dans le fond & 5 pieds dans le haut, le tout mesuré dans œuvre sur 5 pieds de hauteur, & de donner 1 pied de plus de largeur, pour la partie dans laquelle les eaux de la Bièvre se trouveront réunies à celle de l'Yvette.

La pente de l'aqueduc de l'Yvette doit en général être réglée, à raison de 15 pouces par 1000 toises ; mais dans les souterrains & les aqueducs élevés au-dessus de terre, où il conviendra, pour faire moins de dépense, de réduire la largeur de ces aqueducs, nous avons eu l'attention d'en augmenter la pente pour que la même quantité d'eau puisse également y passer.

(1) M. Deparcieux avoit trouvé 95 pieds 9 pouces ; la différence, qui est de 1 pied 11 pouces, doit être principalement attribuée à la pente qu'a la Seine entre le pont de l'Hôtel-Dieu, vis-à-vis lequel cet Académicien avoit terminé son nivellement, & les Invalides.

La vîtesse de l'eau dans l'aqueduc, dont la pente aura été réglée sur le pied de 15 pouces par 1000 toises, sera, d'après des expériences que nous avons faites, d'environ 1 pied par seconde, si l'on suppose que l'eau ne s'élève ordinairement qu'à 3 pieds 6 pouces dans cet aqueduc: il passera 18 pieds 8 pouces $\frac{4}{5}$ cubes par seconde, dans la partie la plus large; ce qui donnera 2840 pouces $\frac{1}{6}$ d'eau (2), & c'est à peu-près la quantité que pourront fournir toutes les eaux dans le tems où elles seront les plus abondantes.

Les autres principaux ouvrages qui seront faits, sont un aqueduc, près Tourvoye, traversant la vallée de Rungis, de 318 toises de longueur. Il sera composé d'arcades en plein ceintre, de 60 pieds de diamètre, & d'autres en forme de segmens des mêmes arcades, le tout au nombre de vingt-cinq : il aura 64 pieds de hauteur dans le milieu de sa longueur.

L'aqueduc actuel d'Arcueil, fait par les ordres de la Reine Marie de Médicis, sur 165 toises de longueur. Cet édifice étant très-solide, on l'élargira sur ses piliers buttans, & on l'élèvera pour y faire passer toute l'eau que l'on se propose de conduire à Paris, en formant un nouveau canal au-dessus de celui de l'eau d'Arcueil, dont le cours ne seroit point interrompu, & cela au lieu de construire, comme on l'avoit proposé, un nouvel aqueduc parallèlement à celui de Médicis, qui auroit eu 76 pieds de hauteur dans le milieu de sa longueur, aux risques même de ne pas trouver, pour l'établir, un fond qui fût également solide, à cause des fouilles qui ont été faites anciennement dans les environs d'Arcueil, pour en tirer la pierre.

Enfin la construction d'un château-d'eau, près le carrefour de la route d'Orléans & du nouveau boulevard, un peu au-delà de l'Observatoire, en partant de Paris.

L'eau arriveroit à ce château-d'eau à 12 pieds 11 pouces 4 lignes au-dessus du bouillon d'eau d'Arcueil, & à 23 pieds 11 pouces 1 ligne aussi au-dessus de ce même bouillon d'eau, en la prenant un peu au-delà du château-d'eau, avant sa chûte,

(2) Un pouce d'eau donne soixante-douze muids en vingt-quatre heures, chacun de 8 pieds cubes, ou dedeux cents quatre vingt-huit pintes, mesure de Paris.

dans un filtre de fable de 10 pieds 6 pouces 9 lignes de hauteur, qui feroit fait pour la purifier ; ce qui donnera la facilité de porter une partie de cette eau au fommet de l'Eftrapade, qui eft plus élevé de 13 pieds 1 pouce 6 lignes que le bouillon d'eau d'Arcueil, & d'en diftribuer dans ce quartier, le plus élevé de Paris, qui en manque entièrement; pour cet effet, on prendra l'eau néceffaire au-delà de ce filtre, & on la fera paffer dans un autre qui fera moins profond.

Nous avons achevé notre travail par le devis & le détail eftimatif & le deffin de tous les ouvrages d'Art.

La dépenfe totale doit, fuivant notre eftimation, monter avec les indemnités, à fept millions huit cents vingt-fix mille deux cents neufs livres, compris les 2809 toifes de longueur qu'aura l'aqueduc de la Bièvre, & tout ce qu'il y aura à faire généralement pour amener à Paris, comme nous l'avons déjà dit, environ 2000 pouces d'eau, compenfation faite des tems de féchereffe & de pluie, ce qui fera plus de 50 pintes par jour pour chaque habitant, lors même que le nombre en feroit porté à huit cents mille.

Il eft facile de concevoir combien une pareille quantité d'eau qui feroit décuple de celle dont on jouit préfentement par les fontaines publiques & les conduites particulières de l'intérieur des maifons feroit avantageufe, tant pour l'ufage ordinaire des habitans que pour la falubrité de l'air, qui devient mal-fain dans de certains quartiers trop refferrés & peuplés, faute de la propreté que l'eau coulante dans les rues, & celle qui feroit diftribuée dans les maifons, pourroient y procurer.

Pour que le tracé que nous avons fait fur le terrein de l'emplacement des aqueducs, de celui des ponts & autres ouvrages d'Art, ainfi que les nivellemens, d'après lefquels la pente de cahque partie doit être réglée, foient conftatés & confervés jufqu'au tems auquel on pourra entreprendre ce travail, M. Trudaine a fait planter & fceller fur le terrein, deux cents vingt-deux bornes de grès, fur lefquelles on a gravé des fleurs-de-lys & des numéro qui font relatifs au plan de ces aqueducs : ce plan que M. Trudaine a auffi fait graver eft joint au préfent Mémoire, ainfi qu'une Table fervant à indiquer la hauteur ou profondeur à laquelle doit être établi le pavé du fond de chaque partie des aqueducs, à mesurer d'après la tête de ces bornes, pour qu'ils aient les pentes que l'on s'est proposé de leur donner, ainsi qu'elles sont expliquées par le devis; au moyen de quoi on seroit dès-à-présent en état d'entreprendre la construction de cet important ouvrage si on le jugeoit à propos.

Lorsque l'eau sera arrivée au nouveau château-d'eau, il faudra encore la distribuer dans différens quartiers de Paris; les conduites qui portent l'eau aux fontaines actuelles, pourront recevoir une plus grande quantité d'eau; mais il faudra établir de nouvelles conduites & de nouvelles fontaines.

La dépense pour l'exécution de la première partie de ce projet, pourra rentrer par la vente de 550 pouces d'eau, en ne l'estimant même que sur le pied de cent livres la ligne (3), moitié de la valeur de celle dont la Ville a disposé.

On subviendroit de même à la dépense des nouvelles conduites & des fontaines, par la vente que l'on pourroit faire d'une plus grande quantité d'eau, sans que l'on eût à craindre d'en manquer pour les fontaines publiques.

Nous pensons qu'après cette vente totale, il resteroit encore au moins 5 à 600 pouces d'eau pour les fontaines, au lieu de 95 & 100 pouces au plus, que donnent par leurs robinets extérieurs les soixante fontaines qui sont actuellement construites.

Les propriétaires des maisons se trouveront bien dédommagés des frais de l'acquisition de cette eau & des conduites particulières qu'ils auroient à faire pour l'amener chez eux, parce qu'ils seroient affranchis pour toujours, ainsi que leurs locataires, de la nécessité où ils sont d'acheter journellement l'eau dont ils peuvent avoir besoin.

Nous croyons devoir parler ici de l'objection qui a paru s'accréditer contre le projet de M. Deparcieux.

On a prétendu qu'il seroit préférable d'élever l'eau de la Seine, à la hauteur seulement que pourroient l'exiger les différens quartiers de Paris, en y employant des pompes à feu:

(3) Une ligne donne un demi-muid d'eau en vingt-quatre heures.

c'eſt en effet la machine la plus ingénieuſe & qui paroîtroit le mieux convenir pour cette deſtination.

M. Lavoiſier a examiné, par ordre de l'Académie, avec toute la ſagacité & l'intelligence qu'on lui connoît, à combien pourroit monter la dépenſe & l'entretien annuel de cinq pompes à feu qu'il ſeroit, ſuivant cet Académicien, néceſſaire d'établir, ainſi que deux pompes de relais, pour élever 2000 pouces d'eau; il a eu égard dans ſes calculs aux changemens qu'il y auroit à faire ſur la dépenſe, à proportion des différentes hauteurs auxquelles on voudroit élever l'eau.

Nous adopterons avec M. Lavoiſier la hauteur réduite de 70 à 80 pieds au-deſſus des plus baſſes eaux de la Seine, qui paroît convenir pour porter l'eau aux différens quartiers de Paris, & nous conclurons avec lui, d'après ſes calculs, qui ſont établis ſur des faits inconteſtables, (comme il ſera facile de le connoître par le Mémoire que l'on trouvera dans la deuxième partie du volume de l'année 1772 de cette Académie), que pour élever les 2000 pouces d'eau que les aqueducs de l'Yvette & de la Bièvre pourront conduire le plus ordinairement à Paris, il en coûteroit annuellement quatre cents trentre-trois mille livres; ce qui, au denier vingt, formeroit un capital de huit millions ſix cents ſoixante mille ſept cents livres, ſans y comprendre les frais de conduite d'eau & des fontaines à conſtruire.

Il ſuit de ce calcul, qu'en employant les pompes à feu, il en coûteroit au moins huit cents mille livres de plus qu'en conſtruiſant les aqueducs propoſés, on a ſuppoſé d'ailleurs que le charbon-de-terre qui eſt évalué à cinquante livres la voie, ne payeroit qu'un demi-droit d'entrée, qui eſt de dix livres; mais il ſeroit bien difficile peut-être d'obtenir cette remiſe au préjudice des titulaires des offices, auxquels ces droits ont été aliénés, & dont une partie eſt affectée au paiement de leurs gages: il faut conſidérer encore que la conſommation du charbon-de-terre, qui iroit à plus de ſeize milliers peſant par jour, (en ſuppoſant que l'on pût toujours ſe procurer une quantité ſuffiſante de cette matière), en augmenteroit vraiſemblablement le prix, ainſi que l'obſerve M. Lavoiſier. Cet Académicien fait auſſi enviſager, comme une choſe digne de la plus grande attention, la mauvaiſe odeur de la fumée que pourroit répandre ſur Paris la combuſtion continuelle d'une auſſi grande maſſe de charbon, & qu'il y auroit peut-être à craindre de plus que la quantité conſidérable de ſoufre, d'alkali volatil & d'huile empyreumatique qui s'en exhaleroient, ne nuisît à la ſanté des habitans de cette Capitale.

L'exécution du projet de M. Deparcieux ne préſente aucun de ces inconvéniens, il a de plus l'avantage eſſentiel, que pendant un nombre de ſiècles, le cours de l'eau ne pourra être interrompu, ni les ouvrages dégradés, étant faits avec la ſolidité & l'attention qui ſont preſcrites par notre devis

En finiſſant ce Mémoire, nous devons rendre juſtice à l'exactitude que nous avons reconnue dans le travail de M. Deparcieux, qui, ſans avoir levé les plans topographiques, fait les nivellemens du cours de l'Yvette, non plus que les devis & détail eſtimatif de l'ouvrage, étoit parvenu par ſa ſagacité & ſon application, à bien indiquer les endroits par leſquels il convenoit de faire paſſer l'aqueduc, & à établir à peu-près la dépenſe, ainſi que la poſſibilité, que nous avons également reconnue de ſon exécution.

TABLE DU NIVELLEMENT *du dessus des bornes qui ont été scellées sur le cours des Aqueducs ou Canaux projettés pour conduire à Paris une partie de l'eau des rivières de l'*Yvette, *de* Bièvre *& du ruisseau de* Bures.

ON suppose dans cette Table que le canal de l'Yvette commencera à la sortie de l'étang à faire en-deçà de Chevreuse, où l'eau, venant de Courbetin, sera amenée par une rigole particulière; & que depuis cet étang de Chevreuse, jusqu'à la prise d'eau du ruisseau du moulin de Tourvoye, la pente est de 4 pouces.

On a indiqué, dans la dernière colonne, par ce signe --, les endroits où le fond du canal passera au-dessus de la tête de ces bornes.

CANAL DE L'YVETTE.

NUMÉRO gravés sur les bornes.	DISTANCE d'une borne à l'autre.	HAUTEUR des bornes, au-dessus du sol de l'Observatoire.			HAUTEUR des bornes, au-dessus ou au-dessous du pavé du fond du Canal.		
	toises.	*pieds.*	*pouces.*	*lignes.*	*Le Canal commence à la troisième borne.*		
					pieds.	*pouces.*	*lignes.*
1.	. . . . . .	49	11	9			
2.	205.	46	9	7			
3.	96.	47	3	0	6	9	0
4.	51.	53	9	0	13	3	0
5.	168.	55	4	6	15	0	5
6.	35.	49	0	6	8	8	5
7.	45.	47	6	0	7	3	11
8.	52.	47	3	11	7	1	10
9.	38.	47	10	11	7	8	10
10.	66.	47	5	4	7	3	3
11.	120.	49	3	1	9	4	10

Numéros gravés sur les bornes.	Distance d'une borne à l'autre.	Hauteur des bornes, au-dessus du sol de l'Observatoire.			Hauteur des bornes, au-dessus ou au-dessous du pavé du fond du Canal.		
	toises.	*pieds.*	*pouces.*	*lignes.*	*pieds.*	*pouces.*	*lignes.*
12.	33.	47	0	6	7	2	3
13.	50.	45	9	6	5	11	3
14.	24.	47	0	10	7	2	7
15.	43.	52	0	4	12	2	1
16.	55.	47	5	2	7	9	11
17.	85.	47	1	2	7	5	11
18.	167.	57	8	8	8	4	5
19.	394.	44	7	7	5	9	4
20.	90.	48	2	2	9	3	11
21.	88.	46	1	11	7	6	8
22.	45.	46	3	9	7	8	6
23.	109.	47	6	7	8	11	4
24.	47.	47	4	4	9	0	1
25.	40.	46	0	5	7	8	2
26.	205.	51	7	4	13	6	1
27.	67.	45	11	1	7	9	10
28.	70.	45	3	2	7	1	11
29.	55.	45	10	4	8	0	1
30.	63.	48	4	0	10	5	9
31.	118.	45	9	11	8	2	8
32.	45.	44	4	11	6	9	8
33.	32.	44	11	4	7	4	1
34.	76.	45	8	5	8	1	2
35.	33.	46	4	9	9	0	6
36.	164.	44	0	5	6	9	8
37.	42.	44	0	2	6	10	11
38.	40.	44	4	0	7	2	9
39.	50.	45	6	11	8	5	8
40.	32.	44	2	5	7	1	2
41.	30.	44	6	2	7	4	11
42.	47.	47	11	10	11	1	7
43.	80.	52	4	8	15	6	5
44.	32.	49	6	11	12	8	8
45.	198.	51	8	2	15	12	5
46.	104.	46	5	2	9	1	5
47.	133.	43	8	11	7	7	8
48.	52.	45	3	3	9	2	0
49.	24.	45	10	2	9	8	11

NUMEROS gravés sur les bornes.	DISTANCE d'une borne à l'autre.	HAUTEUR des bornes, au-dessus du sol de l'Observatoire.			HAUTEUR des bornes, au-dessus ou au-dessous du pavé du fond du Canal.		
	toises.	pieds.	pouces.	lignes.	pieds.	pouces.	lignes.
50 . .	. . 30 . .	43	2	7	7	4	4
51 . .	. . 16 . .	42	9	7	6	11	4
52 . .	. . 32 . .	42	9	4	6	11	1
53 . .	. . 27 . .	42	9	1	6	10	10
54 . .	. . 68 . .	44	1	7	8	3	4
55 . .	. . 35 . .	42	2	3	6	7	0
56 . .	. . 41 . .	42	5	4	6	10	1
57 . .	. . 52 . .	42	8	6	7	1	3
58 . .	. . 102 . .	42	3	7	6	8	4
58, *bis.* .	. . 42 . .	38	9	10	3	5	7
59 . .	. . 89 . .	42	2	1	6	9	10
60 . .	. . 68 . .	43	1	7	7	9	4
61 . .	. . 32 . .	42	3	7	6	11	4
62 . .	. . 60 . .	41	8	1	6	6	10
63 . .	. . 87 . .	40	11	10	5	10	7
64 . .	. . 50 . .	40	0	7	4	11	4
65 . .	. . 78 . .	40	10	5	6	0	2
66 . .	. . 21 . .	38	1	3	3	3	0
67 . .	. . 120 . .	48	5	2	13	6	11
68 . .	. . 56 . .	40	0	9	5	5	6
69 . .	. . 73 . .	47	3	3	12	8	0
70 . .	. . 75 . .	55	5	0	21	2	3
71 . .	. . 86 . .	59	1	0	24	10	3
71, *bis.* .	. . 143 . .	39	9	1	5	10	10
72 . .	. . 100 . .	40	1	11	6	3	8
73 . .	. . 43 . .	39	9	7	6	2	4
74 . .	. . 48 . .	40	1	10	6	6	7
75 . .	. . 31 . .	40	5	4	6	10	1
76 . .	. . 41 . .	40	8	10	7	1	7
77 . .	. . 43 . .	40	2	6	6	7	3
78 . .	. . 40 . .	40	1	4	6	9	1
79 . .	. . 48 . .	39	4	4	6	0	1
80 . .	. . 25 . .	39	0	2	5	7	11
81 . .	. . 29 . .	39	5	6	6	1	3
82 . .	. . 24 . .	41	11	8	8	7	5
83 . .	. . 105 . .	44	5	8	11	4	5
84 . .	. . 77 . .	41	0	0	7	10	9
85 . .	. . 54 . .	41	2	8	8	1	5
86 . .	. . 28 . .	36	5	10	3	4	7

Numéros gravés ſur les bornes.	Distance d'une borne à l'autre.	Hauteur des bornes, au-deſſus du ſol de l'Obſervatoire.			Hauteur des bornes, au-deſſus ou au-deſſous du pavé du fond du Canal.		
	toiſes.	*pieds.*	*pouces.*	*lignes.*	*pieds.*	*pouces.*	*lignes.*
87	300	38	6	1	5	10	10
88	63	37	6	4	4	11	1
89	180	38	5	2	6	0	11
90	67	39	1	4	6	9	1
91	25	40	3	4	7	11	1
92	26	35	5	8	3	4	5
93	31	38	3	7	6	2	4
94	104	37	10	1	5	8	10
95	70	37	9	8	5	11	5
96	62	39	7	8	7	9	5
97	110	39	8	7	7	10	4
98	80	37	10	2	6	2	11
99	30	37	10	7	6	3	4
100	19	37	5	0	5	9	9
101	18	39	7	8	8	0	5
102	27	42	7	10	11	0	7
103	16	35	1	10	3	6	7
104	138	37	11	8	6	7	5
105	56	45	0	2	13	7	11
106	95	35	7	10	4	6	7
107	98	45	4	10	14	3	7
108	75	39	2	3	8	4	0
109	45	40	0	5	9	2	2
110	33	36	0	4	5	2	1
111	17	33	6	5	2	8	2
112	10	36	4	8	5	6	5
113	144	56	6	2	25	11	11
114	177	45	6	4	15	6	1
115	113	35	8	7	5	8	4
116	48	33	4	8	3	4	5
117	105	36	2	10	6	5	7
118	80	53	10	6	24	3	3
119	382	Borne d'alignement, placée à environ 115 pieds au-deſſus du ſol de l'Obſervatoire.					
120	421	48	5	9	22	10	6
121	120	36	11	7	11	10	4

NUMÉROS gravés sur les bornes.	DISTANCE d'une borne à l'autre.	HAUTEUR des bornes, au-dessus du sol de l'Observatoire.			HAUTEUR des bornes, au-dessus ou au-dessous du pavé du fond du Canal.		
	toises.	*pieds.*	*pouces.*	*lignes.*	*pieds.*	*pouces.*	*lignes.*
122	146	32	7	2	7	5	11
123	160	30	8	7	6	1	4
123, *bis.*	103	32	2	3	7	10	0
124	66	31	0	8	6	8	5
125	89	26	9	10	2	5	7
126	175	30	6	2	6	4	11
127	548	32	3	5	8	11	2
128	283	29	7	8	6	6	5
129	50	33	2	7	10	4	4
130	39	34	9	0	11	10	9
131	18	35	2	1	12	3	10
132	54	38	1	2	15	2	11
133	55	28	0	7	5	5	4
134	57	29	0	10	6	5	7
135	143	29	9	0	7	4	9
136	112	29	9	10	7	5	7
137	71	32	7	10	10	6	7
138	117	28	10	9	6	11	0
139	526	31	9	8	12	3	11
140	110	35	1	11	16	2	2
141	87	29	5	6	10	11	9
142	217	36	2	1	18	1	0
143	94	22	7	0	4	5	11
144	39	23	1	8	5	0	7
145	94	22	10	7	5	0	6
146	43	23	3	5	5	5	4
146, *bis.*	57	23	3	0	5	9	11
147	47	22	8	7	4	10	6
148	50	19	11	0	2	3	11
148, *bis.*	33	20	4	10	2	9	9
149	82	22	2	2	4	7	1
150	59	21	11	4	4	4	3
151	82	23	1	2	5	9	1
152	179	21	0	3	3	11	2
153	483	20	5	0	3	9	11
154	65	21	2	5	4	7	4
155	32	19	5	11	3	1	10
156	488	15	0	9	—0	9	3
157	165	18	5	7	3	1	6

NUMÉROS gravés sur les bornes.	DISTANCE d'une borne à l'autre.	HAUTEUR des bornes, au dessus du sol de l'Observatoire.			HAUTEUR des bornes, au-dessus ou au-dessous du pavé du fond du Canal.		
	toises.	*pieds.*	*pouces.*	*lignes.*	*pieds.*	*pouces.*	*lignes.*
158	57	18	11	6	3	7	5
159	51	19	5	10	4	1	9
159, *bis.*	59	21	2	1	6	1	0
160	73	19	3	3	4	2	2
161	45	22	0	0	6	10	11
162	66	25	5	1	10	4	0
163	60	19	1	7	4	3	6
164	61	25	7	6	10	9	5
165	40	19	3	0	4	4	11
166	347	16	9	10	1	11	9
167	77	17	0	2	3	11	1
168	53	16	11	4	3	10	3
169	33	16	11	7	4	4	6
169, *bis.*	67	25	2	11	12	7	10
170	246	16	7	8	5	2	1
171	290	16	6	6	5	9	11
172	116	17	4	11	6	8	4
173	200	17	3	3	6	9	8
174	202	14	9	0	4	6	5
175	287	9	4	8	—0	9	11
176	97	10	3	8	0	7	1
177	192	13	1	11	3	11	4
178	262	7	8	9	—0	8	9
179	31	1	9	5	3	10	7
180	65	4	9	0	7	3	2
RUISSEAU DE BURES.							
1		46	11	11	—2	1	10
2	60	46	9	1	—2	4	8
3	49	46	11	1	—1	5	8
4	44	46	5	4	—1	11	5
5	104	48	7	3	1	8	5
6	40	46	4	0	—0	6	9
7	44	45	11	1	—0	11	8
8	30	41	8	8	—4	5	1
9	28	45	5	10	—0	7	11
10	20	45	6	6	—0	7	3
11	35	45	4	5	—0	9	4
12	75	45	7	5	0	2	7
13	39	45	4	10	0	9	0

RIVIÉRE DE LA BIÈVRE,

Dont le Canal doit se rendre dans l'Aqueduc de l'Yvette.

NUMÉROS gravés sur les bornes.	DISTANCE d'une borne à l'autre.	HAUTEUR des bornes, au-dessus du sol de l'Observatoire.			HAUTEUR des bornes, au-dessus ou au-dessous du pavé du fond du Canal.		
	toises.	*pieds.*	*pouces.*	*lignes.*	*pieds.*	*pouces.*	*lignes.*
1 . .	. . 306 . .	38	7	2	2	9	0
2 . .	. . 120 . .	37	10	4	2	3	2
2,*bis.* .	. . 172 . .	37	3	10	2	2	8
3 . .	. . 203 . .	38	7	7	3	6	4
4 . .	. . 73 . .	58	11	8	4	4	5
4,*bis.* .	. . 68 . .	40	1	7	5	9	4
5 . .	. . 90 . .	36	10	9	2	9	6
5,*bis.* .	. . 82 . .	37	7	7	3	9	5
6 . .	. . 78 . .	38	7	1	4	8	10
6,*bis.* .	. . 42 . .	39	3	2	5	7	11
7 . .	. . 75 . .	37	2	0	3	6	10
8 . .	. . 45 . .	37	2	1	3	9	10
9 . .	. . 60 . .	37	11	8	4	10	6
10 . .	. . 78 . .	36	3	4	3	2	2
11 . .	. . 82 . .	35	10	7	3	0	4
12 .	. . 74 . .	36	3	2	3	8	0
13 . .	. . 115 . .	37	1	8	4	9	5
14 . .	. . 47½ . .	33	0	9	1	8	7
15 . .	. . 78 . .	33	4	10	2	3	8
16 . .	. . 48 . .	32	7	1	1	8	10
17 . .	. . 102 . .	30	2	3	—0 .	4	11
18 . .	. . 289 . .	35	9	3	5	11	0

EXAMEN

EXAMEN *de l'eau de la rivière de Bièvre, puisée par M.* Chezy, *le 15 Septembre 1769, au-dessous du ruisseau de Vauhallan, & de celle du ruisseau de Bures qui se jète dans l'Yvette, fait par Mrs* Macquer & Cadet, *de l'Académie royale des Sciences, par ordre de M.* Trudaine.

CE JOUR, (23 Octobre 1769), le thermomètre de M. de Réaumur étoit dehors, à 9 degrés au-dessus de zér o ,& dans l'intérieur du lieu où se sont faites les expériences à 14 pegrés.

L'EAU de la rivière de Bièvre, qui avoit été en repos dans des bouteilles de grès, bouchées de liège, depuis le 16 Septembre, jusqu'à ce jour 23 Octobre, étoit très-claire, sans aucune odeur, & sans autre saveur sensible que celle d'une bonne eau de Seine. Cette eau étant éprouvée avec le savon, l'a très-bien dissout; il nous a paru qu'il n'y avoit pas à cet égard de différence sensible entre cette eau & celle de la rivière de Seine.

Avec la dissolution d'argent l'eau de la rivière de Bièvre blanchit sensiblement plus que celle de la Seine, cette dernière étant devenue à peine un peu louche.

Avec la dissolution de mercure, parfaitement saturée, l'eau de Bièvre a fait un précipité jaune assez abondant; & celle de Seine, qui nous servoit toujours de comparaison, a fait, avec cette même dissolution, un précipité à-peu-près aussi abondant.

La dissolution d'alkali fixe végétal a occasionné dans l'eau de Bièvre un précipité plus abondant que dans celle de Seine.

L'alkali volatil du sel ammoniac, dégagé par l'alkali fixe, n'a troublé d'abord ni l'eau de Bièvre ni celle de Seine; mais, par le séjour, elle les a troublées l'une & l'autre, & plus la première que la dernière.

Enfin, la noix de galle n'a pas fait prendre à l'eau de Bièvre plus de teinte qu'à celle de la Seine, mais l'a troublée, & y a formé un précipité blanchatre.

L'EAU du ruiſſeau de Bures, apportée du même jour & examinée le même jour que celle de Bièvre, étoit parfaitement claire; elle n'avoit pareillement aucune odeur, ni aucune autre ſaveur ſenſible que celle de la meilleure eau de Seine : elle a pris le ſavon & l'a parfaitement bien fait mouſſer.

La diſſolution d'argent bien ſaturée y a occaſionné un précipité blanc, un peu plus abondant que dans l'eau de la Seine, & un peu moindre que dans l'eau de Bièvre.

Avec la diſſolution de mercure, bien ſaturée, l'eau de Bures a formé un précipité jaune aſſez abondant.

L'alkali fixe végétal a un peu troublé cette eau, & y a produit un précipité blanc-terreux, mais moins abondant que dans celle de Bièvre.

L'alkali volatil a produit dans l'eau de Bures à-peu-près le même effet que dans l'eau de Bièvre & dans celle de Seine.

Enfin, avec la noix de galle cette eau n'a pris aucune teinte elle a formé ſeulement un précipité blanchâtre, mais moins abondant que dans l'eau de Bièvre.

SI l'on juge qu'il ſoit à propos, par la ſuite, de faire connoître exactement la nature des eaux de la rivière de Bièvre & du ruiſſeau de Bures, qu'on propoſe de joindre à celle de l'Yvette, nous en ferons une analyſe très-étendue & très-complète, en réuniſſant aux expériences précédentes les évaporations & l'examen ultérieur de leurs produits: mais comme l'objet préſent eſt ſeulement de s'aſſurer ſi ces eaux ſont aſſez bonnes & aſſez ſalubres pour mériter qu'on faſſe les travaux qu'exige leur réunion à celle de l'Yvette, nous avons cru que nous pouvions nous en tenir aux expériences, capables de nous convaincre nous-mêmes de leurs bonnes qualités : or, celles dont nous venons de rendre compte remplissent entièrement cet objet; elles prouvent que les eaux de la rivière de Bièvre & du ruisseau de Bures, prises l'une & l'autre dans les endroits où l'ont été celles que nous avons examinées, ne contiennent qu'une fort petite quantité de sélénite, & peut-être un vestige de sel marin à base terreuse ; qu'elles sont à cet égard au même degré de pureté que celle de la rivière d'Yvette; c'est-à-dire, comme la très-grande partie des eaux potables ordinaires qui n'ont rien de malfaisant; que l'eau du ruisseau de Bures en particulier est très-bonne, ayant même un petit degré de pureté de plus que celle de la Bièvre & de l'Yvette; qu'en général elles approchent beaucoup de la bonté de l'eau de la Seine, laquelle n'est jamais elle-même entièrement exempte d'une petite quantité de sélénite, sur-tout lorsque cette rivière est basse : nous observerons à ce sujet qu'elle étoit fort grosse & par conséquent dans sa plus grande pureté, lorsque nous avons comparé son eau avec celles de Bièvre & de Bures ; enfin, nous en concluons que ces dernières sont assez bonnes pour mériter qu'on les joigne à celle de l'Yvette.

A Paris, ce 22 Novembre 1769. Signé, MACQUER *&* CADET.

EXTRAIT DES REGISTRES
DE L'ACADÉMIE ROYALE DES SCIENCES,

Du 9 Mars 1776.

MONSIEUR DEPARCIEUX, Neveu de feu M. DEPARCIEUX, notre Confrère, se proposant de faire réimprimer en un seul volume les trois Mémoires de M. son Oncle sur le projet d'amener les eaux de l'Yvette à Paris, avec plusieurs notes & additions trouvées dans les papiers de l'Auteur, nous avons été chargés d'examiner cet Ouvrage. Comme il a été déjà imprimé dans les Mémoires de l'Académie, & que les additions qui l'accompagnent aujourd'hui ne tendent qu'à l'éclaircir & à le perfectionner, nous croyons qu'il mérite de reparoître sous le privilège de l'Académie.

Signé, PERRONET, CADET *& l'Abbé* BOSSUT.

Je certifie l'extrait ci-dessus conforme à son original, & au jugement de l'Académie. A Paris, le 11 *Mars* 1776. Signé, GRANDJEAN DE FOUCHY, *Secretaire perpétuel de l'Académie Royale des Sciences.*

FAUTES A CORRIGER.

PAGE xxxj, *lign. antépénult*, Oouvrage, *lisez :* Ouvra
Pag. 1, *lig.* 7, soin, *lisez :* soins.
Idem. Ligne 10, enétoient, *lisez :* en étoient.
Pag. 2, *lig.* 32, qui, *lisez :* que.
Pag. 9, *lig.* 24, cóté, *lisez :* côté.
Pag. 10, *lig.* 31, oude, *lisez :* ou de.
Pag. 12, *lig.* 17, rivère, *lisez :* rivière.
Pag. 22, *lig.* 30, parce, *lisez :* par ce.
Pag. 26, *lig.* 3, on en fait, *lisez :* on en a fait.
Pag. 41, *lig.* 23, l'achivolte, *lisez :* l'archivolte.
Pag. 45, *lig.* 11, dn, *lisez :* du.
Pag. 49, *lig.* 11, qu'elle l'avoit, *lisez :* qu'elles l'avoient.
Pag. 57, *lig. dern.* exactemen, *lisez :* exactement.
Pag. 66, *lig.* 8, Raquette, *lisez :* Roquette.
Pag. 74, *lig.* 10, parties, *lisez :* partie.
Pag. 80, *lig.* 16, *il y a* 26, *lisez :* 36.
Idem. Lig. 18, ligne, *lisez :* lignes.
Pag. 85, *ligne* 27, chaque livre, de laquelle *ôtez la virgule.*
Pag. 91, *à la fin de la ligne* 25 *il y a* $\frac{41}{51}$, *mettez :* $\frac{41}{13}$.
Pag. 58, *lig.* 12, *il y a* $\frac{7}{1}$, *mettez :* $\frac{7}{18}$.
Pag. 117, *lig. pénult*, Crésibius, *lisez :* Ctésibius.
Pag. 139, *lig.* 20, être, *lisez :* d'être.

Pag. 157, *deuxieme colonne, ligne* 19 *des chiffres, au lieu de* 202, *mettez* 102.

Pag. 158, *troisieme colonne, ligne* 5 *des chiffres, au lieu de* 58, *mettez* 38.

www.ingramcontent.com/pod-product-compliance
Ingram Content Group UK Ltd.
Pitfield, Milton Keynes, MK11 3LW, UK
UKHW020244180726
13839UKWH00001B/168